元労働基準監督署長

杉浦 純

著

こうすれば
実務に
落とし込める

労基法

改正

Q&A

清文社

は じ め に

　昭和22年に施行された労働基準法は、労働条件の最低基準を罰則をもって規定したもので、労働関係の基本的な法律の一つとして、現在の労使間においてもこれを厳密に守ることが必要とされています。

　同法は施行後の社会情勢や労働環境等の変化に応じて何度も改正されてきましたが、2018年7月6日に公布された「働き方改革を推進するための関係法律の整備に関する法律」により、労働関係を中心とした他の法律や施行規則とともに、大きく改正されました。

　特に時間外労働・休日労働の改正については、労働時間短縮という働き方改革の主眼として、社会的にも大きく注目されました。

　労働時間短縮に関しては、①36協定において、労使で定める時間外労働や法定休日労働の時間数に初めて上限が設けられたこと、②時間外労働と法定休日労働の実労働時間数に初めて上限時間数（月100時間未満、かつ2～6か月平均80時間以内）が設けられたことなどが、労務管理上新たな対応を迫られる大きな改正点といえます。

　このほかにも①使用者による年次有給休暇の指定、②労働安全衛生法の改正による労働時間の的確な把握、③長時間労働者に対する健康確保対策の拡充、④採用時に事実と異なる労働条件の明示の禁止等の新たな規制に対し、事業場の労使は的確な対応が求められることになります。

　また、労働時間規制が適用されない高度プロフェッショナル制度についても、今後の導入と定着の状況に関心が寄せられるものと思われます。

　改正された法律や規則は2019年の4月1日から順次施行されており、文中に改正時期を明示しないまま「改正（法）」等と表現している場合は、い

ずれもこの改正を指しているものです。

　法改正等が行われた場合、一般的に当該法律を施行する労働基準行政機関では、施行後一定期間(事案により期間は異なります)は改正部分の定着を図ることが行政の主眼となり、丁寧な指導・助言が行われます。

　しかし、罰則が設けられている法規が主であることから、一定期間経過後は、原則通り法律違反の是正指導や悪質事案の司法処分などの対応になるものと考えられます。

　そのときになって慌てることのないよう、各事業場の労使には、改正部分を十分認識し、必要とされる対策を早期に、かつ、的確に実行していくことが強く望まれます。

　本書は改正された部分を中心に、行政での経験等を踏まえ、基本的事項も含めて問答形式を活用して分かりやすく解説しました。各事業場での適正な労務管理の一助になれば幸いです。

　なお、文中の「こんなことも」として紹介している内容は、筆者が現役の労働基準監督官であった頃に見聞きした事例を踏まえて、感想や個人的認識・見解を述べたものであり、厚生労働省当局の見解とはかかわりありませんので申し添えます。

　　令和2年3月

　　　　　　　　　　　　　　　元労働基準監督署長　**杉浦　純**

CONTENTS

〈 第2章 │ 労働時間の把握管理 〉

第5章 割増賃金（月60時間を超える時間外労働）

第6章 労働条件の明示

こんなことも

[凡　例]

■法令等の略記

労基法……………………労働基準法

労規則……………………労働基準法施行規則

安衛法……………………労働安全衛生法

安規………………………労働安全衛生法施行規則

派遣法……………………労働者派遣事業の適正な運営の確保及び派遣労働者の保護等に関する法律

■条数等の略記

労基法 41 ①三 …………労働基準法第 41 条第 1 項第 3 号

■改正労基法に係る表記

本書において、文中に改正時期を明記しないまま「改正（法）」と記載しているものは、「働き方改革を推進するための関係法律の整備に関する法律」により改正され、2019 年の 4 月 1 日から順次施行されている労働基準法及び一連の労働関係を中心とした他の法律や施行規則の改正のことを指しています。

本書は、2020 年 3 月 1 日現在の情報をもとに作成されています。

第 **1** 章

労使協定

第 **1** 節

労使協定が必要になる場合

(1)　労使協定とは

　労働基準法では、事業場の労働者の代表と使用者とが書面(ペーパーによるものだけでなく、パソコン等でのデータも含む)で協定(労使協定)を締結することによって、法定されている労働条件の原則を変更したり、規制を除外すること等が認められています。

　労務管理上必要と判断した場合、使用者が労働者に呼びかけて労使協定を締結することで、その労使協定による労務管理を行うことができるようになります。

　ですが、労使間で十分に話し合っても合意が得られず労使協定が成立しない場合は、労使協定による労務管理は断念するしかありません。

(2)　労使協定の種類

　労使協定の種類は、以下①〜⑮となります。

① 　貯蓄金の管理に関する協定(労基法18②)

　　いわゆる社内預金(任意の貯蓄金)を管理する場合。

② 　賃金控除に関する協定(労基法24①)

　　社宅費や福利厚生施設の費用など、公租公課等法令で定められているもの以外の金額を、賃金から控除して支払う場合。

③ 　１か月単位の変形労働時間制に関する協定(労基法32の２①)

　　変形期間(１か月以内)を平均して１週当たりの所定労働時間を40時間

3

（特例措置対象事業（ **Q 1-21** 参照）は44時間）以内とすれば、1日・1週の法定労働時間を超える所定労働時間（所定労働時間であり時間外労働にはならない）とすることができる変形労働時間制とする場合。

④　フレックスタイム制に関する協定（労基法32の3①）

始業・終業の時刻を労働者の決定にゆだねることとし、3か月以内の清算期間を平均して1週間当たりの労働時間を40時間以内（特例措置対象事業（ **Q 1-21** 参照）は44時間。ただし清算期間が1か月を超える場合は40時間）の総労働時間とすれば、総労働時間の範囲内で1日・1週の法定労働時間を超える（所定労働時間であり時間外労働にはならない）ことができる制度とする場合。

⑤　完全週休2日制の事業場でのフレックスタイム制に関する協定（労基法32の3③）

完全週休2日制の事業場でのフレックスタイム制において、超えることができる時間数を1週の法定労働時間ではなく、8時間×清算期間の所定労働日数÷7とする場合。

⑥　1年単位の変形労働時間制に関する協定（労基法32の4①）

変形期間（1年以内）を平均して1週当たりの所定労働時間を40時間以内とすれば、1日・1週の法定労働時間を超える所定労働時間（所定労働時間であり時間外労働にはならない）とすることができる変形労働時間制とする場合。

⑦　1週間単位の非定型的変形労働時間制に関する協定（労基法32の5①）

規模30人未満の小売業、旅館、料理店、飲食店で、毎週末までに翌週の所定労働時間（1週40時間以内、1日10時間以内）を定めること（10時間の労働が時間外労働にはならない）とする場合。

⑧　一斉休憩の適用除外に関する協定（労基法34②）

自由利用を担保するため、休憩については原則として一斉に与えることとされているものを、適用除外（たとえば交替制で付与するなど）する場合。

　なお、運送業、商業、金融保険業、映画・演劇業、通信業、保健衛生業、接客娯楽業は一斉付与の適用除外とされており、林業を除く農林水産畜産業はそもそも休憩に関する規定が適用されませんので、協定が必要になるのはそれ以外の業種(製造業、鉱業、建設業、貨物取扱業、林業、通信業、教育研究業、清掃業、その他)の事業場ということになります。

⑨　時間外労働・休日労働に関する協定(労基法36①)

　法定労働時間(1週40時間(特例措置対象事業(Q 1-21 参照)では44時間)、1日8時間)を超えて労働させる場合及び休日(週1日または4週4日)に労働させる場合。

　以下、この⑨の協定を「36協定」といいます。

⑩　代替休暇に関する協定(労基法37③)

　1か月60時間を超える時間外労働について、有給の休暇を与えることにより、5割の率での割増賃金の支払いに代える場合。

　なお、この場合最低でも2割5分の割増賃金の支払いは必要になります。

⑪　事業場外労働に関する協定(労基法38の2②)

　事業場外労働により労働時間が算定し難いときに、法定労働時間を超えるみなし労働時間を定める場合。

⑫　専門業務型裁量労働制に関する協定(労基法38の3①)

　特定の専門的業務に従事する者について、実労働時間ではなく、みなし労働時間を労働したものとする、専門業務型裁量労働制を採用する場合。

⑬　時間単位年次有給休暇に関する協定(労基法39④)

　年次有給休暇のうち5日以内について、時間を単位として与えることとする場合。

⑭　年次有給休暇の計画的付与に関する協定(労基法39⑥)

　年次有給休暇のうち5日を超える部分について、与える時季をあらかじめ定める計画的付与とする場合。

⑮　年次有給休暇の賃金を標準報酬月額の30分の１とすることに関する
　協定（労基法39⑨）

　　年次有給休暇に対する賃金を健康保険法に基づく標準報酬月額の30
　分の１の金額とする場合。

（3）　労使委員会の決議が必要となる場合

　　企画業務型裁量労働制（労基法38の４）や高度プロフェッショナル制度
（労基法41の２）を導入する場合は、労使協定ではなく、労使委員会を設け
たうえで労使委員会により決議することが必要となります。

　　なお、**(2)** の労使協定のうち①②を除くものについては、当該労使委員
会の５分の４以上の多数による議決により、労使協定に代えることがで
きます。

　　また、労働時間等の設定の改善に関する特別措置法により設けられた労
働時間等設定改善委員会において、委員の５分の４以上の多数による議
決により、**(2)** の労使協定のうち①②⑮を除くものについて、労使協定に
代えることができます。

第 **2** 節

労使協定の当事者

　労使協定は労使双方の当事者が協定することになりますが、「当事者」は以下のような者になります。

(1)　使用者側の当事者

　使用者とは、事業主(法人の場合は法人そのもの、個人事業にあっては事業主)、事業の経営担当者その他その事業の労働者に関する事項について事業主のために行為をするすべての者と定義されています(労基法10)。

　したがって、一般的に使用者側の協定当事者は、事業場の経営担当者のトップあるいは労務管理を行う責任者ということになります。

Q 1-1　複数の事業場を有する企業の場合は、使用者はその企業のトップでもよいか。

《　**A**　》複数事業場を有する企業の場合、その企業でのトップあるいは労務管理担当役員のトップが、それぞれの事業場の労使協定の使用者であっても差し支えありません。

(2)　労働者側の当事者

　事業場の労働者の過半数で組織された労働組合があればその労働組合が、そのようなものがない場合(労働組合がない、労働組合はあるが労働者の

過半数に至っていない）は、事業場の労働者の過半数を代表する者（以下「過半数代表者」）になります。

　該当する労働組合がある場合は、執行委員長等労働組合の代表者が協定当事者となります。

◆ Q 1-2 ▶ 労働組合ではないが、ときには労働条件についても申し入れてくるような、職制ごとの会や従業員のほとんどが参加している親睦会などの組織の長は当事者にならないのか。

〈　A　〉労働組合は労働組合法に規定される組織、団体であり、親睦会等の任意の団体は性質が異なるため、親睦会の長が自動的に協定当事者になるようなことはできません。

◆ Q 1-3 ▶ 労働者の過半数を代表する者とはどのような者か。

〈　A　〉労働基準法施行規則第6条の2第1項には次の2つの要件を満たす必要があることが規定されています。

①　労働基準法第41条第2号に規定されている「監督又は管理の地位にある者」（以下「管理監督者」）でないこと。

②　労働基準法に規定する協定等をする者を選出することを明らかにして実施される投票・挙手等の方法による手段により選出された者であって、使用者の意向に基づき選出されたものでないこと。

　下線部はそれまで通達（平11.1.29基発45、平22.5.18基発0518第1）にあった文言ですが、改正にあわせて同規則に明確に規定されたものです。

Q 1-4 役職者は過半数代表者になれないということか。

〈　A　〉労働基準法第41条第2号に規定される管理監督者とは、通達によれば、労務管理について経営者と一体的な立場にあり、労働時間、休憩、休日等に関する規制の枠を超えて活動することが要請されざるを得ない、重要な職務と責任を有し、現実の勤務態様も労働時間等の規制になじまないような者であって、その地位にふさわしい処遇がなされている者とされています（昭22.9.13発基17、昭63.3.14基発150）。

したがって、管理監督者とは役職者のうちの極めて限定された範囲の者であって、たとえば遅刻や早退に対してペナルティが科せられたり、労務管理について何の権限もないような役職者は対象とはなりません。

多店舗展開する小売・飲食店などのいわゆる名ばかり店長なども、通達（平20.9.9基発0909001）では管理監督者たり得ないとされています。

Q 1-5 小規模店舗などでは、管理監督者とはならない店長が過半数代表者に選任された場合、店長と企業の代表取締役との間で労使協定がなされるということがあり得るということか。

〈　A　〉管理監督者にはならなくとも、店長は事業場の使用者として業務指示等を行う立場にあります。その事業場の使用者と労働者の過半数代表者の間で締結されるのが労使協定ですので、労使協定の意味を労働者が正しく理解していれば、店長が労働者の過半数代表者に選任されることはあり得ないと考えられます。

Q 1-6 　過半数代表者はどのように選出すればよいか。

A 　通達（平11.3.31基発169）では、労使協定の当事者である過半数代表者になるものであることを明確にしたうえで行う投票・挙手、労働者の話合い、持ち回り決議等労働者の過半数が当該者の選任を支持していることが明確になる民主的な手続きによって選出される、とされています。

労使協定を行うつど選出されることが原則となりますが、たとえば今後1年間に締結することが予想される労使協定を明確にしたうえで、あらかじめ過半数代表者を選出しておくことも可能です。

ただしその場合は、選出時の過半数代表者としての資格を協定締結時点でも維持していることが必要となります。

たとえば、選出時点より事業場全体の労働者が増えたり、選出時に支持した労働者が異動や退職等で減少したりした結果、協定締結時には選出時に支持した人数が過半数を割っている場合など、締結時に労働者の過半数から支持されていることが明確でない場合は、過半数代表者たり得ないことになります。

Q 1-7 　投票・挙手での選出は、全員が一堂に会することが難しく、物理的にそのような手続きをとることができないがどうすればよいのか。

A 　全員が集える場やグループごとに集える場があれば、その場で立候補者への賛同を挙手等で確認できるため最も簡便に選出できますが、それが難しい場合もあります。

公職選挙法が適用されるような選挙ではないので、厳密な秘密投票である必要はなく、一定期間投票箱を設置したり、メールによって投票するなど、支持されたことが分かる方法であれば差し支えありません。

全員を職域や職階などのグループに分け、そのグループの全員で話し

合って代表を選び、その代表らによる互選・話合いで選出することなども可能です。

Q 1-8　複数の候補者が立候補しない場合でも投票や挙手が必要か。

〈　**A**　〉立候補した者への過半数の支持が確認できればよいので、信任投票や信任の回覧で差し支えありませんが、立候補者が一人だけだったからといって、労働者からの支持を得る手続きを経ることなく過半数代表者にすることはできません。

　信任の回覧では、以下のような方法が考えられます。

① 　回覧用紙に労使協定の種類とその過半数代表者であることを明確にしたうえで、信任のサインや押印をさせる方法

【文面例】

従業員各位(回覧。期日：令和 2 年 2 月 20 日)
　令和 2 年 4 月 1 日から 1 年間の
　① 　時間外労働・休日労働に関する労使協定(36協定)
　② 　1 か月単位の変形労働時間制の労使協定
を締結する従業員代表として、○グループの△△さんが立候補されました。
　つきましては△△さんを信任することについて、同意される場合は署名をお願いします。

[署名欄]

署名日						
サイン 印鑑						

---

② 　メール等で全員に回覧用紙を配信し、信任（不信任）の場合はその旨
　　返信させたり申し出させる方法

【文面例】

従業員の皆様へ

　令和2年4月1日から1年間の36協定、1か月単位の変形労働時間制の
労使協定を締結する従業員代表として、○グループの△△さんが立候補さ
れました。

　つきましては△△さんを信任することについて、異議ある（同意する）場
合は令和2年2月20日までに××あてにメールで申し出てください。当日
までに申出がない場合は信任（不信任）されたものとみなします。

Q 1-9　労働者代表として立候補する者を募ったが誰も名乗り出ない場合はどうすればよいのか。

　A　過半数代表者が選出されなければ労使協定が締結できず、労使
協定に基づく制度は運用できなくなります。たとえば36協定が締結でき
なければ、時間外労働などは一切できないことになります。

　労働者にしっかりと趣旨説明をして立候補を促すことが必要になります
が、十分な時間をとっても候補が現れないような場合もあり得ます。

　この場合、後に全員による信任手続きが控えていますので、一定の職種・
職階等から選ぶように呼びかけたり、個人を説得して立候補してもらうこ
となども現実問題としてはあり得ると思われます。

　このような場合には、特にその後の信任手続きを的確に行うことが強く
求められます。

Q 1-10 日ごろから仕事ぶりの良くない者が、使用者に楯突いて職場環境を乱すことを意識して立候補することも考えられるが、これを阻止したりペナルティを科したりすることはできないか。

A 過半数代表者はあくまでも労働者が自主的に選出するものですので、使用者の意向により選別することはできません。

過半数代表者については、労働基準法施行規則第6条の2第3項に、

> 使用者は、労働者が過半数代表者であること若しくは過半数代表者になろうとしたこと又は過半数代表者として正当な行為をしたことを理由として不利益な取扱いをしないようにしなければならない。

と規定されており、使用者は選出に関与したり特定の者を排斥したりすることのないようにしなければなりません。

さらに、今回の改正にあわせて以下のような同条第4項が新設され、使用者は過半数代表者の選出に関与することはできないうえに、過半数代表者が協定等を行いやすいように配慮しなければならないこととなりました。

> 使用者は、過半数代表者が法に規定する協定等に関する事務を円滑に遂行することができるよう必要な配慮を行わなければならない。

Q 1-11 過半数代表者が労使協定の締結を拒否したり、極めて偏った内容の協定にしか応じない場合はどのようにすればよいか。

A 過半数代表者が労使協定の締結を拒否したり、たとえばフレックスタイム制や変形労働時間制等を採用する場合でその対象となる労働者を極めて限定した範囲でしか認めない、36協定の延長時間の限度を極端に短い時間でしか認めない等、想定した内容の労使協定が締結できないと

13

いう事態が発生することが考えられます。

　それでも過半数代表者の意向であり、その意見は尊重しなければなりませんが、労使協定は労使で話し合って合意を得たものを協定内容とするものであり、労働組合や過半数代表者の主張どおりの内容で協定しなければならないものではありません。

　労使協定が締結できない場合はそのような制度の導入は断念することが基本ですが、職場内の適正な労務管理の運営のために制度の導入が必要と判断した場合は、労使協定が締結できない状況を明らかにし、そのような制度の必要性と使用者の意見を明確にした上で、再度協定の当事者としての過半数代表者を選出するように、労働者に求めることとなるものと考えられます。

Q 1-12　過半数代表者が選出された経過を残しておく必要があるか。

　A　法的な定めはありませんが、過半数代表者が使用者の意向に基づいて選出されてはならないことが労働基準法施行規則第6条の2第1項に明記されたこと、また改正法成立時に参議院厚生労働委員会で、

15　（略）とりわけ過半数労働組合が存在しない事業場における過半数代表者の選出をめぐる現状の課題を踏まえ、「使用者の意向による選出」は手続違反に当たること、及び、使用者は過半数代表者がその業務を円滑に推進できるよう必要な配慮を行わなければならない旨を省令に具体的に規定し、監督指導を徹底すること。（以下略）

との附帯決議（「働き方改革を推進するための関係法律の整備に関する法律案に対する附帯決議」）がなされたこともあり、今後は行政機関が意識的に、過半数代表者が労働者により民主的に選出されたものであるか否かの確認を行うことが十分に考えられます。

　したがって、選出された経過に係る資料等の調査や、過半数代表者への面接などが行われる可能性もありますので、過半数代表者選出時の投票や信任の回覧用紙等を確実に保存しておくことが求められます。

　協定の締結に際しては以下のような点に留意することが求められます。

① 　信任を得るための回覧では、サインや印鑑はその回覧文書を見たという証なのか、信任の意思表示なのかが明確になるような表現が必要です。
　　　サインや印鑑が回覧文書を見たという証としか判断できない場合は、信任されたことにはなりません。

② 　過半数の者の信任サインを得た時点で、要件を満たしたとしてその後の回覧を省略してしまうことが考えられますが、これは慎重に判断することが必要です。

　Q 1-8　で示した文面例は信任の意思表示のサインとしていますが、あわせて閲覧印を押すような回覧用紙を一緒にしないで回覧した場合、サインをしなかった人については、信任していないのか、あるいはそもそもこの回覧を見ていないのかがわかりません。

　この場合、労働者の過半数の信任を得ていますので、過半数代表者になることに法的には問題はありませんが、サインをしなかった人が、「その回覧を見ていない」「過半数代表者を信任・選出するということを聞いておらず、これは職場内での差別的問題だ」などと主張して、トラブルになることもあります。

　したがって、「回覧を見た」というサインと「信任する」というサインとを、いずれも記載させるような回覧方式が最も望ましいものとなります。

　メールで配信する場合も同様に、配信した文書を開いていることが確認できるようなシステムにすることが望ましいでしょう。

　労働基準監督官は、臨検監督時に労働組合の事務所を訪ねたり、労使協定の過半数代表者に会って協定について確認したりすることもある。

　あるとき、筆者が臨検監督に入った事務所で36協定の過半数代表者に会いたいと告げたところ、労務担当者は慌てた様子で「実はもう退職した」と説明した。

　なるほど労働者名簿には退職した旨の記載があり、過半数代表者の退職は何の不思議もないが、問題は退職日である。なんと協定書に記載された36協定の締結日の３か月前の日付であったのだ。

　担当者に問いただすと、「現在の労働者に迷惑をかけることもない」と、退職した者を過半数代表者に仕立て上げ、事務所に保管してあったゴム印の氏名印と印鑑を、事務担当者が押印して協定書を作成したことを認めた。

　当然ながら36協定は無効であるとして、期間中の法定時間外労働、法定休日労働は全て法違反であることを指摘し、直ちに適正な36協定の締結届出をすること、届出が受理されるまで時間外労働、休日労働は禁止されることを指導した。

　筆者が監督官であった頃は、「労使協定など形式的なもの」との認識しかない、こういった事業場も散見されたが、現在であれば悪質な事案として大きな問題になる可能性も十分に考えられるであろう。

第 **3** 節

労使協定の届出、保存、周知

労使協定には届出が必要なものがあります。また、適切に保存、周知を行うことが義務づけられています。

（1）　労使協定の届出

本章**第1節(2)**の15種類の協定のうち、①貯蓄金の管理に関する協定、③1か月単位の変形労働時間制に関する協定、④フレックスタイム制に関する協定(ただし清算期間が1か月を超える場合に限る)、⑥1年単位の変形労働時間制に関する協定、⑦1週間単位の非定型的変形労働時間制に関する協定、⑨時間外労働・休日労働に関する協定、⑪事業場外労働に関する協定(ただしみなし時間が1日の法定時間8時間を超える場合に限る)、⑫専門業務型裁量労働制に関する協定については、所轄の労働基準監督署への届出が義務づけられています。

そして届け出なかったことに対して罰則があるのは、このうち③④⑥⑦⑪⑫となっています。

◀ **Q 1-13** ▶ 届出が義務づけられているものは、すべて届出様式が定められているのか。

定められている場合、その様式によらなければ受理されないか。

〈 **A** 〉届出が義務づけられているものはすべて届出様式が定められていますが、必要な事項が具備記載されていれば、当該様式によらなくても

差し支えありません。

　また、届出様式に各項目欄に「別添協定書写しの通り」と記載し、協定書写しを添付することでも差し支えありません。

　なお、協定書そのものについては様式が示されていないため、協定すべき項目が満たされていれば、どのような書式でも差し支えありません。

Q 1-14　届出は何部届ければよいのか。

　A　認定や許可などの申請については、2部提出することが義務づけられています。

　それ以外の申請についても、届け出たことを明確にするため、事業場の控えとあわせて2部提出して受領印を押してもらうことが一般的です。郵送等の場合は返信用の封筒を同封して2部送るようにしてください。

Q 1-15　届出が受理されればその効果が発生すると考えてよいか。
　逆に受理されない場合は、協定の内容が不適正とされ効果は発生しないと考えるべきか。

　A　届出と協定の効果とが関連するものは前記⑨の時間外労働・休日労働に関する協定（36協定）のみで、その他は届出が効力発生要件とはされていません。適切な労使協定が締結されていれば、仮に届出を怠っていたとしても、労使協定の内容に沿った労務管理を行うことができます。

　ただし、届出をしなかったという違反は成立しますので、届出が義務づけられている場合は確実に届出を行うことが必要です。

　行政手続法第37条では、「届出書の記載事項に不備がないこと、届出書に必要な書類が添付されていることその他の法令に定められた届出の形式上の要件に適合している場合は、当該届出が法令により当該届出の提出先

とされている機関の事務所に到達したときに、当該届出をすべき手続上の義務が履行されたものとする。」とされており、協定届に記載漏れ等の瑕疵がなく形式上の要件に適合している場合、行政機関は協定の内容の適・不適に関わらず受理することとされています。

　したがって、協定届を受理されたからといって協定内容が適切と認められたということにはなりません。

　逆に届出書の形式に不備があって受理されなかったからといって、協定が直ちに無効になる訳でもありません。

　この点は特に就業規則の届出に際して誤解されることが多いのですが、就業規則が受理されたからといってその内容が適正だと認められたことにはなりません。

こんなことも
受理印のある届出を残しておかないから……

　労働条件に係る臨検監督では、ほとんどの場合労使協定の有無を確認するが、その際は裏付けとなる協定書の原本あるいは写しを見ながら使用者の説明を受けることになる。

　筆者が行ったある臨検監督時に、社員への周知用として保管しているものだとして、１年単位の変形労働時間制に関する協定届出書と就業規則の届出書の控えが提示された。

　協定は協定届出書に労使双方の署名押印をして協定としているとのことで、なるほど労働者の署名押印もあり、協定日も最新のものだったが、就業規則の届出書には労働者代表の意見書が添付されていなかった。

　そして、いずれについても１部のみ届け出たため、受領印がある控えはないとのことであった。

　これでは届出の事実が確認できないと迫ったところ、「お宅の役所の窓口

に届け出たのだから、届出の事実はそちらで確認できるでしょう」と言われてしまった。よく聞く言葉ではある。

　昨今は役所でもシステム化が進み、届出書類等の整理確認は容易になったため、臨検監督前にそれらの有無を確認した上で対応するようだが、以前はそうもいかなかった。協定届出の有無はなかなか確認できなかったため、もっぱら監督時に事業場で確認することとしていた。

　実は当該事業場については日ごろから労働者や少数組合から、労務管理に関する不満が寄せられていた。今般、「協定書や就業規則が労働者側に知らされないまま修正されているようで、確認してほしい」という旨の情報があって臨検監督を実施した経緯もあり、使用者とかなりの時間やり取りがあった。

　その後役所へ戻って届出書を探し出して精査したところ、確かに適正なものが届出されていたことが確認できた。

　どうやら情報を入れた労働者側の勘違いであったようであるが、そもそも届出に際して原本と控えの2部を用意して届け出ていれば何の問題もなかったものである。

　特に当該事業場のように労使間の不信感が強まっている場合には、痛くもない腹を探られることのないように、手続きに万全を期しておくことが求められる。

（2）　労使協定の保存

Q 1-16　労使協定は何年間保存しなければならないか。

　　A　　労働基準法第109条は、労働者名簿、賃金台帳とともに、雇入、解雇、災害補償、賃金その他労働関係に関する重要な書類を3年間保存

することを罰則（30万円以下の罰金）付きで義務づけています。

　労使協定はその他の労働関係に関する重要な書類とされており、完結の日（その労使協定の効力がなくなった日）から３年間保存することとされています。

　労使協定関係書類の保存は、労働関係に関するトラブル、紛争を解決するためや監督指導の観点から義務づけられたもので、それに必要な期間として、３年間とされたものです。

　労働基準法には罰則付きの規定が多くありますが、その刑罰の重さから、刑事訴訟法に規定される時効（公訴時効＝犯罪が行われてから一定期間経過すると検察官が起訴することができなくなるというもので、刑罰の重さによりその期間が異なる）が３年間とされています。

　そのため、過去３年以内に発生した労働基準法違反の犯罪が捜査の対象になることから、証拠資料となり得る労働関係の重要書類の３年間の保存が義務づけられているとも考えられます。

　なお、労働基準法の事項等に関する改正案が国会で審議されており、令和２年４月１日からは、記録の保存期間についても３年間から５年間に延長される予定になっています（ただし、当分の間は現状どおりの３年間とされる予定）。

Q 1-17　労使協定の保存の仕方について決まりがあるのか。

　A　労働基準法第106条では、就業規則、労使協定、労使委員会の決議を、常時各作業場の見やすい場所への掲示、備付、書面の交付、パソコンへの記録等により、労働者に周知しなければならない旨を規定していますので、労使協定の有効期間中はそのような形で保存することが必要となります。

　もちろんこれらはその内容を周知するためのものですので、掲示・備付に当たっては原本の写しで差し支えありません。

　有効期間後の保存方法については特に定めはありませんが、趣旨からすれば容易に探し出しやすい形で整理して保管しておくことが望まれます。

（3）　労使協定の周知

Q 1-18 労使協定の閲覧は社内限りとしたいので、労使協定原本は厳重に保管し、労働者から閲覧の申出があった場合に原本の写しを提示することでもよいか。

〈　**A**　〉申出に応じて閲覧できる状態になっていれば差し支えありません。一方で、閲覧の申出に対する許可制とし、閲覧の目的等によっては閲覧させない、などとすることはできません。

Q 1-19 労使協定の対象外の労働者にも周知しなければならないか。それらがパートタイム労働者、アルバイト、派遣労働者の場合も周知しなければならないか。

〈　**A**　〉周知すべき対象が関係労働者に限定されてはいないので、事業の雇用労働者であれば、当該労使協定に関係のない労働者にも周知する必要があります。

　それらの中にパートタイム労働者、アルバイトが含まれていても選別することなく周知することが必要です。

　なお、受け入れている派遣労働者は事業場の雇用労働者にはなりませんが、派遣法第44条第5項により派遣先の使用者にも周知義務があるとされていますので、派遣労働者に係る労使協定等は派遣先においても周知することになります。

Q 1-20 受け入れている派遣労働者も同じ労使協定の制度の枠組みで使用する場合はどのようにすればよいか。

A 派遣労働者に関して労使協定を行うのは派遣元事業主であるので、派遣元に同様の内容の労使協定を締結するよう依頼して締結してもらい、派遣元において派遣労働者に周知してもらうことになります。

こんなことも
必要な書類を保存しておかないと?

　ある事業場で、3年前に総務の係長を労働者の過半数代表者として指名して労使協定を行い、監督署に届け出て1年単位の変形労働時間制とした。

　多忙な特定の時期に法定労働時間を超える所定労働時間とし、時間外割増賃金は支払わなかった（変形労働時間制の本質であり適法）。

　引き続き昨年も同様の労使協定を行ったが、3年前の労使協定はもう終了したものだからと保存せずに破棄した。

　監督署の指導もあり、昨年以降の労使協定は掲示して従業員に周知しているが、3年前は周知していなかった。

　今年の終わり頃になって、従業員の間に「3年前は労使協定がなかったのではないか」という話が広まり、数名の従業員が一緒に社長室に来て「3年前は労使協定がなかったのだから変形労働時間制は無効であり、その1年間の法定労働時間を超える所定労働時間については、時間外割増賃金が支払われなければおかしいのではないか。支払われないのであれば監督署に申告し、場合によっては告訴する」と主張した。

　労使協定書は破棄しており、そのときの過半数代表者の係長も退職していたため、労使協定があったことについて納得させられるような証拠は示すことができなかったが、社長は労使協定があったことは事実だと主張し従業員

の要求を突っぱねた。

　その後従業員たちは監督署に申告したが、監督署の担当官は、「民事上の賃金の請求権の時効は労働基準法第115条で2年間（当時。なお、現在国会審議中の労働基準法の改正により、原則5年（当分の間は3年）に改正予定）とされており、3年前の割増賃金はたとえ民事訴訟となったとしても、時効を援用すれば使用者には支払う義務はない。したがって、時間外割増賃金不払いという労働基準法第37条の違反があったとしても、行政機関としては、使用者に対して割増賃金を支払うように指導することはできないため、申告としては受理できない。」と説明した。

　従業員たちは申告はあきらめたが、労働基準法第37条の違反について会社を罰してもらいたい旨主張し、必要なら後日告訴状を持ってくると主張した。

　公訴時効は賃金の請求権の時効とは異なり3年間であり、3年前の法違反についても告訴があれば捜査対象となるので、監督署は当時の法違反の状況について調査を始めた。

　署内の関係資料を調べたところ、3年前に確かに1年単位の変形労働時間制の労使協定が届け出られていたことが確認され、労使協定がなされていたことが明らかになった。

　監督署は従業員に労使協定があったことから労働基準法第37条の法違反は認められない旨を伝え、従業員は納得して告訴には至らなかった。

　即日監督署は会社の労務担当者の出頭を求め、来署した担当者に経過を説明した上で、労使協定を周知していなかったこと、本来3年間保存すべき労使協定が保存されていなかったことが事の発端であり法違反であるとして、3年前の労働基準法第106条と第109条違反を指摘して一件は終了した。

　従業員が時間外割増賃金の不払いでなく、労使協定を周知していなかったこと、保存していなかったことについて、すなわち第106条と第109条違反として告訴していれば、監督署は受理せざるを得なかったかもしれない。

時間外労働、休日労働に関する協定

労使協定のうち、唯一届け出ることにより協定の効果が発生する、本章**第1節(2)⑨**の「時間外労働、休日労働に関する協定」について説明します。

この協定は36(サブロク)協定と通称されますが、これは労働基準法第36条を根拠に持つことによるものです。

長時間労働の抑制という観点も持った今回の改正により、その内容が大きく変更され、世間に名称が大分広まったようです。

(1) 36協定が必要になる場合

1. 法定労働時間を超えて労働させる場合

法定労働時間を超えて労働させる場合(いわゆる「時間外労働」「残業」が法定労働時間を超える場合)において、36協定が必要となります。

Q 1-21 法定労働時間とは何時間か。

A 労働基準法第32条により、1週40時間、1日8時間が法定労働時間とされています。

なお、同法第40条により、商業(卸・小売業、賃貸業、理美容業等)、映画・演劇業(映画製作事業を除く)、保健衛生業(病院、社会福祉施設等)、接客娯楽業(飲食店、旅館等)の事業であって、常時使用する労働者数が10人未満の事業場では、1週の法定労働時間は40時間ではなく44時間とされています(ただし、1年単位の変形労働時間制、清算期間が1か月を超えるフレッ

クスタイム制、1週間単位の非定型的変形労働時間制では、原則通り40時間が適用されます)。

　これらの事業場を「特例措置対象事業場」といいます。

Q 1-22 　法定労働時間を超えて労働させることは違反なのか。

　　A　　法定労働時間を超えて労働させた場合に対しては、6か月以下の懲役または30万円以下の罰金という罰則が設けられています。

Q 1-23 　36協定はどのような意味があるのか。

　　A　　36協定で定められた延長時間まで法定労働時間を超えて働かせても、上記 Q 1-22 の罰則が適用されないという免罰効果があります。

　当然ながら、延長時間を超えて働かせた場合は免罰されず、罰則が適用される可能性があります。

Q 1-24 　36協定がなくとも、法定労働時間を超えて労働させた場合の罰則が適用されない場合があると聞いたが。

　　A　　36協定によらなくとも、以下の場合には、法定労働時間を超えて労働させても罰則は適用されません。

①　災害等による時間外労働等であって事前に許可を得た場合や事後に届け出た場合(労基法33)

②　変形労働時間制(1か月単位の変形労働時間制(労基法32の2)、1年単位の変形労働時間制(労基法32の4)、1週間単位の非定型的変形労働時間制(労基法32の5)、列車の乗務員の予備勤務者(労基法40))により、所定労働時間として法定労働時間を超えた場合(法定労働時間を超える所定

労働時間を設定した場合)

③　フレックスタイム制において、総労働時間以内で法定労働時間を超えた場合(労基法32の3)

ただし、清算期間が1か月を超える場合は、1か月ごとの労働時間が週平均で50時間を超える時間は、その月の時間外労働となり、36協定が必要になります。

④　みなし労働時間制(事業場外労働(労基法38の2)、専門業務型裁量労働制(労基法38の3)、企画業務型裁量労働制(労基法38の4))において、実際の労働時間が法定労働時間を超えた場合

⑤　労働時間等の規定が適用除外されるもの(農業・水産業・畜産業に従事する労働者(労基法41①一)、監督もしくは管理の地位にある者または機密の事務を取り扱う労働者(労基法41①二)、監視断続労働に従事する者で行政官庁の許可を得たもの(労基法41①三))が法定労働時間を超えた場合

⑥　高度プロフェッショナル制(労基法41の2)において、実労働時間が法定労働時間を超えた場合

◀ Q 1-25 ▶　前記 ◀ Q 1-24 ▶ の場合、36協定は一切不要なのか。

◀ A ▶　◀ Q 1-24 ▶ ②の変形労働時間制の場合は、法定労働時間を超える時間を所定労働時間としても時間外労働にはならないということですので、この所定労働時間を超えて労働させ、それが法定労働時間を超える場合は、36協定が必要となります。

具体的には以下のような労働時間について、36協定が必要となります。

①　日について

・1日の所定労働時間が8時間を超えている日については、その所定労働時間を超えた時間

・1日の所定労働時間が8時間以内とされている日については、

　　その所定労働時間を超えて、さらに8時間を超えた時間
②　週について
- 1週の所定労働時間が40時間を超えている週については、その所定労働時間を超えた時間（①の時間外労働となる時間は除く）
- 1週の所定労働時間が40時間以内とされている週については、その所定労働時間を超えて、さらに40時間を超えた時間（①の時間外労働となる時間は除く）
③　1か月及び1年単位の変形労働時間制の対象期間について
- 対象期間における法定労働時間の総枠（月の場合、大の月177.1時間、小の月171.4時間、2月160時間）を超えた時間（①②の時間外労働となる時間は除く）

Q 1-24　③のフレックスタイム制の場合は、⟨　　**A**　　⟩のただし書きの場合に加えて、総労働時間を超えた労働が法定労働時間を超える場合は、36協定が必要となります。

Q 1-24　④のみなし労働時間制の場合は、労使協定、労使委員会の決議等によって定められたみなし労働時間（1日の労働時間をみなします）が法定労働時間の8時間を超える場合には、36協定が必要となります。

　したがって、原則として実際の労働時間は関係ないものとなりますが、事業場外労働制の場合は、労働時間の一部が事業場内業務である場合、みなし労働時間（事業場外で業務に従事したとみなされる時間）と事業場内での実際の労働時間数とを合わせた時間数で判断されます。

2.　法定休日に労働させる場合

　法定休日に労働させる場合（いわゆる休日労働を法定休日に行わせる場合）において、36協定が必要となります。

◀ Q 1-26 ▶ 法定休日とはどのようなものか。

◁　**A**　▷ 休日とは労働契約上労働義務がないとされている日をいい、所定休日といわれます。

　労働契約上労働義務のある所定労働日に、労働者の意向や代休などで労働を休む休暇とは異なる概念です。

　そして、労働基準法第35条では、毎週1回または4週に4回の休日を与えることとされており、所定休日のうち、これに該当するものが法定休日といわれるものです。

　法定休日には「国民の祝日に関する法律」に規定される祝祭日を含めるという考え方もありますが、ここでは労働基準法に定める休日を法定休日と定義しています。

　上記の「与える」というのは休暇のように付与するという意味ではなく、所定の休日として設定しておくという意味です。

　法定休日は原則として暦日（午前0時から午後12時）とされていますが、3交替連続作業の場合は継続する24時間が、旅館業（フロント係、調理係、仲番・客室係の労働者に限る）の場合は、正午から翌日の正午までの24時間を含む継続27時間の休息期間が休日とされています。

◀ Q 1-27 ▶ 「毎週1回」と「4週4回」とはどのように違うのか。

◁　**A**　▷ 毎週1回の場合は、各週に必ず1日の休日を設けなければなりませんが、4週4回の場合は4週間のうちに4日の休日があればよいことから、たとえば第1週に4日の休日を設定し、第2週目から第4週に休日を設けなくても違反にはなりません。

　ただし、4週4日制とする場合には、

　① 　その旨を就業規則に記載する等により、労働契約の内容として明確

　にしておくこと

　②　４週の起算日を定めておくこと

が必要とされており、その定めた起算日から４週ごとに区切った期間に４日の休日を設定することになります。

　この４週間ごとの区切りはどこかの時点で終了するといった性質のものではなく、繰り返し永続するものです。

Q 1-28　法定休日に労働させることは違反なのか。

　A　法定休日に労働させた場合に対しては、６か月以下の懲役または30万円以下の罰金という罰則が設けられています。

Q 1-29　36協定にはどのような意味があるのか。

　A　36協定で定められた１か月の回数まで法定休日に働かせても、罰則が適用されないという免罰効果があります。当然ながら、定められた回数を超えて法定休日に働かせた場合は免罰されません。

Q 1-30　所定休日とはどのようなものか。法定休日と異なるのか。

　A　所定休日とは、**Q 1-26**で解説したとおり労使間の労働契約で特定されたものをいいます。

　休日は就業規則に必ず記載しなければならないものとされており、就業規則に定められた所定休日の中に法定休日が含まれていることになります。

　一般的には、毎週固定されている週休、祝祭日、年末年始、夏季の休日、その他労働契約上休日として定められたものが所定休日であり、それらの日のうち、毎週１日または４週に４日のものが法定休日ということにな

ります。

　労働基準法で“休日”とされているものはすべて同法第35条に規定されている休日、すなわち“法定休日”を指していますが、本書では明確にするため、“法定休日”という表記にしています。

　ちなみに改正による新しい36協定の届出書の様式に、初めて“法定休日”と表記された欄が設けられました。

　なお、代休や特別休暇など、日数は決められているものの、それを休むか否か、また、いつ休むかを労働者が決められるものは休暇であって、所定休日ではありません。

Q 1-31 所定休日のうち、法定休日以外の休日の労働でも36協定が必要なのか。

A 法定休日以外の所定休日については、36協定がなければその日の労働が労働基準法第35条の違反となるということはありませんので、36協定の必要はありません。

　ただし、その所定休日の労働が、「1週40時間」という法定労働時間を超える場合や、変形労働時間制の場合の「変形期間」での時間外労働になる場合は、時間外労働について36協定が必要になります。

　したがって、そのような休日の労働時間は、36協定で定めた延長時間の範囲内でしか行うことができません。

　たとえば、平日の所定労働時間が8時間、毎週土日が所定休日の場合で、土日の2日の所定休日のうち1日だけ出勤して労働したケースでは、法定休日労働にはなりません（1週に1日の休日が確保されているため）が、その週の労働時間が8時間×6日の48時間となり、週の法定労働時間40時間を超えていることから、時間外労働になります。

Q 1-32 法定休日に出勤させて労働させた場合が法定休日労働になるのか。

A **Q 1-26** で説明したように法定休日は暦日とされていますので、当日に出勤した場合のみならず、前日（平日）からの時間外労働が継続して当日（法定休日）の午前0時に至った場合は、その時点で前日の時間外労働は終了し、法定休日労働が開始されたことになります。

　逆に法定休日労働が継続して翌日の平日の午前0時に至った場合は、その時点で法定休日労働は終了し、翌日の所定始業時刻までは、翌日の早出時間外労働になります。

Q 1-33 法定休日の労働について、事前に振替休日を設定していた場合の取扱いはどうなるか。

A 振替休日は、あらかじめ振り替えるべき日を特定して法定休日を振り替えた場合、振り替えられた日が法定休日となり、元の法定休日が通常の労働日となる制度ですので、元の法定休日の労働は法定休日労働にはなりません。

　したがって、この場合は法定休日労働としての36協定は必要ありません。

　ただし、元の法定休日を他の週に振り替えたことによって、元の法定休日のあった週の労働時間が法定労働時間を超える場合は、時間外労働としての36協定が必要になります。

　この場合、休日の振替えは36協定の延長時間の範囲内で行うことが必要となります。

Q 1-34 すでに行われた法定休日労働に対して、後から代休を与えた場合の取扱いはどのようになるか。

〈　**A**　〉代休は一般的に休日労働や長時間労働などを行った後に、その代償として他の労働日を休日にするという制度です。

振替休日制度と異なり、あらかじめ特定の振替え先の休日を設定していないことから、法定休日労働が行われた事実は消えません。

したがって、法定休日労働を行う場合は、代休の有無に関わらず、法定休日労働としての36協定が必要になります。

3.　36協定の性質

36協定は、それを根拠に労働者に法定労働時間を超える労働及び法定休日における労働を強制することができるものではありません。

判例では、「当該事業場に適用される就業規則に、36協定の範囲内で一定の業務上の事由があれば労働契約に定める労働時間を延長して労働者を労働させることができる旨定めているときは、当該就業規則の規定の内容が合理的なものである限り、それが具体的労働契約の内容をなすから、就業規則の適用を受ける労働者は、その定めるところに従い、労働契約に定める労働時間を超えて労働する義務を負う」と判示しています（平3.11.28最高裁第1小法廷判決　日立製作所武蔵工場事件）。

つまり、36協定の範囲内で時間外労働、法定休日労働を使用者が命ずることと労働者がそれに従って労働することが、労働契約の内容として明確にされている場合に限り、36協定の締結届出を前提に、時間外労働・法定休日労働を適法に行わせることができるということです。

このように36協定は、法定労働時間を超える労働及び法定休日における労働に対する刑罰を免罰する効果のみが認められるものです。

したがって、使用者にとっては、万が一の場合を考慮すると、法定労働時間を超えて延長することができる時間数及び労働させることができる法定休日の回数はいずれも多い方が好ましいことになり、協定でそのような内容を定めることを求めることになるものと考えられます。

Q 1-35 36協定の内容がそのまま強制される訳でもないのであれば、使用者としては、可能な限り長い延長時間と回数の多い法定休日労働を主張してよいか。

〈　**A**　〉 協定の当事者である労働者代表は、36協定を根拠に時間外労働や法定休日労働が強制されることはないと理解したとしても、協定で定めた時間数が上限として現実のものとなる可能性は考えるものと思われます。それがあまりに長時間にわたるものである場合、拒否反応を起こすなどにより、協定の締結に支障をきたす場合も考えられます。

Q 1-36 延長時間が長いものや、法定休日労働の回数が多い36協定は、労働基準監督署で問題になることはないか。

〈　**A**　〉 上限規制の範囲を超える36協定は当然ながら無効として受理されないことになります。

　一方、上限規制の範囲内である36協定は、受理されることになりますが、労働基準監督署では、長時間労働の抑制が行政の大きな課題となっており、協定された延長時間等について、後述の指針(**(3)　指針について**参照)に基づいて労使を指導することが業務となっています。そのため、指針に反するような長時間労働が可能な36協定を届け出た事業場については、窓口指導はもとより、呼び出し監督、臨検監督等の行政指導を実施する対象にあげられる可能性が高くなるものと考えられます。

4.　法定休日労働と時間外労働に係る36協定の必要性の例

　以下の例は、それぞれの条件ごとに各曜日の実労働時間数と週の労働時間数、時間外労働時間数、法定休日労働時間数を表したものです。

　法定休日は原則の毎週１日の場合を例としています。

　週は原則の日曜日から土曜日としていますが、週の始期は労使間で別途定めた場合はそれが適用されます。

　「週時間」は当該週の実労働時間です。「時間外」に数字の記載がある場合は時間外労働に関する36協定が、「休日」は法定休日のことで、その欄に数字の記載がある場合は休日労働に関する36協定が必要になります。

　「36協定」欄は"時間外労働に関する協定"か"法定休日労働に関する協定"のうち必要なものを記載しています。

　いずれも36協定がなければ法違反となります。

　「割増賃金」は時間外労働、法定休日労働それぞれに対して必要となる割増賃金の計算です。

　aは時間当たりの賃金額、（　）内の1.5は、月間60時間を超えた場合の割増率で、中小企業(55頁の表に掲げるもの)以外に適用されます(中小企業は令和5年4月1日から適用されます)。

　当然ながら、法定時間外労働、法定休日労働とならないため、以下の例で割増賃金は不要としてある場合でも、所定労働時間を超えた時間の労働に対しては、契約上の賃金は必要になりますので留意してください。

事 例 ①

事例①：基本パターン

• 1日の所定労働時間が法定と同じ8時間、土・日が所定休日という基本的なパターンの場合(以下 事例①－15 まではこのパターンを基本にしています)

日	月	火	水	木	金	土	週時間	時間外	休日	36協定
0	8	8	8	8	8	0	40	0	0	不要

法定休日労働も時間外労働もありません。

割増賃金は不要です。

事例①－1

• 所定休日の日曜日に 8 時間労働した場合

日	月	火	水	木	金	土	週時間	時間外	休日	36協定
8	8	8	8	8	8	0	48	8	0	時間外

　所定休日の土曜日が法定休日となりますので、法定休日労働はなく、週の労働時間が40時間を超える金曜日の 8 時間の労働が週の時間外労働になります。

　割増賃金は a × 1.25（1.5）× 時間外時間数(8 時間)となります。

　ただし、日曜日を法定休日労働と定めている場合は、上記の割増賃金は不要となり、代わりに a × 1.35 × 休日労働時間数(8 時間)が必要となります。

事例①－2

• 所定休日の土曜日に 8 時間労働した場合

日	月	火	水	木	金	土	週時間	時間外	休日	36協定
0	8	8	8	8	8	8	48	8	0	時間外

　所定休日の日曜日が法定休日となりますので、法定休日労働はなく、週の労働時間が40時間を超える土曜日の 8 時間の労働が週の時間外労働になります。

　割増賃金は a × 1.25（1.5）× 時間外時間数(8 時間)となります。

　ただし、土曜日を法定休日労働と定めている場合は、上記の割増賃金は不要となり、代わりに a × 1.35 × 休日労働時間数(8 時間)が必要となります。

事例①－3

・所定休日の土日両日に8時間労働した場合

日	月	火	水	木	金	土	週時間	時間外	休日	36協定
8	8	8	8	8	8	8	56	8	8	時間外・休日

　週の時間外労働と法定休日労働がそれぞれ行われたことになります。

　この場合、法定休日を定めている場合はその日の労働が法定休日労働になりますが、法定休日を定めていない場合は、週の末日の土曜日が法定休日とされていますので、土曜日の労働が法定休日労働となります。

　そして、土曜日が法定休日労働の場合は、週の労働時間が40時間を超える金曜日の8時間の労働が週の時間外労働になり、日曜日が法定休日の場合は、週の労働時間が40時間を超える土曜日の8時間の労働が週の時間外労働になります。

　割増賃金はa×1.25（1.5）×時間外時間数（8時間）＋a×1.35×法定休日労働時間数（8時間）となります。

事例①－4

・所定休日の日曜日に5時間、所定休日の土曜日に8時間労働した場合

日	月	火	水	木	金	土	週時間	時間外	休日	36協定
5	8	8	8	8	8	8	53	5or8	5or8	時間外・休日

　法定休日労働と週の時間外労働になりますが、両日の労働が区別できません。

　この場合、法定休日を定めている場合はその日の労働が法定休日労働になりますが、法定休日を定めていない場合は、週の末日の土曜日が法定休日とされていますので、土曜日の労働が法定休日労働となります。

　そして、土曜日が法定休日労働の場合は、週の労働時間が40時間を超

える金曜日の8時間のうちの最後の5時間の労働が週の時間外労働になり、日曜日が法定休日の場合は、週の労働時間が40時間を超える土曜日の8時間の労働が週の時間外労働になります。

　割増賃金は法定休日を定めていない場合、a×1.25（1.5）×時間外時間数（5時間＝金曜日）＋a×1.35×休日労働時間数（8時間＝土曜日）

　法定休日を日曜日と定めている場合は、a×1.25（1.5）×時間外時間数（8時間＝土曜日）＋a×1.35×法定休日労働時間数（5時間＝日曜日）となります。

事例①−5

・所定休日の日曜日に8時間、所定休日の土曜日に5時間労働した場合

日	月	火	水	木	金	土	週時間	時間外	休日	36協定
8	8	8	8	8	8	5	53	5or8	5or8	時間外・休日

　上記 事例①−4 と同様で、法定休日労働と週の時間外労働になりますが、両日の労働が区別できません。

　土曜日が法定休日労働の場合は、週の労働時間が40時間を超える金曜日の8時間が週の時間外労働になり、日曜日が法定休日の場合は、週の労働時間が40時間を超える土曜日の5時間の労働が週の時間外労働になります。

　割増賃金は法定休日を定めていない場合、a×1.25（1.5）×時間外時間数（8時間＝金曜日）＋a×1.35×休日労働時間数（5時間＝土曜日）

　法定休日を日曜日と定めている場合は、a×1.25（1.5）×時間外時間数（5時間＝土曜日）＋a×1.35×法定休日労働時間数（8時間＝日曜日）となります。

事例①－6

• 所定休日の土日以外に、所定休日の祝祭日が水曜日にある週に、土日両日に8時間労働した場合

日	月	火	水	木	金	土	週時間	時間外	休日	36協定
8	8	8	0	8	8	8	48	8	0	時間外

　所定休日の水曜日が法定休日となりますので、法定休日労働はなく、週の労働時間が40時間を超える土曜日の8時間が週の時間外労働になります。

　割増賃金はa×1.25（1.5）×時間外時間数（8時間）となります。

　ただし、日曜日あるいは土曜日を法定休日労働と定めている場合は、上記の割増賃金は不要となり、代わりにa×1.35×休日労働時間数（8時間）が必要となります。

事例①－7

• 日曜日の所定休日を火曜日に振り替えて日曜日に8時間労働した場合

日	月	火	水	木	金	土	週時間	時間外	休日	36協定
8	8	0	8	8	8	0	40	0	0	不要

　振り替えた結果火曜日が所定休日に、日曜日は通常の労働日となります。法定休日労働も週の時間外労働もありません。

　割増賃金は不要です。

事例①－8

• 日曜日に8時間労働した後、火曜日に代休を取得した場合

日	月	火	水	木	金	土	週時間	時間外	休日	36協定
8	8	0	8	8	8	0	40	0	0	不要

　日曜日は所定休日労働になりますが、土曜日が法定休日となりますので、法定休日労働にはなりません。

　週の時間外労働もありません。

　割増賃金は不要です。

　ただし、日曜日を法定休日労働と定めている場合は、a ×1.35×休日労働時間数（8時間）が必要となります。

　代休の火曜日の8時間分の賃金は控除できます。

事例①－9

- 日曜日の所定休日を火曜日に振り替えて8時間労働し、所定休日の土曜日も8時間労働した場合

日	月	火	水	木	金	土	週時間	時間外	休日	36協定
8	8	0	8	8	8	8	48	8	0	時間外

　振り替えた結果火曜日が法定休日に、日曜日は通常の労働日となります。法定休日労働はありません。

　週の労働時間が40時間を超える土曜日の8時間が週の時間外労働になります。

　割増賃金はa ×1.25（1.5）×時間外時間数（8時間）となります。

　ただし、土曜日を法定休日労働と定めている場合は、上記の割増賃金は不要となり、代わりにa ×1.35×休日労働時間数（8時間）が必要となります。

事例①－10

- 日曜日に8時間労働した後、火曜日に代休を取得し、所定休日の土曜日にも8時間労働した場合

日	月	火	水	木	金	土	週時間	時間外	休日	36協定
8	8	0	8	8	8	8	48	0	8	時間外

代休を取得した火曜日は法定休日にはなりません。

代休は休日労働の代償措置として、以後の特定の労働義務を免除するものであり、現に行われた労働がこのような「代休」を与えることによって、休日労働等でなくなるものではない(厚生労働省労働基準局編『改訂新版 労働基準法 上(労働法コンメンタールNo.3)』468頁、労務行政、2005年)。との見解も示されています。

所定休日の日曜日、土曜日も労働しているので、この週に法定休日はなく、法定休日労働が行われたことになりますが、両日の労働が区別できません。

この場合、法定休日を定めている場合はその日の労働が法定休日労働になりますが、法定休日を定めていない場合は、週の末日の土曜日が法定休日とされていますので、土曜日の労働が法定休日労働となります。

いずれにしても法定休日労働が8時間行われ、週の時間外労働はないことになります。

割増賃金は $a \times 1.35 \times$ 法定休日労働時間数(8時間)となります。

事例①-11

・日曜日に8時間労働した後、火曜日に代休を取得し、所定休日の土曜日に5時間労働した場合

日	月	火	水	木	金	土	週時間	時間外	休日	36協定
8	8	0	8	8	8	5	45	0	8or5	時間外・休日

事例①-10 に述べたように代休を取得した火曜日は法定休日にはなりません。

　所定休日の日曜日、土曜日とも労働しているので、この週に法定休日はなく、法定休日労働が行われたことになります。

　ただし、 事例①−10 と同様に日曜日、土曜日のいずれが法定休日労働になるかは明確ではありませんので、以下のように考えられます。

　日曜日が法定休日労働だとした場合、週の時間外労働はありません。割増賃金はa×1.35×法定休日労働時間数（8時間）ですが、週の労働時間は3時間減っているので、a×3は控除が可能です。

　土曜日が法定休日労働だとした場合も週の時間外労働はありません。

　割増賃金はa×1.35×法定休日労働時間数（5時間）となります。

　日曜日の労働は所定労働時間外となりますが、週の労働時間は代休の火曜日と相殺されて40時間となっており、時間外労働はありません。

事例①−12

- 月から木に毎日2時間の時間外労働を行い、金曜日にその代休を取得した場合

日	月	火	水	木	金	土	週時間	時間外	休日	36協定
0	10	10	10	10	0	0	40	8	0	時間外

　代休を取得した結果、週の労働時間は法定労働時間どおりになっていますが、1日8時間の法定労働時間を超える2時間の時間外労働が消えることはありません。

　割増賃金はa×1.25（1.5）×時間外時間数（8時間）となります。

事例①−13

- 日曜日に8時間労働し、月から木に毎日2時間の時間外労働を行い、金曜日にその代休を取得した場合

日	月	火	水	木	金	土	週時間	時間外	休日	36協定
8	10	10	10	10	0	0	48	8	0	時間外

　事例①-12 に述べたように代休を取得しても1日8時間の法定労働時間を超える2時間の時間外労働が消えることはありません。

　日曜日は所定休日労働になりますが、土曜日が法定休日となりますので、法定休日労働にはならず週の時間外労働もありません。

　割増賃金はa×1.25（1.5）×時間外時間数（8時間）となります。

　ただし、日曜日を法定休日労働と定めている場合は、上記の割増賃金に加え、a×1.35×休日労働時間数（8時間）も必要となります。

　代休の金曜日の8時間分の賃金は控除できます。

事例①-14

• 所定休日の土曜日に労働し、火曜日に休暇を取得した場合

日	月	火	水	木	金	土	週時間	時間外	休日	36協定
0	8	0	8	8	8	8	40	0	0	不要

　所定休日の日曜日が法定休日になり、法定休日労働はありません。

　土曜日の労働が週の時間外労働になり得るところですが、火曜日の休暇と相殺されて週の労働時間は40時間となっており、時間外労働はありません。

　割増賃金の支払いは不要です。

　ただし、土曜日を法定休日労働と定めている場合は、a×1.35×休日労働時間数（8時間）が必要となります。

　休暇の火曜日の8時間分の賃金は控除できます。

事例①－15

• 所定休日の日曜日と土曜日の両日に労働し、火曜日に休暇を取得した場合

日	月	火	水	木	金	土	週時間	時間外	休日	36協定
8	8	0	8	8	8	8	48	0	8	休日

　火曜日は休暇であり法定休日にはなりません。

　所定休日の土日両日に労働していることから、法定休日労働が行われたことになりますが、両日の労働が区別できません。

　この場合、法定休日を定めている場合はその日の労働が法定休日労働になりますが、法定休日を定めていない場合は、週の末日の土曜日が法定休日とされていますので、土曜日の労働が法定休日労働となります。

　週の労働時間は火曜日の休暇により40時間となっており、時間外労働はありません。

　割増賃金は a ×1.35× 8 時間(土日いずれか)となります。

事　例　②

事例②：基本パターン

• 1 日の所定労働時間が法定を下回る 7 時間、土・日が所定休日という基本的なパターンの場合(以下 事例②－ 3 まではこれを基本にしたものです)

日	月	火	水	木	金	土	週時間	時間外	休日	36協定
0	7	7	7	7	7	0	35	0	0	不要

　法定休日労働も時間外労働もありません。

　割増賃金も不要です。

事例②－1

• 所定休日の土曜日に7時間労働した場合

日	月	火	水	木	金	土	週時間	時間外	休日	36協定
0	7	7	7	7	7	7	42	2	0	時間外

　所定休日の日曜日が法定休日になりますので、法定休日労働はありません。

　所定休日の土曜日の7時間の労働のうち、週の労働時間が40時間を超える最後の2時間が、週の時間外労働になります。

　割増賃金はa×1.25（1.5）×2時間となります。

　ただし、土曜日を法定休日労働と定めている場合は、上記の割増賃金は不要となり、代わりにa×1.35×休日労働時間数（7時間）が必要となります。

事例②－2

• 所定休日の日曜日に7時間労働した場合

日	月	火	水	木	金	土	週時間	時間外	休日	36協定
7	7	7	7	7	7	0	42	2	0	時間外

　上記 **事例②－1** と同様の考え方です。

事例②－3

• 所定休日の土日両日に7時間労働した場合

日	月	火	水	木	金	土	週時間	時間外	休日	36協定
7	7	7	7	7	7	7	49	2	7	時間外・休日

　週の所定時間外労働と法定休日労働がそれぞれ行われたことになりますが、両日の労働が区別できません。

　この場合、法定休日を定めている場合はその日の労働が法定休日労働に

なりますが、法定休日を定めていない場合は、週の末日の土曜日が法定休日とされていますので、土曜日の労働が法定休日労働となります。

　週の時間外労働は、法定休日労働時間を除き、40時間を超えた時間となりますので、日曜日が法定休日の場合は土曜日の7時間のうち最後の2時間が、土曜日が法定休日の場合は、金曜日の7時間のうち最後の2時間が、週の時間外労働となります。

　割増賃金は a×1.25（1.5）×時間外時間数（2時間）＋ a×1.35×法定休日労働時間数（7時間）となります。

事　例　③

事例③：基本パターン

• 1日の所定労働時間6時間、土・日が所定休日というパートタイム労働者等の基本的なパターンの場合（以下 事例③−5 まではこれを基本にしたものです）

日	月	火	水	木	金	土	週時間	時間外	休日	36協定
0	6	6	6	6	6	0	30	0	0	不要

時間外労働も法定休日労働もありません。

割増賃金は不要です。

事例③−1

• 所定休日の日曜日に労働した場合

日	月	火	水	木	金	土	週時間	時間外	休日	36協定
6	6	6	6	6	6	0	36	0	0	不要

所定休日の土曜日が法定休日になりますので、法定休日労働はありません。

日曜日から金曜日の労働に週の所定時間外労働がありますが、週の労働

時間は法定労働時間(40時間)を超えていませんので、法定時間外労働はありません。

　割増賃金は不要です。

　ただし、日曜日を法定休日労働と定めている場合は、a×1.35×休日労働時間数(6時間)が必要となります。

事例③-2

• 所定休日の土曜日に労働した場合

日	月	火	水	木	金	土	週時間	時間外	休日	36協定
0	6	6	6	6	6	6	36	0	0	不要

　上記 事例③-1 と同様の考え方で、所定休日の日曜日が法定休日になりますので、法定休日労働はありません。

　土曜日の労働は週の所定時間外労働になりますが、週の労働時間は法定労働時間(40時間)を超えていませんので、法定時間外労働はありません。

　割増賃金は不要です。

　ただし、土曜日を法定休日労働と定めている場合は、a×1.35×休日労働時間数(6時間)が必要となります。

事例③-3

• 所定休日の土日両日に労働した場合

日	月	火	水	木	金	土	週時間	時間外	休日	36協定
6	6	6	6	6	6	6	42	0	6	休日

　所定休日の土日両日に労働していることから、法定休日労働が行われたことになりますが、どちらが法定休日労働であるかは分かりません。

　法定休日が日曜日と定められているならば日曜日が、法定休日の定めが

なければ土曜日が6時間の法定休日労働となります。

　週の時間外労働はありません。

　割増賃金はa×1.35×6時間となります。

事例③－4

- 所定休日の日曜日に5時間、土曜日に8時間労働した場合

日	月	火	水	木	金	土	週時間	時間外	休日	36協定
5	6	6	6	6	6	8	43	0	5or8	休日

　事例③－3　と同様に所定休日の土日両日に労働していることから、週の所定時間外労働と法定休日労働がそれぞれ行われたことになりますが、両日の労働が区別できません。

　この場合、法定休日を定めている場合はその日の労働が法定休日労働になりますが、法定休日を定めていない場合は、週の末日の土曜日が法定休日とされていますので、土曜日の労働が法定休日労働となります。

　法定休日が日曜日と定められているならば日曜日の5時間が、法定休日の定めがなければ土曜日の8時間が法定休日労働となります。

　週の時間外労働はありません。

　割増賃金はa×1.35×5時間または8時間となります。

事例③－5

- 所定休日の日曜日に8時間の労働を行い、金曜日に2時間の所定時間外労働を行った場合

日	月	火	水	木	金	土	週時間	時間外	休日	36協定
8	6	6	6	6	8	0	40	0	0	不要

　所定休日の土曜日が法定休日になりますので法定休日労働はありません。

　日曜日は所定休日労働になりますが、週の労働時間は法定労働時間の40時間に収まっており、時間外労働はありません。

　割増賃金は不要です。

　ただし、日曜日を法定休日労働と定めている場合は、a × 1.35 × 休日労働 8 時間が必要となります。

＊　　　＊　　　＊

　以上は法定休日が 1 週 1 日の場合の例としてあげたものですが、法定休日が 4 週 4 日でそれを利用した 1 か月単位の変形労働時間制の場合は、所定休日の労働が法定休日労働とならない例が多種にわたり、時間外労働のパターンも複雑になるため、事例として全て示すことはできませんが、一例としては以下のようなものが考えられます。

【 1 か月単位の変形労働時間制の例】

		日	月	火	水	木	金	土	計	時間外
1 週	所定	休	8	8	8	8	8	休	40	
	増減	☆5							45	5
2 週	所定	7	7	9	9	8	8	8	56	
	増減	☆1	☆1						58	2
3 週	所定	7	7	6	6	休	休	休	26	
	増減			◎2	◎2				30	4
4 週	所定	休	9	9	10	10	休	休	38	
	増減	3	▲2	▲3	○2				38	2
所定合計									160	
実働合計									171	13

　この表は 2 月の例です。

　各週の上段が所定労働時間、下段が、各日の所定労働時間からの増減(時間外労働、欠勤)の時間数となっています。

　下の2行は所定労働時間と実労働時間のそれぞれの合計時間数です。

　最右列は当該週ごとに行われた時間外労働時間数です。

　1か月単位の変形労働時間制をとっており、変形期間を通じて法定労働時間の160時間（1週平均40時間）となっていることから、法定労働時間（1週40時間、1日8時間）を超えた所定労働時間であっても、法定労働時間を超えたことにはなりません。

　休日は4週間に4日確保されていますので、休日労働はありません。

　☆は残業時間のうち、1日の法定労働時間は超えていないものの、1週の法定労働時間40時間超えとなる部分です。

　◎は残業時間ですが、1日の法定労働時間も1週の法定労働時間も超えていないものの、変形期間（4週間）の法定労働時間160時間超えとなる部分です。

　○は残業時間ですが、1日の法定労働時間8時間超えとなる部分です

　▲は欠勤、遅刻等により、所定労働時間を下回った時間数です。

　4週の日曜日に3時間の所定休日労働を行っていますが、これは1日の法定労働時間を超えるものではなく、また、同週に欠勤等で減った時間と相殺されることにより、1週の法定労働時間も変形期間の法定労働時間も超えるものではないため、法定時間外労働としてはカウントされません。

　ちなみに同じ週の「○2」時間も、週でみると欠勤等で減った2時間と相殺されるため、週の時間数は所定労働時間と同じになっていますが、1日8時間を超える所定労働時間となっている日に、その時間を超えて行われた時間外労働は、法定労働時間超えとなるものです。

　合計時間数でみると、変形期間の所定労働時間（法定労働時間数の160時間と同じ時間数となっています）を超えた時間数は11時間となっていますが、最右列に記載されているとおり、法定労働時間数を超えた時間数としてカウントしなければならない時間数は13時間となります。

4. の週の労働時間の事例で、割増賃金の支払いに関して、ただし書きにより休日労働手当の必要性が指摘されているものがあります。

　これは、厚生労働省が公表している次のような問答形式の考え方によるものです。

＊　　　＊　　　＊

問　日曜日及び土曜日の週休2日制の事業場において、法定休日が日曜日と定められている場合、日曜日に労働し土曜日は労働しなかった場合も、割増賃金計算の際には日曜日を法定休日と取り扱い、日曜日の労働時間数を「1箇月60時間」の算定に含めないこととしてよいか。

　また、法定休日が特定されていない場合で、暦週（日～土）の日曜日及び土曜日の両方に労働した場合、割増賃金計算の際にはどちらを法定休日労働として取り扱うこととなるのか。4週4日の変形休日制をとっている場合はどうか。

答　法定休日が特定されている場合は、割増賃金計算の際には当該特定された休日を法定休日として取り扱い、法第37条第1項ただし書の「1箇月60時間」の算定に含めないこととして差し支えない。

　法定休日が特定されていない場合で、暦週（日～土）の日曜日及び土曜日の両方に労働した場合は、当該暦週において後順に位置する土曜日における労働が法定休日労働となる。4週4日の休日制を採用する事業場においては、ある休日に労働させたことにより、以後4週4日の休日が確保されなくなるときは、当該休日以後の休日労働が法定休日労働となる。

（平21.10.5「改正労働基準法に係る質疑応答」Q10）

＊　　　＊　　　＊

　これによれば、法定休日と定めた場合、法定休日労働、時間外労働はその定めによって決められるものであるように考えられますが、注意が必要なの

51

は、この問答は「割増賃金計算の際」の考え方を示したものだということです。

この問答は平成22年4月1日に施行された、月60時間を超える時間外労働に対する割増賃金の割増率の引き上げ（2割5分から5割へ）に際して示された考え方です。

それまでの時間外労働に対しては2割5分、法定休日労働に対しては3割5分という割増率が、月60時間を超える時間外労働に対しては5割と引き上げられた結果、時間外労働と法定休日労働の割増率が部分的に逆転するという事態が生じたため、それに対応する考え方を示したものといえるものです。

すなわち、所定休日の労働が、法定休日労働と週の時間外労働のどちらかになる場合、使用者が少ない割増率を選ぶために、法定休日労働と週の時間外労働とを自在に選定するようなことがあれば、労働時間の管理という面で極めて不安定な状況になることが懸念されます。

このような点から、割増賃金の計算に際しては、法定休日と定めて労使間で認識された所定休日の労働は、週の時間外労働ではなく法定休日労働として、3割5分の割増率で固定して計算する（月の時間外労働時間数が60時間を超える状況の場合、本来は週の時間外労働として5割の割増率が必要であっても、3割5分でよい。逆に週の時間外労働として2割5分でよい場合であっても3割5分は支払う）ことを認めたものと考えられるものです。

ただし、この問答は月60時間を超える時間外労働に対する割増率5割の割増賃金の計算の際に限られるものかも知れません。

月60時間以内の時間外労働と法定休日労働との区別については、明確な通達は示されていませんので、上記の例は、その考え方が、月60時間以内の時間外労働の場合も適用されるという前提で作成したものです。

この割増賃金の計算に際しての考え方と、時間外労働、法定休日労働の考え方とは必ずしも一致しないことが、前掲の週の労働時間の例で、割増賃金の支払いに関して、法定休日、週の時間外労働と矛盾していることで分かると思います。

振替休日制は、女性の法定休日労働が禁止されていた時期にはそれなりに必要性がありましたが、現在は比較的意味が薄れています。

　18歳未満の年少者は現在も法定休日労働が禁止されていますので、法定休日に労働させる必要が生じたときに、法定休日を振り替える意味はありますが、他の週に振り替えた結果、当該週の労働が週の法定時間外労働になる場合は、年少者を従事させることができませんので、あくまでも同一週内での振替えに利用できるだけとなっています。

　現在、年少者がいなくてもそれなりに振替休日制が意識されるのは、法定休日労働に対する割増賃金の割増賃金率が、政令により、時間外労働の場合の2割5分を超える3割5分とされていることもあり、法定休日労働をできるだけ避けるようになっていることもあるようです。

　また、働き過ぎを防ぐという観点からも意識されているようですが、ここで同趣旨の代休の在り方に注意が必要となる場合があります。

　休日出勤や長時間の時間外労働、深夜労働などを行わせた場合、相応の休日を労働者の裁量で取得するような制度が多いようですが、代休はそれを取ったとしても、そもそもの法定休日労働や時間外労働の事実がなくなる訳ではありませんので、当然ながら年少者に適用することはできません。

　特に問題となるのは代休の取得によって、法定休日労働や時間外労働に対する割増賃金の支払いが不要になると勘違いし、これらを当月には支払わないというケースがみられることです。

　半年に1回貯まっている代休の取得状況を点検し、その時点で未取得であった代休相応の割増賃金を支払って清算するシステムとしている事業場もみられましたが、当然ながら賃金不払いの違反が指摘されました。

　法定休日労働や時間外労働に対する割増賃金は、当月に代休を取得した場合は時間単価部分は相殺されますが、割増部分（時間外労働の場合は、時間

単価×(0.25または0.5)×時間外時間数、法定休日労働の場合は、時間単価×0.35×法定休日労働時間数)は支払うことが必要になります。

　当月に代休が取得できなかった場合は時間単価と割増部分の全額(1.25または1.5、1.35)を支払うことが必要になります。

　そして翌月以降に代休を取得した場合は、その月の賃金から代休1日当たり、1日分の賃金を控除することになります。

　このような賃金の支払いが必要になることから、代休は働き過ぎを防ぐという効果以外にはほとんど意味を持ちません。

　なお、振替休日も代休も法律上義務付けられているものではありません。

(2)　36協定の内容

　36協定の内容に関しては、以下の1.から4.のように整理できます。

　なお、この36協定の内容は、中小企業(次頁資料内の表に掲げるもの)にあっては、令和2年4月1日以降のみが対象期間となっている(対象期間に令和2年3月31日が含まれていない)36協定について適用され、該当しない36協定は、令和2年4月1日以降に協定される時点で適用されることになります。

中小企業への上限規制の適用は1年間猶予されます。

● 上限規制の施行は2019年4月1日ですが、中小企業に対しては1年間猶予され2020年
4月1日からとなります。

● 中小企業の範囲については、「資本金の額または出資の総額」と「常時使用する労働者
の数」のいずれかが以下の基準を満たしていれば、中小企業に該当すると判断されます。
なお、事業場単位ではなく、企業単位で判断されます。

業種	資本金の額または 出資の総額		常時使用する 労働者数
小売業	5,000万円以下		50人以下
サービス業	5,000万円以下	または	100人以下
卸売業	1億円以下		100人以下
その他 （製造業、建設業、運輸業、その他）	3億円以下		300人以下

※業種の分類は、日本標準産業分類に従って判断されます。

業種		日本標準産業分類
小売業	大分類I（卸売業、小売業）のうち	中分類56（各種商品小売業）、中分類57（織物・衣服・身の回り品小売業）、中分類58（飲食料品小売業）、中分類59（機械器具小売業）、中分類60（その他の小売業）、中分類61（無店舗小売業）
	大分類M（宿泊業、飲食サービス業）のうち	中分類76（飲食店）、中分類77（持ち帰り・配達飲食サービス業）
サービス業	大分類G（情報通信業）のうち	中分類38（放送業）、中分類39（情報サービス業）、中分類411（映像情報制作・配給業）、中分類412（音声情報制作業）、中分類415（広告制作業）、中分類416（映像・音声・文字情報制作に附帯するサービス業）
	大分類K（不動産業、物品賃貸業）のうち	中分類693（駐車場業）、中分類70（物品賃貸業）
	大分類L（学術研究、専門・技術サービス業）	
	大分類M（宿泊業、飲食サービス業）のうち	中分類75（宿泊業）
	大分類N（生活関連サービス業、娯楽業）	ただし、小分類791（旅行業）は除く
	大分類O（教育、学習支援業）	
	大分類P（医療、福祉）	
	大分類Q（複合サービス業）	
	大分類R（サービス業＜他に分類されないもの＞）	
卸売業	大分類I（卸売業、小売業）のうち	中分類50（各種商品卸売業）、中分類51（繊維・衣服等卸売業）、中分類52（飲食料品卸売業）、中分類53（建築材料、鉱物・金属材料等卸売業）、中分類54（機械器具卸売業）、中分類55（その他の卸売業）
その他（製造業、建設業、運輸業、その他）	上記以外のすべて	

（参考）日本標準産業分類（2013年10月改定（第13回改定））
http://www.soumu.go.jp/toukei_toukatsu/index/seido/sangyo/index.htm
（大分類）
A.農業、林業　B.漁業　C.鉱業、採石業、砂利採取業　D.建設業　E.製造業　F.電気・ガス・熱供給・水道業
G.情報通信業　H.運輸業、郵便業　I.卸売業、小売業　J.金融業、保険業　K.不動産業、物品賃貸業
L.学術研究、専門・技術サービス業　M.宿泊業、飲食サービス業　N.生活関連サービス業、娯楽業
O.教育、学習支援業　P.医療、福祉　Q.複合サービス事業　R.サービス業（他に分類されないもの）
S.公務（他に分類されるものを除く）　T.分類不能の産業

出所：「時間外労働の上限規制　わかりやすい解説」（厚生労働省・都道府県労働局・労
働基準監督署）

1.　協定すべき項目

　36協定で協定すべき項目として法定されているものは以下のとおりです。

①　労働時間を延長し、または法定休日に労働させることができる労働者の範囲（労基法36②一）

②　対象期間（労働時間を延長し、または法定休日に労働させることができる期間で、1年間に限られる）（労基法36②二）

③　労働時間を延長し、または法定休日に労働させることができる場合（労基法36②三）

④　対象期間における1日、1か月及び1年のそれぞれの期間について労働時間を延長して労働させることができる時間または労働させることができる法定休日の日数（労基法36②四）

⑤　協定の有効期間の定め（労規則17①一）

⑥　1年の起算日（労規則17①二）

⑦　労働基準法第36条第2項第2号及び第3号に定める要件を満たすこと（労規則17①三）

⑧　限度時間を超えて労働させることができる場合（＝後述3.の特別条項の場合。労規則17①四）

⑨　限度時間を超えて労働させる労働者に対する健康及び福祉を確保するための措置（＝後述3.の特別条項の場合。労規則17①五）

⑩　限度時間を超えた労働に係る割増賃金の率（＝後述3.の特別条項の場合。労規則17①六）

⑪　限度時間を超えて労働させる場合における手続（＝後述3.の特別条項の場合。労規則17①七）

Q 1-37　対象期間と協定の有効期間とはどのように異なるのか。

A　対象期間とは、労働基準法第36条の規定により労働時間を延

長し、または法定休日に労働させることができる期間をいい、1年間に限られるものです。

　これに対して36協定の有効期間等はその協定が効力を有する期間であって、対象期間が1年間に限られることから、最も短い場合でも原則として1年間となるものです。

　対象期間と有効期間は同時期の1年間とすることが望ましいとされ、実務上もそのようにした方が管理は簡便になります。

Q 1-38 「労働時間を延長し」というのはどういう意味か。

A 「法定労働時間(1日8時間、1週40時間(特例措置対象事業場は44時間))を超える」という意味になります。

Q 1-39 「労働させることができる場合」というのはどういう意味か。

A 従来は「労働させる必要のある具体的事由」と表現されていたもので、時間外労働等を行わせなければならない具体的な事由・理由のことになります。

2.　延長時間等についての原則の制限

　36協定では、上記1. に掲げた項目について労使間で話し合って内容を定めることになりますが、協定で最も重要な「延長することができる時間」を定めるに当たっては、次のような制限が設けられています。

① 　労働時間を延長して労働させることができる時間は、当該事業場の業務量、時間外労働の動向その他の事情を考慮して通常予見される時間外労働の範囲内において、限度時間を超えない時間に限る(労基法36③)。

② 　限度時間は1か月について45時間及び1年について360時間(変形期

間が3か月を超える1年単位の変形労働時間制の場合は1か月について42時間、1年について320時間）とする（労基法36④）。

このように36協定では延長することができる時間として、限度時間である月45時間以内の時間で協定することが原則とされています。

Q 1-40 限度時間は何時間で定めればよいのか。

A 45時間以内であれば何時間でもよく、通常業務を行うのに必要な時間外労働について、労働者代表とよく協議した上で合意した時間数を定めることとなります。

3. 延長時間等についての例外の制限（特別条項）

時間外労働は上記2.の限度時間以内の時間数を定めることが原則ですが、労働基準法第36条第5項に

> 当該事業場における通常予見することのできない業務量の大幅な増加等に伴い臨時的に限度時間を超えて労働させる必要がある場合において、1箇月について労働時間を延長して労働させ、及び休日において労働させることができる時間（100時間未満の範囲内に限る）並びに1年について労働時間を延長して労働させることができる時間（720時間を超えない範囲内に限る）を定めることができる。

と規定され、限度時間を超えざるを得ない事態に備えて、例外的にその時間を超える時間数での協定も認められています。これを「特別条項」といいます。

同項にはさらに

> 労働時間を延長して労働させる時間が1か月について45時間（対象期間が3か月を超える1年単位の変形労働時間制の場合は42時間）を超えることができる月数（1年について6箇月以内に限る）を定めなければならない。

との規定も置かれています。

Q 1-41 　特別条項の規制の内容が分かりにくいので詳しく解説してほしい。

　　A　　特別条項については、以下のように分けて考えられます。

① 　1か月の上限規制

　　時間外労働と法定休日労働の合計時間数で100時間未満の時間数で協定すること。

　　100時間は限度時間以内の時間数で協定した原則の時間外労働時間数を含んだものであること。

② 　1年間の上限規制

　　時間外労働時間数（休日労働時間は含まない）で720時間以内の時間数で協定すること。

　　720時間は、限度時間以内の時間数で協定した原則の時間外労働時間数を含んだものであること。

③ 　限度時間である月45時間を超える回数の規制

　　時間外労働が月45時間（対象期間が3か月を超える1年単位の変形労働時間制の場合は42時間）を超える回数を協定すること。

　　この回数は1年について6か月以内であること。

　これらの特別条項での上限規制について、従来は上限となる具体的な時間が示されていなかったことから、事実上の青天井などと表現され、あたかも罰則が適用されるような規制がなく、今回の改正により初めて罰則の適用がなされたかのような解説も見られたところですが、これは大きな誤解であり、間違いです。

　示されていなかったのは特別条項で労使が定める「延長することができる時間」についての具体的な上限の時間数であって、労使で定めた「延長することのできる時間」が何時間であっても、その時間数が厳然とした上限

となります。

　したがって、この時間数を超えた時点で労働基準法第32条違反が成立して罰則の適用の可能性が生じてしまうものであり、青天井ではなく、あくまでも労働者側が労使協定に際して許容する時間数までしか、時間外労働は行えないというシステムになっているものです。

Q 1-42　特別条項が認められる通常予見することのできない業務量の大幅な増加等とは具体的にどのような場合をいうのか。

〈　**A**　〉全体として１年の半分を超えない一定の限られた時期において一時的・突発的に業務量が増える状況（平30.12.28基発1228第15）とされています。

　そして、厚生労働省のパンフレット（「時間外労働の上限規制　わかりやすい解説」）では、できる限り具体的な内容を定めることとし、「業務の都合上必要な場合」や「業務上やむを得ない場合」など、恒常的な長時間労働を招くおそれがあるものは認められないとしたうえで、具体的な例として

- 予算、決算業務
- ボーナス商戦に伴う業務の繁忙
- 納期のひっ迫
- 大規模なクレームへの対応
- 機械のトラブルへの対応

が挙げられています。

　この内容からすると、通常業務の中で時期的に繁忙が予見されるものも含まれていますので、予見されるものであっても、通達にもあるように、恒常的でない一時的なものは対象とすることができるものと考えられます。

　36協定ではそのような具体的な場合を定めればよいものと考えられます。

Q 1-43　1か月の時間外労働時間数が45時間を超えることができるのは、年に6回までということか。その回数を超えた場合はどうなるのか。

A　時間外労働時間数が限度時間の45時間を超えることができる（特別条項が適用される）のは、年間に6回に限られるということで、協定は6回までの回数を定めることになります。

　協定に反して45時間を超える時間外労働を行った7回目の月については、45時間を超える時間外労働が労働基準法第32条違反となるものと考えられます。

Q 1-44　1月について時間外労働と法定休日労働とを合計して100時間未満ということだが、36協定では「100時間未満とする」と定めておけばよいか。

A　36協定では具体的な時間数を定める必要があるため、100時間未満と協定しただけでは有効な36協定とはなりません。

Q 1-45　特別条項の場合の労使の手続きとは具体的にはどのようなものか。

A　36協定の当事者間の手続きとして、当事者が合意した協議、通告その他の手続きを定めなければならないもので、その具体的内容は当事者間で話し合って明確に定めておくことが必要です。

4.　実労働時間についての制限

　労働基準法第36条第6項には36協定の内容についてではなく、実労働時間について次の3つの規制が規定されています。

① 坑内労働その他厚生労働省令で定める健康上特に有害な業務について、1日について労働時間を延長して労働させた時間

　　➡2時間を超えないこと。

②　　1か月について労働時間を延長して労働させ、及び休日において労働させた時間

　　➡100時間未満であること。

③　　対象期間の初日から1か月ごとに区分した各期間に当該各期間の直前の1か月、2か月、3か月、4か月及び5か月の期間を加えたそれぞれの期間における労働時間を延長して労働させ、及び休日において労働させた時間の1か月当たりの平均時間

　　➡80時間を超えないこと。

　これらのうち①は従来と同様の規制です。

　②は特別条項の上限規制と同じ内容ですが、1か月の時間外労働と法定休日労働の合計時間数は、最大でも100時間未満におさえなければならないというものです。

　③は時間外労働と法定休日労働の合計時間数は、連続する2か月から6か月をそれぞれ平均して80時間以内にしなければならないというものです。

《Q 1-46》 時間外労働と休日労働との合計時間で規制されるということだが、これは日々の時間外労働と所定休日に出勤した時間を合計するということか。

〈　　A　　〉時間外労働とは1日8時間を超えた時間及び1週40時間を超えた時間をいいます。休日労働とは1週1日あるいは4週4日の法定休日に労働した時間数をいいます。

　そしてそれぞれの時間を合計した時間数が、上記の時間数に収まっていなければならないということです。

Q 1-47　時間外労働と法定休日労働の 1 か月当たりの平均時間が80時間を超えないというのは具体的にどういうことか。

〈　**A**　〉具体的には、時間外労働と法定休日労働の合計時間数は、連続する 2 か月で160時間（80時間× 2 ）、 3 か月で240時間（80時間× 3 ）、 4 か月で320時間（80時間× 4 ）、 5 か月で400時間（80時間× 5 ）、 6 か月で480時間（80時間× 6 ）以内でなければならないということです。

したがって、ある月に行うことができる時間外労働と法定休日労働の合計は、

- 当月は100時間未満であること
- 前月との合計で160時間以下であること
- 前 2 か月間との合計で240時間以下であること
- 前 3 か月間との合計で320時間以下であること
- 前 4 か月間との合計で400時間以下であること
- 前 5 か月間との合計で480時間以下であること

これらをすべて満たす時間が上限になり、過去の時間数から必然的に上限が定められることになります。

例えば前月の時間外労働と休日労働の時間数の合計が90時間であれば、今月の上限は70時間ということになりますし、前月が70時間でも 2 月前が90時間である場合は今月の上限は80時間ということになります。

これは全ての労働者について、毎月毎月確認していかなければならないもので、時間外労働、法定休日労働の合計時間数がこの上限を超えた労働者が一人でもいる月については、違反となります。

具体的な管理については、第 2 章第 3 節「時間外労働・法定休日労働の管理」において説明します。

Q 1-48 社内で支店や営業所に転勤することがあるが、支店や営業所ごとに締結して届け出ている36協定の内容が異なる場合、転勤した者への36協定の適用はどのように考えればよいか。

A 通達では以下のようになっています。

> 問　同一企業内のＡ事業場からＢ事業場へ転勤した労働者について、①法第36条第4項に規定する限度時間、②同上第5項に規定する1年についての延長時間の上限、③同条第6項第2号及び第3号の時間数の上限は、両事業場における当該労働者の時間外労働時間数を通算して適用するのか
> 答　①法第36条第4項に規定する限度時間及び②同条第5項に規定する1年についての延長時間の上限は、事業場における時間外・休日労働協定の内容を規制するものであり、特定の労働者が転勤した場合は通算されない。
> 　これに対して、③同条第6項第2号及び第3号の時間数の上限は、労働者個人の実労働時間を規制するものであり、特定の労働者が転勤した場合は法第38条第1項の規定により通算して適用される。
> 　　　　　　　　　　　　　　　　　（平30.12.28基発1228第15　問7）

　この通達からすると、時間外労働に関する月45時間、年360時間の限度時間及び特別条項の場合の年720時間の制限は、当該36協定の適用される事業場で労働する労働者に適用される（当該事業場で働いているときの規制）もので、他の事業場から転勤してきた者の場合、その時間を通算することはありません。

　すなわち、Ａ事業場で45時間の時間外労働を行った上で月の半ばでＢ事業場に転勤した場合、Ｂ事業場でも当月に45時間まで時間外労働を行わせても違反にはなりません。

　これに対して、上述の時間外労働と休日労働の合計が月100時間未満であること、時間外労働と法定休日労働の1か月当たりの平均時間が80時間

を超えないことという実労働時間についての規制は、労働者個人の時間数の規制であることから、転勤した場合でも前後の事業場で行った時間外労働・法定休日労働は通算して当該規制の範囲内に納めなければなりません。

すなわち、A事業場で合計70時間の時間外労働と法定休日労働を行った上で月の半ばでB事業場に転勤した場合、B事業場では時間外労働と法定休日労働の合計で30時間未満（100時間未満 − 70時間）までしか行うことができません。

（3）　指針について

36協定については労働基準法第36条第7項に厚生労働大臣は指針を定めることができる旨が規定され、それに基づいて、「労働基準法第36条第1項の協定で定める労働時間の延長及び休日の労働について留意すべき事項等に関する指針」（平成30.9.7厚生労働省告示第323。以下「指針」といいます）という告示が定められており、労使は36協定の締結に当たって、これを踏まえることとされています。

また、同条第8項には行政官庁（主に労働基準監督署、都道府県労働局）は指針に関し労使に対して必要な助言・指導を行うことができると規定されています。

指針の内容は以下のようなものです。

（目的）
第1条　この指針は、労働基準法（昭和二十二年法律第49号。以下「法」という。）
　　　　第36条第1項の協定（以下「時間外・休日労働協定」という。）で定める労働
　　　　時間の延長及び休日の労働について留意すべき事項、当該労働時間の延長
　　　　に係る割増賃金の率その他の必要な事項を定めることにより、労働時間の
　　　　延長及び休日の労働を適正なものとすることを目的とする。
（労使当事者の責務）
第2条　法第36条第1項の規定により、使用者は、時間外・休日労働協定をし、

これを行政官庁に届け出ることを要件として、労働時間を延長し、又は休日に労働させることができることとされているが、労働時間の延長及び休日の労働は必要最小限にとどめられるべきであり、また、労働時間の延長は原則として同条第３項の限度時間（第５条、第８条及び第９条において「限度時間」という。）を超えないものとされていることから、時間外・休日労働協定をする使用者及び当該事業場の労働者の過半数で組織する労働組合がある場合においてはその労働組合、労働者の過半数で組織する労働組合がない場合においては労働者の過半数を代表する者（以下「労使当事者」という。）は、これらに十分留意した上で時間外・休日労働協定をするように努めなければならない。

（使用者の責務）

第３条　使用者は、時間外・休日労働協定において定めた労働時間を延長して労働させ、及び休日において労働させることができる時間の範囲内で労働させた場合であっても、労働契約法（平成19年法律第128号）第５条の規定に基づく安全配慮義務を負うことに留意しなければならない。

　　２　使用者は、「脳血管疾患及び虚血性心疾患等（負傷に起因するものを除く。）の認定基準について」（平成13年12月12日付け基発第1063号厚生労働省労働基準局長通達）において、１週間当たり40時間を超えて労働した時間が１箇月においておおむね45時間を超えて長くなるほど、業務と脳血管疾患及び虚血性心疾患（負傷に起因するものを除く。以下この項において「脳・心臓疾患」という。）の発症との関連性が徐々に強まると評価できるとされていること並びに発症前１箇月間におおむね100時間又は発症前２箇月間から６箇月間までにおいて１箇月当たりおおむね80時間を超える場合には業務と脳・心臓疾患の発症との関連性が強いと評価できるとされていることに留意しなければならない。

（業務区分の細分化）

第４条　労使当事者は、時間外・休日労働協定において労働時間を延長し、又は休日に労働させることができる業務の種類について定めるに当たっては、業務の区分を細分化することにより当該業務の範囲を明確にしなければならない。

（限度時間を超えて延長時間を定めるに当たっての留意事項）

第５条　労使当事者は、時間外・休日労働協定において限度時間を超えて労働させることができる場合を定めるに当たっては、当該事業場における通常予見することのできない業務量の大幅な増加等に伴い臨時的に限度時間を超えて労働させる必要がある場合をできる限り具体的に定めなければならず、「業務の都合上必要な場合」、「業務上やむを得ない場合」など恒常的な長時間労働を招くおそれがあるものを定めることは認められないことに留意しなければならない。

　2　労使当事者は、時間外・休日労働協定において次に掲げる時間を定める
　　に当たっては、労働時間の延長は原則として限度時間を超えないものとさ
　　れていることに十分留意し、当該時間を限度時間にできる限り近づけるよ
　　うに努めなければならない。
　　　一　法第36条第5項に規定する1箇月について労働時間を延長して労働
　　　　させ、及び休日において労働させることができる時間
　　　二　法第36条第5項に規定する1年について労働時間を延長して労働さ
　　　　せることができる時間
　3　労使当事者は、時間外・休日労働協定において限度時間を超えて労働時
　　間を延長して労働させることができる時間に係る割増賃金の率を定めるに
　　当たっては、当該割増賃金の率を、法第36条第1項の規定により延長した
　　労働時間の労働について法第37条第1項の政令で定める率を超える率とす
　　るように努めなければならない。
（1箇月に満たない期間において労働する労働者についての延長時間の目安）
第6条　労使当事者は、期間の定めのある労働契約で労働する労働者その他の1
　　箇月に満たない期間において労働する労働者について、時間外・休日労働
　　協定において労働時間を延長して労働させることができる時間を定めるに
　　当たっては、別表の上欄に掲げる期間の区分に応じ、それぞれ同表の下欄
　　に掲げる目安時間を超えないものとするように努めなければならない。
（休日の労働を定めるに当たっての留意事項）
第7条　労使当事者は、時間外・休日労働協定において休日の労働を定めるに当
　　たっては労働させることができる休日の日数をできる限り少なくし、及び
　　休日に労働させる時間をできる限り短くするように努めなければならない。
（健康福祉確保措置）
第8条　労使当事者は、限度時間を超えて労働させる労働者に対する健康及び福
　　祉を確保するための措置について、次に掲げるもののうちから協定するこ
　　とが望ましいことに留意しなければならない。
　　　一　労働時間が一定時間を超えた労働者に医師による面接指導を実施す
　　　　ること。
　　　二　法第37条第4項に規定する時刻の間において労働させる回数を1箇
　　　　月について一定回数以内とすること。
　　　三　終業から始業までに一定時間以上の継続した休息時間を確保すること。
　　　四　労働者の勤務状況及びその健康状態に応じて、代償休日又は特別な
　　　　休暇を付与すること。
　　　五　労働者の勤務状況及びその健康状態に応じて、健康診断を実施する
　　　　こと。
　　　六　年次有給休暇についてまとまった日数連続して取得することを含め
　　　　てその取得を促進すること。

　　　　七　心とからだの健康問題についての相談窓口を設置すること。
　　　　八　労働者の勤務状況及びその健康状態に配慮し、必要な場合には適切
　　　　　　な部署に配置転換をすること。
　　　　九　必要に応じて、産業医等による助言・指導を受け、又は労働者に産
　　　　　　業医等による保健指導を受けさせること。
（適用除外等）
第9条　法第36条第11項に規定する業務に係る時間外・休日労働協定については、
　　　　第5条、第6条及び前条の規定は適用しない。
　　　2　前項の時間外・休日労働協定をする労使当事者は、労働時間を延長して
　　　　労働させることができる時間を定めるに当たっては、限度時間を勘案する
　　　　ことが望ましいことに留意しなければならない。
　　　3　第1項の時間外・休日労働協定をする労使当事者は、1箇月について45
　　　　時間又は1年について360時間（法第32条の4第1項第2号の対象期間とし
　　　　て3箇月を超える期間を定めて同条の規定により労働させる場合にあって
　　　　は、1箇月について42時間又は1年について320時間）を超えて労働時間を
　　　　延長して労働させることができることとする場合においては、当該時間外・
　　　　休日労働協定において当該時間を超えて労働させる労働者に対する健康及
　　　　び福祉を確保するための措置を定めるように努めなければならず、当該措
　　　　置については、前条各号に掲げるもののうちから定めることが望ましいこ
　　　　とに留意しなければならない。
附　則
1　この告示は、平成31年4月1日から適用する。
2　労働基準法第36条第1項の協定で定める労働時間の延長の限度等に関する基
　　準（平成10年労働省告示第154号）は、廃止する。
3　法第139条第2項、第140条第2項、第141条第4項又は第142条の規定の適用
　　を受ける時間外・休日労働協定に対する第9条の規定の適用については、平成
　　36年3月31日までの間、同条第1項中「法第36条第11項に規定する業務に係る
　　時間外・休日労働協定」とあるのは、「法第139条第2項、第140条第2項、第
　　141条第4項及び第142条の規定の適用を受ける時間外・休日労働協定」とし、
　　同条第3項の規定は適用しない。
別表（第6条関係）

期間	目安時間
1週間	15時間
2週間	27時間
4週間	43時間

> 備考　期間が次のいずれかに該当する場合は、目安時間は、当該期間の区分に
> 　　　応じ、それぞれに定める時間（その時間に1時間未満の端数があるときは、こ
> 　　　れを1時間に切り上げる。）とする。
> 一　1日を超え1週間未満の日数を単位とする期間　15時間に当該日数を7で除
> 　　して得た数を乗じて得た時間
> 二　1週間を超え2週間未満の日数を単位とする期間　27時間に当該日数を14で
> 　　除して得た数を乗じて得た時間
> 三　2週間を超え4週間未満の日数を単位とする期間　43時間に当該日数を28で
> 　　除して得た数を乗じて得た時間（その時間が27時間を下回るときは、27時間）

　なお、指針第8条第2号の「法第37条第4項に規定する時刻」というのは、原則午後10時から午前5時までの深夜業の時間帯です。

　そして、所定労働時間内のものも含め、深夜業の回数制限を規定しているものです。

(4)　36協定の届出（協定届と協定書）

　36協定は、様式第9号から9号の7により所轄の労働基準監督署に届け出ることにより効果が生じますので、届出を的確に行って受理してもらうことが重要になります。

　協定届に協定書を添付して届け出ることが原則ですが、協定届をそのまま協定書としている事業場も非常に多く認められます。

　次の記載例は、一般的に行われることの多い様式第9号の2による届出として厚生労働省パンフレットに掲載されているものです。

３６協定届の

（様式第９号

◆臨時に限度時間を超えて労働させる場合には様式第９号の２の協定届の届出が必要です。
◆様式第９号の２は、
・限度時間内の時間外労働についての届出書（１枚目）と、
・限度時間を超える時間外労働についての届出書（２枚目）
の２枚の記載が必要です。

◆３６協定で締結した内容
ください。
－３６協定届（本様式）を用
その場合には、労働者代表
－必要事項の記載があれば、

１枚目
（表面）

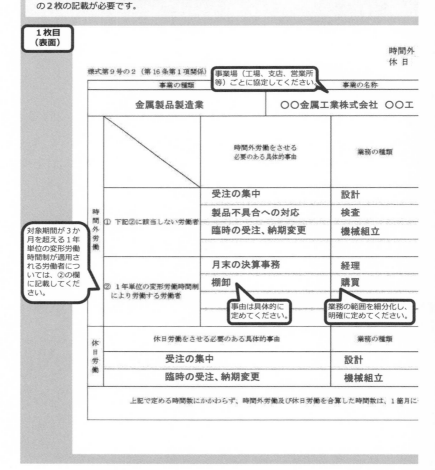

時間外
休　日

様式第９号の２（第16条第１項関係）

事業場（工場、支店、営業所等）ごとに協定してください。

事業の種類	事業の名称
金属製品製造業	○○金属工業株式会社　○○工

対象期間が３か月を超える１年単位の変形労働時間制が適用される労働者については、②の欄に記載してください。

		時間外労働をさせる必要のある具体的事由	業務の種類
時間外労働	① 下記②に該当しない労働者	受注の集中	設計
		製品不具合への対応	検査
		臨時の受注、納期変更	機械組立
	② １年単位の変形労働時間制により労働する労働者	月末の決算事務	経理
		棚卸	購買

事由は具体的に定めてください。

業務の範囲を細分化し、明確に定めてください。

休日労働	休日労働をさせる必要のある具体的事由	業務の種類
	受注の集中	設計
	臨時の受注、納期変更	機械組立

上記で定める時間数にかかわらず、時間外労働及び休日労働を合算した時間数は、１箇月に

記載例（特別条項）

の2（第16条第1項関係）

労働時間の延長及び休日の労働は必要最小限にとどめられるべきであり、労使当事者はこのことに十分留意した上で協定するようにしてください。
なお、使用者は協定した時間数の範囲内で労働させた場合であっても、労働契約法第5条に基づく安全配慮義務を負います。

を協定届（本様式）に転記して届け出て

いて36協定を締結することもできます。
の署名又は記名・押印が必要です。
協定届様式以外の形式でも届出ます。

◆　36協定の届出は電子申請でも行うことができます。
◆　（任意）の欄は、記載しなくても構いません。

労働 労働 に関する協定届	労働保険番号	□□□□□□ 都道府県 所掌 管轄 □□□□□ 基幹番号 □□□ 枝番号 □□□□ 被一括事業場番号		労働保険番号・法人番号を記載してください。
	法人番号	□□□□□□□□□□□□□		

	事業の所在地（電話番号）			協定の有効期間		この協定が有効となる期間を定めてください。1年間とすることが望ましいです。
場	（〒 ○○○－○○○○） ○○市○○町1－2－3 （電話番号:○○○－○○○○－○○○○）			○○○○年4月1日から1年間		

労働者数 （満18歳 以上の者）	所定労働時間 （1日） （任意）	延長することができる時間数						この協定が有効となる期間を定めてください。1年間とすることが望ましいです。 1年間の上限時間を計算する際の起算日を記載してください。その1年間においては協定の有効期間にかかわらず、起算日は同一の日である必要があります。
		1日		1箇月（①については45時間まで、②については42時間まで）		1年（①については360時間まで、②については320時間まで）		
						起算日 （年月日）○○○○年4月1日		
		法定労働時間を超える時間数	所定労働時間を超える時間数 （任意）	法定労働時間を超える時間数	所定労働時間を超える時間数 （任意）	法定労働時間を超える時間数	所定労働時間を超える時間数 （任意）	
10人	7.5時間	3時間	3.5時間	30時間	40時間	250時間	370時間	
10人	7.5時間	2時間	2.5時間	15時間	25時間	150時間	270時間	
20人	7.5時間	2時間	2.5時間	15時間	25時間	150時間	270時間	
5人	7.5時間	3時間	3.5時間	20時間	30時間	200時間	320時間	
5人	7.5時間	3時間	3.5時間	20時間	30時間	200時間	320時間	

1日の法定労働時間を超える時間数を定めてください。

1か月の法定労働時間を超える時間数を定めてください。①は45時間以内、②は42時間以内です。

1年の法定労働時間を超える時間数を定めてください。①は360時間以内、②は320時間以内です。

労働者数 （満18歳 以上の者）	所定休日 （任意）	労働させることができる 法定休日の日数	労働させることができる法定 休日における始業及び終業の時刻
10人	土日祝日	1か月に1日	8:30～17:30
20人	土日祝日	1か月に1日	8:30～17:30

ついて 100 時間未満でなければならず、かつ2箇月から6箇月までを平均して 80 時間を超過しないこと。☑
（チェックボックスに要チェック）

出所：「36協定届の記載例（特別条項）」（厚生労働省）

71

**1枚目
（裏面）**

様式第9号の2（第16条第1項関係）（裏面）

（記載心得）
1　「業務の種類」の欄には、時間外労働又は休日労働をさせる必要のある業務を具体的に記入し、労働基準法第36条第6項第1号の健康上特に有害な業務について協定をした場合には、当該業務を他の業務と区別して記入すること。なお、業務の種類を記入するに当たつては、業務の区分を細分化することにより当該業務の範囲を明確にしなければならないことに留意すること。
2　「労働者数（満18歳以上の者）」の欄には、時間外労働又は休日労働をさせることができる労働者の数を記入すること。
3　「延長することができる時間数」の欄の記入に当たつては、次のとおりとすること。時間数は労働基準法第32条から第32条の5まで又は第40条の規定により労働させることができる最長の労働時間（以下「法定労働時間」という。）を超える時間数を記入すること。なお、本欄に記入する時間数にかかわらず、時間外労働及び休日労働を合算した時間数が1箇月について100時間以上となつた場合、及び2箇月から6箇月までを平均して80時間を超えた場合には労働基準法違反（同法第119条の規定により6箇月以下の懲役又は30万円以下の罰金）となることに留意すること。
(1)　「1日」の欄には、法定労働時間を超えて延長することができる時間数であつて、1日についての延長することができる限度となる時間を記入すること。なお、所定労働時間を超える時間数についても協定する場合においては、所定労働時間を超える時間数を併せて記入することができる。
(2)　「1箇月」の欄には、法定労働時間を超えて延長することができる時間数であつて、「1年」の欄に記入する「起算日」において定める日から1箇月ごとについての延長することができる限度となる時間を45時間（対象期間が3箇月を超える1年単位の変形労働時間制により労働する者については、42時間）の範囲内で記入すること。なお、所定労働時間を超える時間数についても協定する場合においては、所定労働時間を超える時間数を併せて記入することができる。
(3)　「1年」の欄には、法定労働時間を超えて延長することができる時間数であつて、「起算日」において定める日から1年についての延長することができる限度となる時間を360時間（対象期間が3箇月を超える1年単位の変形労働時間制により労働する者については、320時間）の範囲内で記入すること。なお、所定労働時間を超える時間数についても協定する場合においては、所定労働時間を超える時間数を併せて記入することができる。

4　②の欄は、労働基準法第32条の4の規定による労働時間により労働する労働者（対象期間が3箇月を超える1年単位の変形労働時間制により労働する者に限る。）について記入すること。なお、延長することができる時間の上限は①の欄の労働者よりも短い（1箇月42時間、1年320時間）ことに留意すること。

5　「労働させることができる法定休日の日数」の欄には、労働基準法第35条の規定による休日（1週1休又は4週4休であることに留意すること。）に労働させることができる日数を記入すること。

6　「労働させることができる法定休日における始業及び終業の時刻」の欄には、労働基準法第35条の規定による休日であつて労働させることができる日の始業及び終業の時刻を記入すること。

7　チェックボックスは労働基準法第36条第6項第2号及び第3号の要件を遵守する趣旨のものであり、「2箇月から6箇月まで」とは、起算日をまたぐケースも含め、連続した2箇月から6箇月までの期間を指すことに留意すること。また、チェックボックスにチェックが無い場合には有効な協定とはならないことに留意すること。

8　協定については、労働者の過半数で組織する労働組合がある場合はその労働組合と、労働者の過半数で組織する労働組合が無い場合は労働者の過半数を代表する者と協定すること。なお、労働者の過半数を代表する者は、労働基準法施行規則第6条の2第1項の規定により、監督又は管理の地位にある者でなく、かつ同法に規定する協定等をする者を選出することを明らかにして実施される投票、挙手等の方法による手続により選出された者であつて、使用者の意向に基づき選出されたものでないこと。これらの要件を満たさない場合には、有効な協定とはならないことに留意すること。

9　本様式で記入部分が足りない場合は同一様式を使用すること。この場合、必要のある事項のみ記入することで差し支えない。

（備考）
　労働基準法施行規則第24条の2第4項の規定により、労働基準法第38条の2第2項の協定（事業場外で従事する業務の遂行に通常必要とされる時間を協定する場合の当該協定）の内容を本様式に付記して届け出る場合においては、事業場外労働の対象業務については他の業務とは区別し、事業場外労働の対象業務である旨を括弧書きした上で、「所定労働時間」の欄には当該業務の遂行に通常必要とされる時間を括弧書きすること。また、「協定の有効期間」の欄には事業場外労働に関する協定の有効期間を括弧書きすること。

(2019.8)

出所：「36協定届の記載例（特別条項）」（厚生労働省）

**2枚目
（表面）**

<table>
<tr>
<td rowspan="3"></td>
<td></td>
<td></td>
<td colspan="2">時間外労働 に関する協
休日労働</td>
</tr>
<tr>
<td colspan="4">様式第9号の2（第16条第1項関係）</td>
</tr>
</table>

臨時的に限度時間を超えて労働させることができる場合	業務の種類	労働者数 （満18歳 以上の者）	1日 （任意） 延長することができる
			法定労働時間を 超える時間数	所定労 超える（
突発的な仕様変更	設計	10人	6時間	6.
製品トラブル・大規模なクレームへの対応	検査	10人	6時間	6.
機械トラブルへの対応	機械組立	20人	6時間	6.

事由は一時的又は突発的に時間外労働を行わせる必要のあるものに限り、できる限り具体的に定めなければなりません。
「業務の都合上必要なとき」「業務上やむを得ないとき」など恒常的な長時間労働を招くおそれがあるものは認められません。

業務の範囲を細分化し、明確に定めてください。

月の時の限度45時間時間）労働さい。年に限り

限度時間を超えて労働させる場合にとる手続について定めてください。

限度時間を超えて労働させる場合における手続	労働者代表者に対する事前申し入れ
限度時間を超えて労働させる労働者に対する健康及び福祉を確保するための措置	（該当する番号） ①、③、⑩　（具体的内容）対象労働者への 職場での時短対

限度時間を超えた労働者に対し、裏面の記載心得1（9）①～⑩の健康確保措置のいずれかの措置を講ずることを定めてください。該当する番号を記入し、右欄に具体的内容を記載してください。

上記で定める時間数にかかわらず、時間外労働及び休日労働を合算した時間数は、1箇月について100

協定の成立年月日　〇〇〇〇年　3月　12日

協定の当事者である労働組合の名称（事業場の労働者の過半数で組織する労働組合）又は労働者の過半数を代表

協定の当事者（労働者の過半数を代表する者の場合）の選出方法（　　　投票による選挙
　　　〇〇〇〇年　3月　15日

〇〇　　　　労働基準監督署長殿

労働者の過半数で組織する労働組合が無い場合には、36協定の締結をする者を選ぶことを明確にした上で、投票・挙手等の方法で労働者の過半数代表者を選出し、選出方法を記載してください。
使用者による指名や、使用者の意向に基づく選出は認められません。

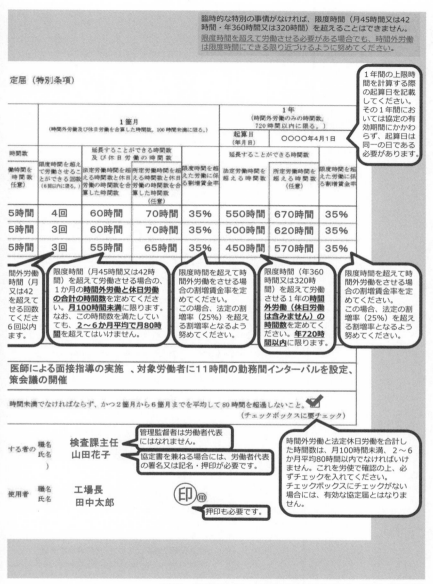

出所：「36協定届の記載例（特別条項）」（厚生労働省）

2枚目（裏面）

様式第9号の2（第16条第1項関係）（裏面）

（記載心得）

1　労働基準法第36条第1項の協定において同条第5項に規定する事項に関する定めを締結した場合における本様式の記入に当たっては、次のとおりとすること。

（1）「臨時的に限度時間を超えて労働させることができる場合」の欄には、当該事業場における通常予見することのできない業務量の大幅な増加等に伴い臨時的に限度時間を超えて労働させる必要がある場合をできる限り具体的に記入すること。なお、業務の都合上必要な場合、業務上やむを得ない場合等恒常的な長時間労働を招くおそれがあるものを記入することは認められないことに留意すること。

（2）「業務の種類」の欄には、時間外労働又は休日労働をさせる必要のある業務を具体的に記入し、労働基準法第36条第6項第1号の健康上特に有害な業務について協定をした場合には、当該業務を他の業務と区別して記入すること。なお、業務の種類を記入するに当たっては、業務の区分を細分化することにより当該業務の範囲を明確にしなければならないことに留意すること。

（3）「労働者数（満18歳以上の者）」の欄には、時間外労働又は休日労働をさせることができる労働者の数を記入すること。

（4）「起算日」の欄には、本様式における「時間外労働・休日労働に関する協定届」の起算日と同じ年月日を記入すること。

（5）「延長することができる時間数及び休日労働の時間数」の欄には、労働基準法第32条から第32条の5まで又は第40条の規定により労働させることができる最長の労働時間（以下「法定労働時間」という。）を超える時間数と休日労働の時間数を合算した時間数であって、「起算日」において定める日から1箇月ごとについての延長することができる限度となる時間を100時間未満の範囲内で記入すること。なお、所定労働時間を超える時間数についても協定する場合においては、所定労働時間を超える時間数と休日労働の時間数を合算した時間数を併せて記入することができる。

　「延長することができる時間数」の欄には、法定労働時間を超えて延長することができる時間数を記入すること。「1年」にあっては、「起算日」において定める日から1年についての延長することができる限度となる時間を720時間の範囲内で記入すること。なお、所定労働時間を超える時間数についても協定する場合においては、所定労働時間を超える時間数を併せて記入することができる。

　なお、これらの欄に記入する時間数にかかわらず、時間外労働及び休日労働を合算した時間数が1箇月について100時間以上となった場合、及び2箇月から6箇月までを平均して80時間を超えた場合には労働基準法違反（同法第119条の規定により6箇月以下の懲役又は30万円以下の罰金）となることに留意すること。

（6）「限度時間を超えて労働させることができる回数」の欄には、限度時間（1箇月45時間（対象期間が3箇月を超える1年単位の変形労働時間制により労働する者については、42時間））を超えて労働させることができる回数を6回の範囲内で記入すること。

（7）「限度時間を超えた労働に係る割増賃金率」の欄には、限度時間を超える時間外労働に係る割増賃金の率を記入すること。なお、当該割増賃金の率は、法定割増賃金率を超える率とするよう努めること。

（8）「限度時間を超えて労働させる場合における手続」の欄には、協定の締結当事者間の手続として、「協議」、「通告」等具体的な内容を記入すること。

（9）「限度時間を超えて労働させる労働者に対する健康及び福祉を確保するための措置」の欄には、以下の番号を「（該当する番号）」に選択して記入した上で、その具体的内容を「（具体的内容）」に記入すること。

①　労働時間が一定時間を超えた労働者に医師による面接指導を実施すること。

②　労働基準法第37条第4項に規定する時刻の間において労働させる回数を1箇月について一定回数以内とすること。

③　終業から始業までに一定時間以上の継続した休息時間を確保すること。

④　労働者の勤務状況及びその健康状態に応じて、代償休日又は特別な休暇を付与すること。

⑤　労働者の勤務状況及びその健康状態に応じて、健康診断を実施すること。

様式のダウンロードはこちら　☞検索ワード：　労働基準関

ご不明な点やご質問がございましたら、厚生労働省または事業場の所在地

➤問合せ先：厚生労働省　労働基準局　労働条件政策課　03-5253-11

➤最寄りの都道府県労働局、労働基準監督署は以下の検索ワードまたは

検索ワード：　都道府県労働局　または　労働基準監督署

http://www.mhlw.go.jp/kouseiroudoushou/shozaiannai.

⑥　年次有給休暇についてまとまった日数連続して取得することを含めてその取得を促進すること。
⑦　心とからだの健康問題についての相談窓口を設置すること。
⑧　労働者の勤務状況及びその健康状態に配慮し、必要な場合には適切な部署に配置転換をすること。
⑨　必要に応じて、産業医等による助言・指導を受け、又は労働者に産業医等による保健指導を受けさせること。
⑩　その他
2　チェックボックスは労働基準法第36条第6項第2号及び第3号の要件を遵守する趣旨のものであり、「2箇月から6箇月まで」とは、起算日をまたぐケースも含め、連続した2箇月から6箇月までの期間を指すことに留意すること。また、チェックボックスにチェックが無い場合には有効な協定とはならないことに留意すること。
3　協定については、労働者の過半数で組織する労働組合がある場合はその労働組合と、労働者の過半数で組織する労働組合が無い場合は労働者の過半数を代表する者と協定すること。なお、労働者の過半数を代表する者は、労働基準法施行規則第6条の2第1項の規定により、労働基準法第41条第2号に規定する監督又は管理の地位にある者でなく、かつ同法に規定する協定等をする者を選出することを明らかにして実施される投票、挙手等の方法による手続により選出された者であって、使用者の意向に基づき選出されたものでないこと。これらの要件を満たさない場合には、有効な協定とはならないことに留意すること。
4　本様式で記入部分が足りない場合は同一様式を使用すること。この場合、必要のある事項のみ記入することで差し支えない。

（備考）
1　労働基準法第38条の4第5項の規定により、労使委員会が設置されている事業場において、本様式を労使委員会の決議として届け出る場合には、委員の5分の4以上の多数による議決により行われたものである旨、委員会の委員数、委員の氏名を記入した用紙を別途提出することとし、本様式中「協定」とあるのは「労使委員会の決議」と、「協定の当事者である労働組合の名称」とあるのは「委員会の委員の半数について任期を定めて指名した労働組合の名称」と、「協定の当事者（労働者の過半数を代表する者の場合）の選出方法」とあるのは「委員会の委員の半数について任期を定めて指名した者（労働者の過半数を代表する者の場合）の選出方法」と読み替えるものとする。なお、委員の氏名を記入するに当たっては、任期を定めて指名された委員とその他の委員とで区別することとし、任期を定めて指名された委員の氏名を記入するに当たっては、同条第2項第1号の規定により、労働者の過半数で組織する労働組合がある場合においては労働組合、労働者の過半数で組織する労働組合が無い場合においては労働者の過半数を代表する者に任期を定めて指名された委員の氏名を記入することに留意すること。
2　労働時間等の設定の改善に関する特別措置法第7条の規定により、労働時間等設定改善委員会が設置されている事業場において、本様式を労働時間等設定改善委員会の決議として届け出る場合においては、委員の5分の4以上の多数による議決により行われたものである旨、委員会の委員数、委員の氏名を記入した用紙を別途提出することとし、本様式中「協定」とあるのは「労働時間等設定改善委員会の決議」と、「協定の当事者である労働組合の名称」とあるのは「委員会の委員の半数の推薦者である労働組合の名称」と、「協定の当事者（労働者の過半数を代表する者の場合）の選出方法」とあるのは「委員会の委員の半数の推薦者（労働者の過半数を代表する者の場合）の選出方法」と読み替えるものとする。なお、委員の氏名を記入するに当たっては、推薦に基づき指名された委員とその他の委員とで区別することとし、推薦に基づき指名された委員の氏名を記入するに当たっては、同条第1号の規定により、労働者の過半数で組織する労働組合がある場合においてはその労働組合、労働者の過半数で組織する労働組合が無い場合においては労働者の過半数を代表する者の推薦に基づき指名された委員の氏名を記入することに留意すること。

係主要様式　https://www.mhlw.go.jp/bunya/roudoukijun/roudoujouken01/

を管轄する都道府県労働局、労働基準監督署におたずねください。
11（代表）
QRコードから参照できます。

/roudoukyoku/

(2019.8)

出所：「36協定届の記載例（特別条項）」（厚生労働省）

　この記載例は協定届をそのまま協定書としている例となります。様式裏面の記載心得と記載例を十分に確認してください。

　なお、様式9号の2は特別条項の協定もなされている場合に使用するもので、すべての36協定に共通の1枚目の様式((特別条項)と書かれていますが、これは2枚目に特別条項の協定届があるという意味です)に、2枚目の特別条項の様式が添付される形式のものです。

　様式番号ごとの区別は以下のとおりです。

　　| 様式9号 | ＝限度時間以内で時間外労働・法休日労働を行わせる場合

　　| 様式9号の2 | ＝限度時間を超えて、時間外労働・法定休日労働を行わせる場合

　　| 様式9号の3 | ＝新技術・新商品等の研究開発業務に従事する労働者に時間外労働・法定休日労働を行わせる場合(上限規制の対象とならない労働者が対象)

　　| 様式9号の4 | ＝適用猶予期間中における適用猶予事業・業務に係る時間外労働・法定休日労働を行わせる場合(適用猶予の建設事業、自動車運転の業務、医業に従事する医師、鹿児島県及び沖縄県における砂糖製造業が対象)

　　| 様式9号の5 | ＝適用猶予期間中における適用猶予事業・業務において、事業場外労働のみなし労働時間に係る協定の内容を36協定に付記して届出する場合

　　| 様式9号の6 | ＝適用猶予期間中において、労使委員会の決議を届出する場合

　　| 様式9号の7 | ＝適用猶予期間中において、労働時間等設定改善委員会の決議を届出する場合

◖**Q 1-49**◗ 記載例の１枚目について、事業の種類の欄は派遣業の場合、派遣業のみでよいか。

⟨　**A**　⟩ 派遣業の場合36協定は派遣元の使用者が行うことになりますので、派遣先の事業・業務の内容を踏まえて36協定を締結する必要があります。

　この場合、例えば適用猶予事業に労働者を派遣している派遣業者の場合、派遣業との記載のみでは上限規制で問題が生ずる場合が考えられます。

　明確な定めはありませんが、派遣業であることと派遣先の事業の種類とがはっきりと分かるように記載することが求められます。

◖**Q 1-50**◗ 記載例１枚目について、時間外労働をさせる必要のある具体的事由と業務の種類とのどちらでまとめるのがよいのか、具体的事由が複数の業務の種類に共通する場合、どのように書けばよいのか。

⟨　**A**　⟩ 特に定められた書き方はありませんが、基本的に業務の種類ごとに、「時間外労働をさせる必要のある具体的事由」と当該業務を行う労働者数を記載することが一般的です。

　業務の種類にこれらの事由が複数ある場合は「⁄」等の記号を使用してその関連付けを明確にしておけばよく、要は業務の種類ごとに事由と対象労働者数が明確になっていれば問題はありません。

◖**Q 1-51**◗ 記載例１枚目の労働者数は、時間外労働や休日労働を行うことを承諾した正社員を記載すればよいか。

⟨　**A**　⟩ 労働者数は、正社員のほかパートタイム労働者、アルバイト、契約社員等労働契約の如何に関わらず、時間外労働を行わせることができ

る（法律上制限されている者以外すべて）労働者の人数を記載します。

　18歳未満の労働者は法定時間外労働を行わせることができませんので対象にはできません。

　また、受け入れている派遣労働者がいる場合、それらは対象にはなりません。

Q 1-52　記載例1枚目の「（任意）」の欄には何を記載すればよいのか。

A　「所定労働時間」「所定労働時間を超える時間数」はいずれも「（任意）」とされており、特に記載しなくとも差し支えありません。

　時間外労働が法定時間外ではなく所定時間外と認識されている労使も多いので、36協定を所定労働時間超えで締結した場合用に設けられたものと考えられます。

　あくまでも36協定は法定労働時間超えの時間を協定するものですので、所定労働時間の取扱いは「（任意）」とされているものです。

　従来はこのような欄はなく、法定労働時間超えの協定なのか所定労働時間超えの協定なのかが不明確な場合もありましたが、それは解消されたようです。

　なお、所定労働時間を超える時間数を記載する場合は、法定労働時間を超える時間数との間に矛盾が生じないように確認してください。

Q 1-53　記載例1枚目の「協定の有効期間」と「1年の起算日」は同じ日付になるのか。

A　「協定の有効期間」「1年の起算日」に加え、2枚目にある「協定の成立年月日」との整合性にも配慮してください。

　基本的に協定の有効期間の初日と1年の起算日は一致するものと考え

られますが、この場合、協定成立年月日よりも後の日付であることが必要
になります。

　これは、協定の有効期間及び1年間の定めは協定によって定められる
ものであるため、当然ながら協定成立日以後の日付になるものです。

Q1-54 記載例1枚目の「労働させることができる法定休日の日数」に制限はあるのか。

A 労働させることができる法定休日の日数に制限はありませんので、すべての法定休日としても差し支えありません。

　また「労働させることができる法定休日における始業及び終業の時刻」については、法律、規則上になんら規定はなく、この届出様式にのみ設けられている項目です。

　したがって、協定に際して定める必要はないものと考えられますが、この項目に関しては「また、休日労働について、協定された日数や時間を超えて休日労働をさせれば第35条違反となる。」（厚生労働省労働基準局編『改訂新版　労働基準法　上（労働法コンメンタールNo.3）』478頁、労務行政、2005年）との見解も示されていることから、36協定において特に休日労働での労働時間数を労使間で定めた場合は、それを超えたときには法違反となり得るものと考えられます。

　本届出様式では上述のように始業・終業時刻を記載することとされていますが、法定休日に労働するのは当日に出勤する場合のみならず、前日の時間外労働が伸びて午前0時を超えて法定休日労働に至る場合、法定休日労働が終わらずに24時を経過して翌日の平日の早出残業に至る場合なども想定されます。

　したがって、特に法定休日労働として始・終業時刻を明確に定めることができる場合はその時刻を、前日の残業が法定休日に食い込むことが想定

される場合などは、午前0時〜24時とすることも制限はされていないものと考えられます(そもそもこの時刻は協定すべき事項とはされていません)。

　なお、「改正労働基準法に関するQ&A」(厚生労働省)では、始業終業の時刻を記載することが困難な場合は、労働時間数の限度を記載することでも構わないとされています。

　この休日に労働させる時間が長い場合、前述の指針第7条に「休日に労働させる時間をできる限り短くするように努めなければならない。」と規定されていることから、届出に際して労働基準監督署の窓口において、もっと短縮するようにとの趣旨の指導がなされる可能性はあります。

　ただし、告示であり、しかも努力義務となっていることから、長い時間であることを理由に受理されないということはないものと考えられます。

◀ Q 1-55 ▶ 記載例2枚目について、1日(任意)というのはどういう意味か。

〈　**A**　〉 記載例2枚目は特別条項についての協定に係る届出ですが、特別条項は1か月の限度時間である45時間を超える延長時間とする場合の協定ですので、基本的に1日の延長時間は協定の対象になりません。

　しかしながら、特別条項の協定の際に、1日についても原則と異なる延長時間を定める場合も想定して設けられた欄と考えられます。

　1日についての協定の有無に関わらず、この欄には記載してもしなくても差し支えありません。

◀ Q 1-56 ▶ 記載例2枚目の「限度時間を超えた労働に係る割増賃金率」の欄は必ず記載しなければならないか。その場合の率は労使で合意したものであればどのような率でもよいか。

〈　**A**　〉 割増賃金の率を定めることが規則上規定されていますので、こ

の欄には割増賃金の率を記載する必要があります。

　指針や記載心得にもありますようにその率は法定割増賃金率(25%)を超える率とするよう努めることとされていますが、25%でも差し支えありません。

　ただし、25%を下回る率を記載することはできません(法違反の率となってしまうため)。

Q 1-57 記載例2枚目の「限度時間を超えて労働させる場合における手続」の欄は必ず記載しなければならないか。

A 手続きを定めることが規則上規定されていますので、この欄には労使で定めた手続きを記載する必要があります。

　「手続」は1か月ごとに限度時間を超えて労働させることができる具体的事由が生じたときに必ず行わなければならず、所定の手続きを経ることなく、限度時間を超えて労働時間を延長した場合は、法違反となる(平30.9.7基発0907第1)ものとされています。

　また、同通達では、労使当事者間においてとられた所定の手続きの時期、内容、相手方当を書面等で明らかにしておく必要があるとされています。

Q 1-58 記載例2枚目の「限度時間を超えて労働させる労働者に対する健康及び福祉を確保するための措置」欄は必ず記載しなければならないか。

A 健康及び福祉を確保するための措置を定めることが規則上規定されていますので、この欄には具体的内容を記載する必要があります。

　措置の内容は指針第8条や記載心得にも示されていますので、どのような措置を講じるかを労使で話し合って定めたうえで、その具体的な内容を記載することになります。

　なお、これらの措置のうち勤務間インターバルの導入については、助成金の対象となっていますので厚生労働省ホームページを確認することとしてください。

- 厚生労働省「勤務間インターバル制度」
  https://www.mhlw.go.jp/seisakunitsuite/bunya/koyou_roudou/
  roudoukijun/jikan/interval/

　また、医師による面接指導は、50人未満の事業場を対象に地域産業保健センターで対応する場合もありますので、確認するようにしてください。

Q 1-59　協定した健康及び福祉を確保する措置を実際には講じなかった場合はどうなるのか。

　　A　　協定することとされている健康及び福祉を確保する措置は、指針で協定することが望ましいことに留意することとして挙げられているものであり、実際に協定した内容を実施しなかった場合に法違反を問われるものではありません。

　しかしながら、長時間労働による健康障害等が発生した場合、労使間の協定で定められた措置を講じなかったことに原因があるとして、損害賠償等の民事的な問題が生じる可能性はあります。

　また、指針で挙げられている措置のうち「労働時間が一定時間を超えた労働者に医師による面接指導を実施すること。」については、労働安全衛生法第66条の8で、時間外労働・法定休日労働が1月当たり80時間を超え、申し出をした労働者には医師による面接指導を行うことが義務づけられていますので、指針で挙げられているのはそれまでの時間に至らない者や申出のない者を対象にしたものと考えられます。

Q 1-60 記載例1枚目・2枚目それぞれの下部にあるチェックボックスには、どのような意味があるのか。

A 裏面の記載心得にもありますが、「**4. 実労働時間についての制限**」で説明した、労働基準法第36条第6項、第2号及び第3号の、

① 時間外労働と法定休日労働の合計時間数が1か月では100時間未満であること

② 連続する2か月から6か月をそれぞれ平均していずれも80時間以内であること

を満たす労働時間管理を行うことを、チェックボックスにチェックを入れることによって、届出に際して明確にするというものです。

そしてチェックボックスにチェックがない場合には、有効な協定とはならないとされています。

Q 1-61 協定の成立年月日、協定の有効期間、起算日、最下段の年月日と年月日を記載する箇所があるが、特に留意することはあるか。

A **Q 1-53** で解説したように、協定の有効期間の初日と1年の起算日は基本的に一致するものと考えられますが、いずれも協定成立年月日以後の日付であることが必要です。

また、最下段の年月日は届出年月日となりますので、最も後の日付となります。

ただ、届出に際しては監督署で受理印が押されますので、実質的にはあまり意味はなく、仮に空欄であっても不備として受理されないことはないと考えられます。

Q 1-62　協定の当事者の欄は、特に留意することはあるか。

A　事業場の過半数で組織する労働組合ではなく、労働者の過半数を代表する者の場合は、管理監督者等でないことが必要ですので、職名でもそれが明確になることが望まれます。

　事業場によって組織は様々ですので、例えば管理監督者であるように思われる職名である場合、対象とならない管理監督者ではない旨を説明できるような資料を持って、説明できる担当者が届出に赴くことが望まれます。

Q 1-63　協定の当事者の選出方法の欄は、特に留意することはあるか。

A　事業場の過半数で組織する労働組合ではなく、労働者の過半数を代表する者の場合は、過半数の労働者の支持により民主的な手続きによって選出された者であることが分かるようにする必要があります。

　当該欄で記載しきれない場合は別紙によることでも差し支えありません。

Q 1-64　協定すべき事項や協定届の様式の項目以外の事項について協定してはいけないのか。決められた事項以外について協定した36協定は受理されないのか。

A　そのようなことはありません。

　通達では以下のようにされています。

> 　法第36条第1項による時間外及び休日労働の協定届は、その内容が施行規則第16条（現行では第17条）の要件を具備したものであれば、協定当事者の意思により同条に掲げられた必要事項以外の事項について協定したものであってもこれを受理すべきであって、協定届を受理することと附せられ

> た約款が有効であるか無効であるかは別個の問題である、なお、設問(1)(2)
> (3)の如き付款は、いずれも違法な条件ではないから、有効であると解する。
>
> 　　　　（昭28.7.14基収2843、昭63.3.14基発150、平11.3.31基発168）

　これは、法定された項目以外について36協定で定めることができるか、その場合、そのような36協定が受理されるのかという問いに対する回答を示したものです。

　法定された項目以外の項目について、労使で定めて付款としても36協定としては受理されること及び付款の内容が違法なものでなければ、労使当事者間の約束事として有効だとしているものです。

　なお、「設問(1)(2)(3)の如き付款」とは、時間外労働等を行わせる場合の労働組合への通知、協定の失効手続等について定めてあるもので、違法な内容のものではないとされています。

　すなわち、法定されている項目以外の項目、例えば特別条項で月の時間外労働と法定休日労働を合計した時間数の外に、時間外労働のみあるいは法定休日労働のみの時間数を協定して届け出ても受理されるということです。

　そしてその場合、その内容が上限規制に反する違法なものでなければ、36協定として有効となり、効力を持つ(その時間を超えた場合は法違反となる)ということになります。

こんなことも
親睦会長は労働者代表にはなれない?

　36協定の労働者側の協定当事者は、当該事業場の過半数の労働者で組織する労働組合がない場合、労働者の過半数を代表する者がなることになる。

　この者は当該事業場の労働者により適法に選出されなければならないが、適法な選出といえるためには、当該事業場の労働者にとって、選出される者が労働者の過半数を代表して36協定を締結することの適否を判断する機会が与えられ、かつ、当該事業場の過半数の労働者がその候補者を支持していると認められる民主的な手続きがとられていることが必要とされている(昭63.1.1基発1)。

*　　*　　*

　ある事業場において、使用者からの残業命令に従わず、結果的に解雇になった労働者が解雇無効を訴えた訴訟での判断が示された。

　当該事業場には役員も含めた全従業員で構成され、「会員相互の親睦と生活の向上、福利の増進を計り、融和団結の実をあげる」ことを目的とする親睦団体があり、会社はその代表者Aを労働者の過半数を代表する者として36協定を締結していた。

　高裁判決は、

　　当該団体は親睦団体であるから、労働組合でないことは明らかであり、このことは、仮に当該団体が親睦団体としての活動のほかに、自主的に労働条件の維持改善その他経済的地位の向上を目的とする活動をすることがあることによって変わるものではなく、したがって、Aが親睦団体の代表者として自動的に本件36協定を締結したにすぎないときには、Aは労働組合の代表者でもなく、「労働者の過半数を代表する者」でもないから、本件36協定は無効というべきである。

旨判示し、最高裁は上告を棄却して36協定は有効と認められず、労働者には残業命令に従う義務があったということはできないとした（平13. 6. 22最高裁第二小法廷判決　トーコロ事件）。

　このように労働者の過半数を代表する者として適格ではない者と締結した36協定は無効であり、それを根拠とした時間外労働・法定休日労働の指示は無効であって、労働者に時間外労働・法定休日労働を行う義務はないとともに、実際に行われた時間外労働・法定休日労働は、労働基準法第32条または第35条の違反として処罰の対象となり得ることとなる。

　労働者代表は的確に民主的な手続きを経て選出されることが求められる。

　特に改正により、「使用者の意向に基づき選出されたものでないこと」が労働基準法施行規則に明記されたことから、労働基準監督署でも36協定の受理時や臨検監督時に、労働者代表の選出手続の確認を行うことが徹底されるかもしれない。

（5）　適用猶予と適用除外

　36協定の上限規制については、その適用が猶予されるものと適用され
ないものとがあります。

①　適用が猶予されるもの

事業・業務	猶予期間 （令和6年3月31日まで）	猶予後の取扱い （令和6年4月1日以降）
建設事業 （建設現場における交通誘導警備の業務を主たる業務とするものを含む） （労基法139）	上限規制の 適用なし	▶災害の復旧、復興の事業を除き、上限規制がすべて適用。 ▶災害の復旧、復興の事業に関しては、時間外労働と法定休日労働の合計時間が ・月100時間未満 ・2～6月平均80時間以内 という規制は適用されず。
自動車運転の業務 （労基法140）		▶特別条項付き36協定を締結する場合の年間の時間外労働の上限が原則の年720時間ではなく、960時間となる。 ▶時間外労働と法定休日労働の合計時間が ・月100時間未満 ・2～6月平均80時間以内 という規制は適用されず。
医業に従事する医師 （労基法141）		▶具体的な上限時間は今後、省令で定めることとされる。
鹿児島県・沖縄県での砂糖製造業 （労基法142）	時間外労働と法定休日労働の合計時間が ・月100時間未満 ・2～6月平均80時間以内 という規制は適用されず。	▶上限規制がすべて適用。

② 適用が除外されるもの

新技術・新商品等の研究開発業務(労基法36⑪)

③ 労働時間、法定休日の適用がなく36協定自体の適用がないもの

- 農業・畜産・水産業、管理監督の地位にある者・機密の事務を取り扱う者、監視断続労働に従事する者で行政官庁の許可を得た者(労基法41)
- 高度プロフェッショナル制度が適用される者(労基法41の2)

こんなことも
臨検監督は何年後?

　筆者が監督署にいたころ、とある医師会で医師に産業医活動の内容を説明していたときに、労務管理、労働時間管理の話にもなった。

　そこである医師が手を挙げて「うちの病院の時間管理もひどいので、監督署で一度指導に来てくれるようお願いできないか?」と言ったので、こう答えた。

　「およそ60年お待ちいただけますか。」

　というのも、臨検監督の対象となる管内の事業場の数と建設現場の総数を、監督署に配置されている監督官の人数×200で割るとおおよそ60になる。

　つまり、監督官一人当たり年間200件の監督ができる(目いっぱいの数字で、ほとんど不可能だが)として、管内のすべての事業場、建設現場に1回ずつ臨検監督するのに、60年はかかるのだ。

　そう説明すると、手を挙げた先生は私の回答に、隣の席の先生と顔を見合わせて黙ってしまった。

第 **2** 章

労働時間の
把握管理

第 **1** 節

労働時間とは

労働時間を直接に定義した条文等は労働基準法にはありません。

裁判例、諸説で様々な定義がなされていますが、

> 　労働時間に該当するか否かは、労働者の行為が使用者の指揮命令下に置かれたものと評価することができるか否かにより客観的に定まるものであって、労働契約、就業規則、労働協約等の定めのいかんにより決定されるべきものではないと解するのが相当である。
>
> 　　　　　　　（平12.3.9最高裁判決　三菱重工業長崎造船所事件）

との考え方が一般的です。

　ここで、使用者の指揮命令下のもとにあるというのは、必ずしも事業場内部で管理者の目に届く範囲にあるということだけではなく、業務指示を受けて社外で活動する場合も当然ながら含まれることになります。

　また、指揮命令下にあるかは明示的なものに限らず、使用者の黙示の指示によるもの、黙認なども含まれるとされています。

Q 2-1 始業時刻から本来業務を確実に行うためには、事前の準備が必要不可欠であるので、始業時刻の10分前に集合して準備を行うよう指示しているが、ただの準備であるため労働時間とはしていないが問題はあるか。

A 上記判決では、

　労働者が、就業を命じられた業務の準備行為等を事業所内において行うことを使用者から義務付けられ、又はこれを余儀なくされたときは、当該行為を所定労働時間外において行うものとされている場合であっても、当該行為は、特段の事情のない限り、使用者の指揮命令下に置かれたものと評価することができ、当該行為に要した時間は、それが社会通念上必要と認められるものである限り、労働基準法上の労働時間に該当すると解される。

としています。

　業務のために必要な更衣や装備等の準備に要する時間、来客等のために清掃する時間等、業務を的確に行うために必要とされる準備に要する時間は労働時間となるものです。

　したがって、始業時刻の前に集合させて準備させている時間は、当然ながら労働時間となります。

　この場合、集合時間を定めることなく、また、準備作業を行うことを明示していなくても、習慣として早めに集合させ、その時刻に遅れた場合にペナルティを科すなど、事実上準備作業を指示している実態にある場合もやはり労働時間であると考えられるものです。

Q2-2 商店だが、客が来なくてぼんやりしている時間は休憩の実態にあるため労働時間に入れていないが問題はないか。

A 休憩時間とは、

　単に作業に従事しない手待時間を含まず、労働者が権利として労働から離れることを保障されている時間の意　　　　　（昭22.9.13発基17）

とされています。

　使用者の指揮命令下に置かれた状態にあって、労働者が時間の自由利用ができない場合は、たとえ現実に精神または肉体を活動させて作業に従事していなくとも労働時間とされます。

　したがって来客の対応に備えて店舗にいることが義務づけられている等の時間は、いわゆる手待時間という労働時間となります。

◀ Q 2-3 ▶ 業務指示で社外に出ている時間も指揮監督のもとにあるとのことだが、出張を命じた場合、現地との往復の間も労働時間としなければならないか。

◀　A　▶ 出張の際の往復時間については、日常の通勤に費やす時間と同一の性質であると考えられるから、労働時間に算入されないという裁判例があります（昭49.1.26横浜地裁川崎支部決定　日本工業検査事件）。

　例えば営業先の事業場に直行・直帰する場合などが考えられます。

　また、通達では、

> 　出張で休日に出張先に移動（旅行）する場合について、旅行中における物品の監視等別段の指示がある場合の外は休日労働として取り扱わなくても差支えない。　　　　　（昭23.3.17基発461、昭33.2.13基発90）

とされています。

　このように出張先で行う業務のために出張先へ移動する間は、特段の指示がない限り、通勤時間と同じ扱いとなり労働時間とはなりません。

Q 2-4 社内での教育・研修や社員の自主的な勉強会などに要した時間は労働時間となるか。

A 通達では、

> 労働者が使用者の実施する教育に参加することについて、就業規則上の制裁等の不利益取扱による出席の強制がなく自由参加のものであれば、時間外労働にはならない。　　　（昭26.1.20基収2875、昭63.3.14基発150）

とされています。

　つまり、参加が強制されている場合は労働時間に、参加してもしなくても自由で、参加しなくても処遇等に何の影響もない場合には、労働時間ではないとされているものです。

　ここで、教育や研修の内容と業務との関連性が強く、参加しないと本人の業務に具体的な支障が生ずるような場合は、明確な出席指示や出席しないときのペナルティがなくても、実質的に参加が強制されているとみられることもあります。

　そのような場合には労働時間であると判断されるものと考えられます。

Q 2-5 健康診断に要した時間は労働時間となるか。

A 通達では、

> 健康診断の受診に要した時間についての賃金の支払については、労働者一般に対して行われる、いわゆる一般健康診断は、一般的な健康の確保を図ることを目的として事業者にその実施義務を課したものであり、業務遂行との関連において行われるものではないので、その受診のために要した時間については、当然には事業者の負担すべきものではなく……事業者が

支払うことが望ましいこと。

　特定の有害な業務に従事する労働者について行われるいわゆる特殊健康診断は、事業の遂行にからんで当然実施されなければならない性格のものであり、……特殊健康診断の実施に要する時間は労働時間と解される……。

(昭47.9.18基発602)

とされています。

　すなわち、労働安全衛生法に基づく特殊健康診断を受診する時間は労働時間となり、また一般健康診断を受診する時間についても労働時間ではないものの、労働時間として取り扱い賃金を支払うことが望ましいということです。

Q 2-6 長距離トラックの運行で、途中にフェリーを利用する場合も労働時間に入れなければならないか。

A 乗船中という制限はありますが、その時間について自由利用が保障されており（当然ながら車から離れること、車の管理は要さないこと等が許されている）、目的地に到達するまでは船内で自由に行動できる場合は、労働時間としなくても差し支えないと考えられます。

Q 2-7 訪問介護を行っているが、訪問介護の利用者宅から次の利用者宅までの移動時間も労働時間としなければならないか。

A 通達では、

> 事業場から利用者宅への移動に要した時間や一の利用者宅から次の利用者宅への移動時間であって、その時間が通常の移動に要する時間程度である場合には労働時間に該当するものと考えられること。
> 　　　　　　　　　　　　　　　　　　　　（平16.8.27基発0827001）

とされていますので、通常の移動に要する時間程度（特別に恣意的な、私的行動を行った場合はそれに要した時間は除かれます）であれば、これは労働時間としなければならないことになります。

Q 2-8 派遣業だが、派遣労働者が複数の派遣先で作業する場合、一つの派遣先から次の派遣先へ移動するのは労働時間となるのか。

A 通達では、複数の派遣先を移動する派遣労働者については、

> 派遣中の労働者が派遣就業をした時間以外の点呼等の時間、移動時間、研修時間等の時間については、派遣労働者が派遣元の使用者の指揮監督下にあるものと認められる場合には、派遣元の使用者が、これを労働時間として適正に把握、管理すること。　　　（平21.3.31基発0331010）

とされていますので、派遣就業のために複数の派遣先間を移動する時間（特別に恣意的な、私的行動を行った場合はそれに要した時間は除かれます）は、基本的には派遣元が把握管理する労働時間になります。

こんなことも
情報は監督署に筒抜けと

　筆者は監督署では、窓口での労使からの相談、労働者からの電話や投書での相談に追われていたが、退官後も厚生労働省からの委託事業として、夜間・休日の電話相談やインターネットへの書き込みの確認作業などに従事していたことがある。

　電話相談は匿名が前提で、本人のみならず、親、子供、兄弟、配偶者、親戚、友人、婚約者、恋人、知人、近所の人、話を聞いただけの人などを名乗り、誰でも無料でかけてくることができる。

　本人が他人を装ってかけてきているなと思われるものも多数あるが、いずれにしても電話口では真摯に対応することとなる。

　中には事実無根のものも含まれているかもしれないが、電話だけでは本当のところは分からない。

　そして、是非監督署に伝えて指導させてほしいという場合は、所轄監督署の連絡先を紹介し、自分で相談に行くように促すが、「そんな時間もないので、この電話で通報してほしい」という要望が強い場合には、文書を作成して当該署へ送付するというシステムになっている。

　またインターネットへの書き込みも目を凝らして読み続け、信頼できそうなものはピックアップして情報として厚生労働省へ情報を提供する。

　さらに、厚生労働省自体でも労働基準関係情報メール窓口を開設し、メールでの情報の提供を受け付けている。

　これらの情報を受け取った監督署は必ず対応することが義務づけられている訳ではなく、それぞれの監督署がどのように対応しているのかは判然としていない点もあるが、多くの手段によって、事業場の労務管理にかかる情報は、行政機関に筒抜けになる実態にある。

労働時間の把握

　労働基準法の法定労働時間、法定時間外労働、法定休日労働、賃金、割増賃金等に関する規定に従って適正に対応するためには、労働時間の的確な把握が必要不可欠ですが、労働時間を把握することを直接義務づけた条文は、労働基準法にはありません。

(1)　労働時間の把握の根拠について

　労働基準法では賃金台帳に労働日数、労働時間数、時間外労働時間数、法定休日労働時間数、深夜労働時間数を記載することが義務づけられている（労基法108、労規則54）ことから、これを労働時間の把握義務の根拠とする考え方もありました。

1.　労働時間の適正な把握のために使用者が講ずべき措置に関するガイドライン

　使用者が労働時間を適正に把握することを目的として、平成13年4月に「労働時間の適正な把握のために使用者が講ずべき措置に関する基準」という通達が発せられ、その後平成29年に「労働時間の適正な把握のために使用者が講ずべき措置に関するガイドライン」（以下「ガイドライン」）に改訂されました。

　その内容は以下のとおりです。

労働時間の適正な把握のために使用者が講ずべき措置に関するガイドライン

1　趣旨

　労働基準法においては、労働時間、休日、深夜業等について規定を設けていることから、使用者は、労働時間を適正に把握するなど労働時間を適切に管理する責務を有している。

　しかしながら、現状をみると、労働時間の把握に係る自己申告制（労働者が自己の労働時間を自主的に申告することにより労働時間を把握するもの。以下同じ。）の不適正な運用等に伴い、同法に違反する過重な長時間労働や割増賃金の未払いといった問題が生じているなど、使用者が労働時間を適切に管理していない状況もみられるところである。

　このため、本ガイドラインでは、労働時間の適正な把握のために使用者が講ずべき措置を具体的に明らかにする。

2　適用の範囲

　本ガイドラインの対象事業場は、労働基準法のうち労働時間に係る規定が適用される全ての事業場であること。

　また、本ガイドラインに基づき使用者（使用者から労働時間を管理する権限の委譲を受けた者を含む。以下同じ。）が労働時間の適正な把握を行うべき対象労働者は、労働基準法第41条に定める者及びみなし労働時間制が適用される労働者（事業場外労働を行う者にあっては、みなし労働時間制が適用される時間に限る。）を除く全ての者であること。

　なお、本ガイドラインが適用されない労働者についても、健康確保を図る必要があることから、使用者において適正な労働時間管理を行う責務があること。

3　労働時間の考え方

　労働時間とは、使用者の指揮命令下に置かれている時間のことをいい、使用者の明示又は黙示の指示により労働者が業務に従事する時間は労働時間に当たる。

　そのため、次のアからウのような時間は、労働時間として扱わなければならないこと。

　ただし、これら以外の時間についても、使用者の指揮命令下に置かれて

いると評価される時間については労働時間として取り扱うこと。

　なお、労働時間に該当するか否かは、労働契約、就業規則、労働協約等の定めのいかんによらず、労働者の行為が使用者の指揮命令下に置かれたものと評価することができるか否かにより客観的に定まるものであること。

　また、客観的に見て使用者の指揮命令下に置かれていると評価されるかどうかは、労働者の行為が使用者から義務づけられ、又はこれを余儀なくされていた等の状況の有無等から、個別具体的に判断されるものであること。

　　ア　使用者の指示により、就業を命じられた業務に必要な準備行為（着用を義務付けられた所定の服装への着替え等）や業務終了後の業務に関連した後始末（清掃等）を事業場内において行った時間

　　イ　使用者の指示があった場合には即時に業務に従事することを求められており、労働から離れることが保障されていない状態で待機等している時間（いわゆる「手待時間」）

　　ウ　参加することが業務上義務づけられている研修・教育訓練の受講や、使用者の指示により業務に必要な学習等を行っていた時間

４　労働時間の適正な把握のために使用者が講ずべき措置

（１）　始業・終業時刻の確認及び記録

　使用者は、労働時間を適正に把握するため、労働者の労働日ごとの始業・終業時刻を確認し、これを記録すること。

（２）　始業・終業時刻の確認及び記録の原則的な方法

　使用者が始業・終業時刻を確認し、記録する方法としては、原則として次のいずれかの方法によること。

　　ア　使用者が、自ら現認することにより確認し、適正に記録すること。

　　イ　タイムカード、ICカード、パソコンの使用時間の記録等の客観的な記録を基礎として確認し、適正に記録すること。

（３）　自己申告制により始業・終業時刻の確認及び記録を行う場合の措置

　上記（２）の方法によることなく、自己申告制によりこれを行わざるを得ない場合、使用者は次の措置を講ずること。

　　ア　自己申告制の対象となる労働者に対して、本ガイドラインを踏まえ、労働時間の実態を正しく記録し、適正に自己申告を行うことなどについて十分な説明を行うこと。

イ　実際に労働時間を管理する者に対して、自己申告制の適正な運用を含め、本ガイドラインに従い講ずべき措置について十分な説明を行うこと。

ウ　自己申告により把握した労働時間が実際の労働時間と合致しているか否かについて、必要に応じて実態調査を実施し、所要の労働時間の補正をすること。

　　特に、入退場記録やパソコンの使用時間の記録など、事業場内にいた時間の分かるデータを有している場合に、労働者からの自己申告により把握した労働時間と当該データで分かった事業場内にいた時間との間に著しい乖離が生じているときには、実態調査を実施し、所要の労働時間の補正をすること。

エ　自己申告した労働時間を超えて事業場内にいる時間について、その理由等を労働者に報告させる場合には、当該報告が適正に行われているかについて確認すること。

　　その際、休憩や自主的な研修、教育訓練、学習等であるため労働時間ではないと報告されていても、実際には、使用者の指示により業務に従事しているなど使用者の指揮命令下に置かれていたと認められる時間については、労働時間として扱わなければならないこと。

オ　自己申告制は、労働者による適正な申告を前提として成り立つものである。このため、使用者は、労働者が自己申告できる時間外労働の時間数に上限を設け、上限を超える申告を認めない等、労働者による労働時間の適正な申告を阻害する措置を講じてはならないこと。

　　また、時間外労働時間の削減のための社内通達や時間外労働手当の定額払等労働時間に係る事業場の措置が、労働者の労働時間の適正な申告を阻害する要因となっていないかについて確認するとともに、当該要因となっている場合においては、改善のための措置を講ずること。

　　さらに、労働基準法の定める法定労働時間や時間外労働に関する労使協定（いわゆる36協定）により延長することができる時間数を遵守することは当然であるが、実際には延長することができる時間数を超えて労働しているにもかかわらず、記録上これを守っているようにすることが、実際に労働時間を管理する者や労働者等において、慣習的に

行われていないかについても確認すること。

（4）　賃金台帳の適正な調製

使用者は、労働基準法第108条及び同法施行規則第54条により、労働者ごとに、労働日数、労働時間数、休日労働時間数、時間外労働時間数、深夜労働時間数といった事項を適正に記入しなければならないこと。

また、賃金台帳にこれらの事項を記入していない場合や、故意に賃金台帳に虚偽の労働時間数を記入した場合は、同法第120条に基づき、30万円以下の罰金に処されること。

（5）　労働時間の記録に関する書類の保存

使用者は、労働者名簿、賃金台帳のみならず、出勤簿やタイムカード等の労働時間の記録に関する書類について、労働基準法第109条に基づき、3年間保存しなければならないこと。

（6）　労働時間を管理する者の職務

事業場において労務管理を行う部署の責任者は、当該事業場内における労働時間の適正な把握等労働時間管理の適正化に関する事項を管理し、労働時間管理上の問題点の把握及びその解消を図ること。

（7）　労働時間等設定改善委員会等の活用

使用者は、事業場の労働時間管理の状況を踏まえ、必要に応じ労働時間等設定改善委員会等の労使協議組織を活用し、労働時間管理の現状を把握の上、労働時間管理上の問題点及びその解消策等の検討を行うこと。

2.　労働安全衛生法に基づく労働時間の把握義務

今回の改正により、労働基準法ではなく、労働安全衛生法に、労働時間の把握義務が規定されました。

具体的には、労働安全衛生法第66条の8の3に、「事業者は、第66条の8第1項又は前条第1項の規定による面接指導を実施するため、厚生労働省令で定める方法により、労働者（次条第1項に規定する者を除く。）の労働時間の状況を把握しなければならない。」と規定されました（なお、「次条第1項に規定する者」とは高度プロフェッショナル制度の対象者のこと）。

　そして厚生労働省令で定める方法として、労働安全衛生規則第52条の7の3に、タイムカードによる記録、パーソナルコンピュータ等の電子計算機の記録等の客観的な方法その他の適切な方法と規定されました。
　このように面接指導を行うという目的のために、労働時間を把握することが必要であるとして、労働時間の把握義務が法律上明確に規定されたものです。

Q 2-9　労働時間の状況を把握するとはどういう意味か。労働時間の把握とは違うのか。

　A　労働時間の状況の把握について、通達では「労働者がいかなる時間帯にどの程度の時間、労務を提供し得る状態にあったかを把握するもの」（平31.3.29基発0329第2）とされています。
　「労務を提供し得る状態」というのは、「労務を提供した状態」とは異なる、実際の労働時間より広い範囲を指しているようにも読める表現ですが、実質的には労働時間の把握と異なるものではないと考えられます。

Q 2-10　労働時間の状況を的確に把握しなかった場合、罰則があるのか。

　A　労働安全衛生法第66条の8の3には罰則はありませんので、適正に把握しなかったとしても刑事罰の対象にはなりません。

Q 2-11 労働時間の状況の把握は、面接指導を行うためとされているが、この面接指導とは誰に対してどのように行うものか。

A 面接指導の対象となる者は、

①　休憩時間を除き、1週間当たり40時間を超えた労働時間が1月当たり80時間を超え、かつ、疲労の蓄積が認められる者（安規52の2）

　　具体的には、1月の法定労働時間（40時間÷7×1か月の暦日数）を超えた労働時間数が80時間を超え、かつ、面接指導を申し出た者とされています（労働基準法第41条の2の高度プロフェッショナル制度の対象者は除く）

②　新技術・新商品等の研究開発業務（労働基準法第36条第11項に規定されるもので、上限規制が適用されない）に従事する者で、休憩時間を除き、1週間当たり40時間を超えた労働時間が1月当たり100時間を超えた者（安規52の7の2）

　　具体的には、1月の法定労働時間（40時間÷7×1か月の暦日数）を超えた労働時間数が100時間を超えた者とされています（労働基準法第41条の2の高度プロフェッショナル制度の対象者及び、管理監督者等労働基準法第41条に規定された者は除く）

③　高度プロフェッショナル制度の対象者で、1週間当たり40時間を超えた健康管理時間が1か月当たり100時間を超えた者（安規52の7の4）

となり、それらに対して医師による面接指導を行うこととされているものです。

　詳細は**第3節「(3)面接指導」**で説明します。

こんなことも
臨検監督は両刃の剣

　監督署の電話相談で一番困るのは、本人以外（多くは家族）からの相談である。例えば、

①　労働時間関係の記録を二重に作成して長時間労働の実態を隠すなど悪質な労務管理を行っているひどい会社である！

②　本人は忙しくて仕事中は全く時間が取れず（あるいは気が弱い）、代わりに私が電話している！

③　監督署に連絡したことが会社に知られたら、犯人（情報提供者）探しが始まり、日ごろの対応から本人が疑われてしまうので、この電話があったことは絶対に知られないようにしてほしい！

④　実際にどのような労働時間管理を行って、二重の記録を作成しているのかは知らないが、このままだと過重労働で死んでしまうのではないかと心配しているので、一刻も早く行って指導して直させてほしい！

と主張する場合である。

　気持ちはよく分かるが、何とかご本人から電話か手紙で情報提供してくれないかとお願いしても、本人は忙しくて手紙を書く時間もない。これだけ言っているのに動かないのか、こんな悪質な会社を野放しにしておくのか、挙句の果てには会社と監督署は結託しているのか！　と言われてしまう。

　こちらとしては、

①　二重記録で長時間労働の実態を隠しているのが事実であれば極めて悪質と判断されるので、ぜひ、実態を確実に把握したい。

②　意図的に二重記録を作成して実態を隠している事業場に対して、労働の現状の知識もなく、情報の提供があったことも伏せたまま臨検監督（事業場に赴いて、監督指導すること）しても、事実を把握するところまで踏み込むことが難しい場合も考えられる。

③　的確に対応するためには、状況を詳しく知っている本人から直接情報を得て、どのようにすれば二重記録の実態を把握確認できるのかなど、対応手段をあらかじめ検討した上で、臨検監督したい。

と説得するのだが、情報の提供があったことは絶対に知られないように、本人は対応できないと繰り返し、何もしないのか、できないのか！と憤慨されてしまう。

そういった場合に、しかたなく本人から直接情報を得ることなしに臨検監督し、できる限り詳細に労働時間の把握等を行い、事実関係を明らかにしようとしても、意識してしっかりと隠ぺいしている経営者相手では、実態の解明に至らずに違反の指摘と是正の指導などができない場合もある。

そうするとしばらくして情報提供者からまた電話が入るのだ。

「会社に行ったみたいだけど、何にも変わらない。相変わらず長時間労働が続いているが、それが隠されたままになっている。」

「一体何しに行ったのか！　何にもできないならわざわざこちらから電話なんかしない！　役立たず、その役所は何のためにあるのか、税金ドロボー！」

こういった、聞き飽きた捨て台詞とともに電話を切られてしまう。

しかし、臨検監督は、いわば両刃の剣なのである。

違反が確認できて将来に向けてそれが是正、改善されればいいが、違反の実態があるのに何らかの要因でそれが確認できなかった場合、その事業場は「うちは問題のない、良い事業場である。その証拠に監督署がきたが、何にも（あるいは大して）指摘されなかった！」と主張できることになる。

つまり、本当は「黒いもの」が、「白いもの」というお墨付きを監督署が与えることになってしまうのである。

それでは意味がないどころか逆効果であり、監督署が臨検監督に慎重になる大きな理由の一つとなっている。

ただ、昨今は監督署も、事前に得られた情報が少なくとも、実態の解明を行うことができるよう、いろいろな手法の開発に努めているので、こういったことも少なくなってきているようである。

（2）　労働時間の状況の把握の方法について

　工場の生産ラインのように、労働時間が機械の稼働時間を基礎にして把握できるような場合には、タイムカード等により比較的正確に、かつ、客観的に労働時間の把握をすることができます。

　しかしながら、事務作業や接客業などそれ以外の作業については、労働時間を客観的に把握できるものがないため、実労働時間を正確に把握することは難しいものとなっています。

Q 2-12　「労働時間の状況」として、事業者は、どのような方法で把握すればよいか。

〈　**A**　〉通達ではガイドラインを参考にするとしたうえで、以下のようにされています。

> 　新安衛法第66条の8の3に規定する労働時間の状況の把握とは、労働者の健康確保措置を適切に実施する観点から、労働者がいかなる時間帯にどの程度の時間、労務を提供し得る状態にあったかを把握するものである。
>
> 　事業者が労働時間の状況を把握する方法としては、原則として、タイムカード、パーソナルコンピュータ等の電子計算機の使用時間（ログインからログアウトまでの時間）の記録、事業者（事業者から労働時間の状況を管理する権限を委譲された者を含む。）の現認等の客観的な記録により、労働者の労働日ごとの出退勤時刻や入退室時刻の記録等を把握しなければならない。
>
> 　なお、労働時間の状況の把握は、労働基準法施行規則第54条第1項第5号に掲げる賃金台帳に記入した労働時間数をもって、それに代えることができるものである。
>
> 　ただし、労基法第41条各号に掲げる者（以下「管理監督者等」という。）並びに労基法第38条の2に規定する事業場外労働のみなし労働時間制が適用される労働者（以下「事業場外労働のみなし労働時間制の適用者」という。）並び

に労基法第38条の3第1項及び第38条の4第1項に規定する業務に従事する労働者(以下「裁量労働制の適用者」という。)についてはこの限りではない。

(平31.3.29基発0329第2)

　管理監督者やみなし労働時間制が適用される者は、賃金台帳に労働時間数を記載する必要がなかったり、実際の時間数を把握できない前提であったりするため賃金台帳によって代えることはできないとされているものです。

　また、パソコンの使用時間については、各人ごとのパスワードを的確に管理し、各人が確実にログイン・ログアウトを行うことが求められます。

Q 2-13　労働時間の状況を把握しなければならない労働者には、裁量労働制の適用者や管理監督者も含まれるか。

A　通達では以下のようにされています。

　労働時間の状況の把握は、労働者の健康確保措置を適切に実施するためのものであり、その対象となる労働者は、高度プロフェッショナル制度対象労働者を除き、①研究開発業務従事者、②事業場外労働のみなし労働時間制の適用者、③裁量労働制の適用者、④管理監督者等、⑤労働者派遣事業の適正な運営の確保及び派遣労働者の保護等に関する法律)第2条第2号に規定する労働者(派遣労働者)、⑥短時間労働者の雇用管理の改善等に関する法律(第2条に規定する労働者(短時間労働者)、⑦労働契約法第17条第1項に規定する労働契約を締結した労働者(有期契約労働者)を含めた全ての労働者である。

(平31.3.29基発0329第2)

　ここでは、ガイドラインでは対象外とされていた、労働基準法第41条に定める者(通達では④の管理監督者等)及びみなし労働時間制が適用される労働者(通達では②③)についても、労働時間の把握の対象としています。

Q 2-14 管理監督者は労働時間の規制の適用がないため、労働時間の把握は必要ないのではないか。

〈　**A**　〉管理監督者については、従来から労働時間の把握の対象外ではありません。

管理監督者についても深夜業に係る規制は適用され、午後10時から午前5時までの労働に対しては、深夜割増賃金（割増率2割5分以上）の支払いが義務づけられているため、深夜労働時間の把握は必要となります。

深夜の時間帯の労働時間を的確に把握するためには、当然その前後の労働の状況の把握も必要となり、結局、日々の労働時間全体を把握する必要があったものです。

今回の改正により、それが明確にされたものと考えられます。

ここで、基本的に所定労働時間という概念がない管理監督者に対して支払う深夜割増賃金の算定方法については、通達で、「当該職務の労働者について定められた所定労働時間を基礎とする（昭22.12.15基発502）」とされています。

Q 2-15 他社から引き抜いた優秀な社員を、1年契約の高額の年俸で処遇しているが、このような年俸制の場合は労働時間の管理の対象外としていいか。

〈　**A**　〉年俸制については、プロ野球選手などのイメージから、労働時間の規制の対象などにはならないという誤解が生じている場合もあります。

ですが年俸制のプロ野球選手などは一事業主であり、事業主として球団と交渉して年の報酬額を決定しているものであって、賃金制度が年俸制という労働者とは全く異なる存在・制度です。

賃金制度が年俸制という労働者は当然ながら、年俸制以外の賃金制度の

適用される労働者と全く同様に労働時間の把握管理の対象になり、賃金も毎月の支払いが必要になります。

　そのため、日々や1月の所定労働時間も明確にしておかなければなりません。

　ただ、年俸制の場合、年俸額に時間外労働や法定休日労働の割増賃金を含む契約になっていることもあります。

　その場合は、当該割増賃金額が何時間分の時間外労働・法定休日労働に相当するものであるのかについて、労使双方が認識しておくことが必要不可欠です。

　そして、実際の時間外労働時間・法定休日労働時間は36協定の範囲内に収まるように労働時間管理を行うことが必要になります。

　さらに、実際の時間外労働時間・法定休日労働時間が、年俸額に含まれている割増賃金額に相当する時間数を上回った場合は、その差額を支給することが必要となります。

Q 2-16 労働時間の状況の把握方法について、改正後の労働安全衛生規則第52条の7の3に規定する「その他の適切な方法」とは、どのようなものか。

A 通達では以下のようにされています。

　「その他の適切な方法」としては、やむを得ず客観的な方法により把握し難い場合において、労働者の自己申告による把握が考えられるが、その場合には、事業者は、以下のアからオまでの措置を全て講じる必要がある。
　ア　自己申告制の対象となる労働者に対して、労働時間の状況の実態を正しく記録し、適正に自己申告を行うことなどについて十分な説明を行うこと。
　イ　実際に労働時間の状況を管理する者に対して、自己申告制の適正な運用を含め、講ずべき措置について十分な説明を行うこと。

ウ　自己申告により把握した労働時間の状況が実際の労働時間の状況と
　　合致しているか否かについて、必要に応じて実態調査を実施し、所要
　　の労働時間の状況の補正をすること。

エ　自己申告した労働時間の状況を超えて事業場内にいる時間又は事業
　　場外において労務を提供し得る状態であった時間について、その理由
　　等を労働者に報告させる場合には、当該報告が適正に行われているか
　　について確認すること。

　　その際に、休憩や自主的な研修、教育訓練、学習等であるため労働
　　時間の状況ではないと報告されていても、実際には、事業者の指示に
　　より業務に従事しているなど、事業者の指揮命令下に置かれていたと
　　認められる時間については、労働時間の状況として扱わなければなら
　　ないこと。

オ　自己申告制は、労働者による適正な申告を前提として成り立つもの
　　である。このため、事業者は、労働者が自己申告できる労働時間の状
　　況に上限を設け、上限を超える申告を認めないなど、労働者による労
　　働時間の状況の適正な申告を阻害する措置を講じてはならないこと。

　　また、時間外労働時間の削減のための社内通達や時間外労働手当の
　　定額払等労働時間に係る事業場の措置が、労働者の労働時間の状況の
　　適正な申告を阻害する要因となっていないかについて確認するととも
　　に、当該阻害要因となっている場合においては、改善のための措置を
　　講ずること。

　　さらに、新労基法の定める法定労働時間や時間外労働に関する労使
　　協定（いわゆる36協定）により延長することができる時間数を遵守する
　　ことは当然であるが、実際には延長することができる時間数を超えて
　　労働しているにもかかわらず、記録上これを守っているようにするこ
　　とが、実際に労働時間の状況を管理する者や労働者等において、慣習
　　的に行われていないかについても確認すること。

（平31.3.29基発0329第2）

　ガイドラインにもありますように自己申告による労働時間の把握には
様々な問題が指摘されていますので、以下に挙げるQ&Aもぜひ参考にし

てください。

> **Q 2-17** 労働時間の状況の把握方法について、「やむを得ず客観的な方法により把握し難い場合」とは、どのような場合をいうのか。

　〈　**A**　〉 通達では以下のようにされています。

　「やむを得ず客観的な方法により把握し難い場合」としては、たとえば、労働者が事業場外において行う業務に直行又は直帰する場合など、事業者の現認を含め、労働時間の状況を客観的に把握する手段がない場合があり、この場合に該当するかは、当該労働者の働き方の実態や法の趣旨を踏まえ、適切な方法を個別に判断すること。

　ただし、労働者が事業場外において行う業務に直行又は直帰する場合などにおいても、たとえば、事業場外から社内システムにアクセスすることが可能であり、客観的な方法による労働時間の状況を把握できる場合もあるため、直行又は直帰であることのみを理由として、自己申告により労働時間の状況を把握することは、認められない。

　また、タイムカードによる出退勤時刻や入退室時刻の記録やパーソナルコンピュータの使用時間の記録などのデータを有する場合や事業者の現認により当該労働者の労働時間を把握できる場合にもかかわらず、自己申告による把握のみにより労働時間の状況を把握することは、認められない。

（平31.3.29基発0329第2）

　なお、労働基準法第38条の2のみなし労働時間が適用される事業場外労働は、事業場外で行った業務の労働時間が算定し難い場合に限られますので、通達のように、社外にいても労働時間が把握できる状態（実際に把握したかどうかは別にして）であれば、そもそも事業場外のみなし労働時間制は適用できないものです。

　したがって、事業場外みなし労働時間制が適用できるのであれば、労働

時間は自己申告でしか把握できないはずということになります。

Q 2-18 労働時間の状況を自己申告により把握する場合に、日々の把握が必要になるか。

〈　**A**　〉通達では以下のようにされています。

> 　労働時間の状況を自己申告により把握する場合には、その日の労働時間の状況を翌労働日までに自己申告させる方法が適当である。
> 　なお、労働者が宿泊を伴う出張を行っているなど、労働時間の状況を労働日ごとに自己申告により把握することが困難な場合には、後日一括して、それぞれの日の労働時間の状況を自己申告させることとしても差し支えない。
> 　ただし、このような場合であっても、事業者は、新安衛則第52条の2第2項及び第3項の規定により、時間外・休日労働時間の算定を毎月1回以上、一定の期日を定めて行う必要があるので、これを遵守できるように、労働者が出張の途中であっても、当該労働時間の状況について自己申告を求めなければならない場合があることには、留意する必要がある。
> （平31.3.29基発0329第2）

　自己申告による労働時間の把握については、様々な問題が指摘されており、労働時間の正確な把握という観点から、日々の把握を原則とするとされているものです。

Q 2-19 自己申告が最も信頼性が高いと考えているが、通達やガイドラインでは、それだけではいけないとの判断を示しているのはなぜか。

〈　**A**　〉労働者が自ら実際の労働時間を申告することは、労働時間の把握方法としては最も信頼性の高いものとも考えられます。

　しかしながら、それは、労働者が実際の自己の労働時間を真正に報告し、

それがそのまま使用者にも労働時間として認められるという制度が確立している場合に限られます。

　労働時間に応じた賃金を支払うという労働基準法の基本原則からすると、労働時間を適正に把握すること及びその時間に対応する賃金を適正に支払うことが、使用者に課せられた重大な責務となります。

　従来、工場の生産ライン等労働時間と生産量との関連性が強い場合は、労働時間の把握も容易であり、それに対応する賃金も計算しやすいもので、労働基準法上の問題はあまり生じていませんでした。

　しかしながら、近年は産業構造の変化等により、労働時間と生産量等の成果物との関連も変化し、労働時間に応じた賃金の支払いという原則がゆらいできた状況がありました。

　そんなときに、労働時間に応じた特に残業代の支払いに係るトラブルが多発し、「サービス残業」という言葉も広がったことを背景に、厚生労働省は「賃金不払残業の解消を図るために講ずべき措置等に関する指針」（平成15年5月23日付け基発第0523004号）を発出して、労働時間の的確な把握とそれに対応する賃金の支払いを強く指導するようになりました。

　ここでは賃金不払い残業の原因の一つに、実際の時間を適正に申告しない、あるいはできない自己申告という方法による労働時間の把握が挙げられ、適正に事実を申告できない職場風土や的確に機能しない労働組合の在り方も指摘されました。

　そして、「賃金不払残業が行われることのない企業にしていくためには、単に使用者が労働時間の適正な把握に努めるに止まらず、職場風土の改革、適正な労働時間の管理を行うためのシステムの整備、責任体制の明確化とチェック体制の整備等を通じて、労働時間の管理の適正化を図る必要があり、このような点に関する労使の主体的な取組を通じて、初めて賃金不払残業の解消が図られるものと考えられる。」と結論付けられました。

　その後に発出されたガイドライン、今回の安全衛生法に規定された労働

時間の把握義務の中でも、引き続き客観的な記録との併用、管理者による直接的な確認等を行って、自己申告を適切なものとするための取組みの必要性が強調されているものです。

適正な自己申告がなされない理由として、

① 労働者が残業代に直接影響するので遠慮してしまう

② 労働者が自己の評価が下がることを懸念して少なめに申告してしまう

③ 時間外労働時間数に上限が設けられ、それを超えることが禁止されているため、その時間を超えて残業しても、申告はその時間以内にしてしまう

④ 残業手当が定額支給であり、多く残業しても手当に変更はないので、実際の時間数を申告しない

⑤ 社内的に実際の時間外労働を申告することがためらわれる雰囲気がある

⑥ 直接の上司が多い残業時間が申告されることを嫌がる

などがいわれています。

一方で使用者には、客観的な記録によった場合、薄い労働密度でだらだらと長時間座っているだけの労働者が、濃い労働密度で短時間で成果を上げる優秀な労働者よりも対価としての賃金が多くなるのは納得がいかないので、労働者の良識も期待できる自己申告が望ましいという意見もみられます。

監督署では、長時間労働の実態が隠されている、労働時間に応じた割増賃金が支払われていないなどは、悪質な事案として行政上の重要課題とし、積極的に取り組む姿勢が強まっています。

臨検監督に際しては、タイムカードやコンピュータ等に記録された始業終業時刻は当然のこととして、さらに、コンピュータの稼働時間、メールの送受信の時刻、事務所ドアや建物のドアの施錠開錠時刻等、労働時間の実態に迫ることに資する資料は基本的にすべて確認されることになります。

特に自己申告のみによって労働時間を把握している事業場については、

申告の時刻と客観的記録の時刻とに差が認められた場合は、労働時間の把握管理の方法について細かく確認されるものと考えられます。

　そして自己申告の時刻が正しくて、客観的な記録が間違っていることが立証できなければ、客観的な記録をもとに、労働時間が算定されるようです。

《Q 2-20》　労働時間はタイムカードあるいはパソコンの記録のとおりでなければいけないのか。

〈　　**A**　　〉ガイドラインでは、始業・終業時刻の確認及び記録の原則的な方法として、

> 　タイムカード、ICカード、パソコンの使用時間の記録等の<u>客観的な記録を基礎として確認し</u>、適正に記録すること。

とされています。

　さらに自己申告制によりこれを行わざるを得ない場合において、

> 　自己申告により把握した労働時間が実際の労働時間と合致しているか否かについて、必要に応じて実態調査を実施し、所要の労働時間の補正をすること。
> 　特に、入退場記録やパソコンの使用時間の記録など、事業場内にいた時間の分かるデータを有している場合に、労働者からの自己申告により把握した労働時間と当該データで分かった事業場内にいた時間との間に著しい乖離が生じているときには、<u>実態調査を実施し</u>、所要の労働時間の補正をすること。

とされています（下線筆者）。

　これらによれば、タイムカード、ICカード等で記録された時刻を真正

なものとしてそのまま採用することなどの表現はなく、それらを基礎として、確認する、実態調査を行って補正する等の表現になっています。

　これは、タイムカード、ICカード等の設置場所、労働時間の記録制度の内容の周知徹底、労働者への教育、管理者への教育などの要素で変わりますが、必ずしもそれらの客観的な記録がそのまま始業・終業時刻と一致しているとは限らない場合があることによります。

　そして、自己申告や管理者等が現認した時刻を照らし合わせ、場合によっては労働者からも聴取する等によって、実際の始業・終業時刻を把握確認することとしているものです。

　タイムカード、ICカード等に記録された時刻がそのまま始業・就業規則と一致するような状況やシステムが事業場内で確立していることが理想ですが、そうでない場合には、それらの記録をそのまま採用することが義務づけられている訳ではありません。

Q 2-21 そもそも労働時間はフレックスタイム制以外でも分単位で把握しなければならないのか。

　A　誤解されがちですが、フレックスタイム制の場合に限らず、労働時間は分単位で把握することが必要です。

　確かに、労働時間は時間単位や分単位、秒単位で把握することを義務づける条文はどこにもありません。

　また採用時に明示すべき労働条件や就業規則の必要記載事項となっている始業・終業の時刻もその単位（時間、分、秒）は明示されてはいません。

　ですが、実際には次のような通達が示されています。

　あまり認識されていないようなので全文を掲載します。

賃金の計算において生じる労働時間、賃金額の端数の取扱いについては次のように取り扱われたい。

1　遅刻、早退、欠勤等の時間の端数処理

　５分の遅刻を30分の遅刻として賃金カットするというような処理は、労働の提供のなかった限度を超えるカット（25分についてのカット）について、賃金の全額払いの原則に反し、違法である。

　なお、このような取扱いを就業規則に定める減給の制裁として、法第91条の制限内で行う場合には、全額払いの原則には反しないものである。

2　割増賃金計算における端数処理

　次の方法は常に労働者の不利になるものではなく、事務簡便を目的としたものと認められるから、法第24条及び第37条違反としては取り扱わない。

（１）　１か月における時間外労働、休日労働及び深夜業の各々の時間数の合計に１時間未満の端数がある場合に、30分未満の端数を切り捨て、それ以上を１時間に切り上げること。

（２）　１時間当たりの賃金額及び割増賃金額に円未満の端数が生じた場合、50銭未満の端数を切り捨て、それ以上を１円に切り上げること。

（３）　１か月における時間外労働、休日労働、深夜業の各々の割増賃金の総額に１円未満の端数が生じた場合、（２）と同様に処理すること。

3　１か月の賃金支払額における端数処理

　次の方法は賃金支払の便宜上の取扱いと認められるから、法第24条違反としては取り扱わない。なお、これらの方法を取る場合には、就業規則の定めに基づき行うよう指導されたい。

（１）　１か月の賃金支払額（賃金の一部を控除して支払う場合には控除した額。以下同じ。）に100円未満の端数が生じた場合、50円未満の端数を切り捨て、それ以上を100円に切り上げて支払うこと。

（２）　１か月の賃金支払額に生じた1,000円未満の端数を翌月の賃金支払日に繰り越して支払うこと。

（昭和63年３月14日基発第150号）

この通達は賃金の計算に係る内容を示したものですが、<u>１か月におけ</u>

る時間外労働、休日労働及び深夜業の各々の時間数の合計に1時間未満の端数がある場合に、30分未満の端数を切り捨て、それ以上を1時間に切り上げることとあるように、30分未満の端数の時間を把握することが前提となっていることから、労働時間は分単位で把握するものとされていると考えられるものです。

　なお、これは日々の時間数を1か月で合計したときの取扱いであり、日々の時間数についての取扱いではありませんので、十分留意してください。

◆Q 2-22◆ タイムカードから一定時間を控除して10分単位でまとめているが、タイムカードどおりでなくともよいということならば、それも適正なものと考えてよいか。

＜　A　＞ タイムカード、ICカードの記録等の客観的に記録された時刻（以下「タイムカード等」）から、端数の時間を切り捨てて、一律にきりのいい時間にまとめるという管理が行われるケースがあります。

　しかしながら、◆Q 2-21◆で紹介した通達では、1か月の賃金計算時点で初めて30分未満の時間について四捨五入できるとされているもので、日々の労働時間を客観的に把握された時間から、一律に端数を切り捨てて10分や15分、30分などの時間数でまとめるという発想は全くありません。

　したがって、タイムカード等から一律に一定時間を切り捨てるということは許されるものではありません。

タイムカード等から一律に一定時間を切り捨てるという取扱いを行っている事業場も相当数あるものと考えられます。

　例えば、

○始業時刻が8時30分の場合

① 　タイムカード等が8時00分から8時29分までのものは、一律に切り捨てて8時30分の定時の始業とする。

② 　タイムカード等が7時30分から7時59分までのものは、通勤事情等特別の場合を除き、8時からの始業（早出残業30分）とする。

○終業時刻が17時の場合

① 　タイムカード等が17時から17時29分までのものは一律に切り捨てて17時の定時の終業とする。

② 　タイムカード等が17時30分以降のものは、事情を確認して残業を行ったことが認められた場合は、17時30分から30分ごとに端数を切り捨てて（17時31分から17時59分までは端数を切り捨てて17時から17時30分まで30分間の、18時から18時29分は端数を切り捨てて18時まで1時間の）残業とする。

　などが散見されます。この例は30分にまとめたものですが、その他にも　Q 2-22　のような10分や15分、中には1時間にまとめて端数を切り捨てている例もあります。

　このように時間をまとめることについて、使用者からは次のような理由が語られることが多くあります。

① 　始業時刻については、通勤の交通事情により始業時刻より早く出社して、始業時刻までは新聞を読んでいたり、喫煙所で休憩していたりしており、その時間は平均すると15分程度なので、その時間数を切り捨てている。

②　終業時刻については、就業後に同僚と雑談したり、電車の時刻まで珈琲を飲んで一服していたり、帰り支度に時間がかかっていたりする実態にあり、その時間は平均すると30分程度なので、その時間数を切り捨てている。

③　的確に労働時間管理を行うため、労働時間の集計等に際して端数の分を切り捨てている。

④　時間をまとめることによって、残業手当の的確な計算ができるために行っている。

そして、最後にこう付け加えることが多いようです。「このような時間の計算方法について皆に周知しているが、端数の切り捨てについて従業員から不満は一切出ていない」。

確かに、必ずしもタイムカード等が実際の労働時間のとおりとなっていないケースもあり、タイムカード等をそのまま認めるように義務づけられている訳ではありません。

しかしながら、ガイドラインにもあるように、タイムカード等の客観的記録を基礎にして実際の労働時間を把握することが求められているのであって、一律に一定の時間までタイムカード等を切り捨てることが無条件で認められるものではありません。

上述の使用者が主張する理由の①②は合理的な理由と認められる部分もありますが、これは、各人ごとに毎日、確かに仕事を行っていなかった時間が確認できた場合に、その確認できた時間数を差し引くことができるだけであって、平均値などによって全員一律に時間を切り捨てることの理由にはなりません。

ましてや③④の理由は到底認められるものではありません。

Q 2-23 どのような場合でもタイムカード等から一定時間を切り捨てることはできないか。

〈**A**〉 例えば、定時の17時に間違いなく終業となり、そこで各自自由に帰宅の途に就くが、希望する従業員を送迎する専用バスは17時30分に正門前から出発することとなっていて、終業後帰り支度をした後、正門のバス待機所まで歩いていき、そこの休憩所で出発時刻まで一服し、バスに乗り込むときに正門脇に設置してあるタイムカードを打刻するようなシステムになっている場合、バスを利用する従業員については、タイムカードに打刻された17時から17時30分の間の記録は、切り捨てられても合理的な理由があると認められる場合もあるかもしれません。

Q 2-24 タイムカード等は必ずしも正確でないが、直接現認して労働時間を確認するようなこともできない場合、的確な労働時間の把握はどのようにすればいいか。

〈**A**〉 労働時間の適切な把握のためには、タイムカード等の設置場所を十分検討し、実際の始業・終業時刻に近い時刻を記録できるようなシステムを構築することが基本になります。

　実際に打刻・入力するのは労働者になりますので、始業・終業時点で間違いなく打刻するよう周知徹底を図ったうえで、適宜間違いのない打刻等を教育し、従わない者にはペナルティを科すような体制とし、タイムカード等の時刻をそのまま実際の労働時間として採用することが合理的と考えられます。

　ところが、機械の設置場所も含めそのようなシステムの構築が現実的に難しく、かといって、従業員個人ごとの毎日の始業・終業時刻を直接現認するような方法も把握するのに手間がかかりすぎて到底無理だという場

合、多くの使用者は、自己申告に頼ることになるようです。

　しかしながら、ガイドラインにあるように、自己申告のみに頼るのは、割増賃金の不払いに繋がることが懸念されるとして、認められない傾向にあります。

　それではどうするかというと、結論としては腹を括ってタイムカード等の客観的記録のとおりとするしかないものと思われます。

　ただしその場合、表面的にはタイムカード等のとおりとすることとしながら、実は個々の労働者に対し、タイムカード等を打刻した後にさらに業務を行うよう命じ、全く記録に残らない残業を行わせるというようなことのないようにしてください。

　実際に、賞与で配慮するなどにより労働者の不満を抑えつつ、そのようなことを行っていた例も確認されています。

　このような行為は、労働時間の適正把握という基本理念に真っ向から挑戦状を叩きつけているようなもので、監督署としても見逃すことのできない悪質な事案として処理されることになります。

こんなことも
隠ぺい工作が突然明るみに

　昭和60年にそれまでの女性労働者の時間外労働、休日労働、深夜労働に関する規制が解除されたが、以下はそれ以前の話である。

　ある工場で「女性労働者が深夜まで工場で労働している。その事実を隠すため一旦タイムカードを打刻させた後に就業を指示している。賃金は支払われているので、実際の労働時間を記録した裏の記録もあるはずだ。」という趣旨の情報が監督署に寄せられた。信頼できる情報であり、悪質な事案だとして、監督署は司法処分（捜査して事件を検察庁に送ること）に着手した。

　捜査を進め関係者から事業を聴取したが、社長と社長の子供である役員、

工場の責任者である工場長は、タイムカードの記録に間違いはないと主張し、二重の残業管理は頑として認めなかった。

　実際の労働時間に対する時間外労働割増賃金、深夜割増賃金は支払われていることもあって、対象となった女性労働者からも、タイムカード打刻後に就業したことを認める供述は一向に得られない。

　監督署へは連日のように労働時間の事務管理を担当する若い女性事務員を呼び出して、ベテラン課長が説得に努めたが、取り調べを受ける女性社員の顔はひきつり、青ざめて今にも泣きだしそうな日もあったが、やはり何も認めなかった。

　捜査は膠着状態に陥り、事態打開のために監督署を挙げて会社事務所、工場、社長、役員、工場長の自宅を対象に強制捜索差押(俗にいう「ガサ」)を行った。

　子供がいる自宅には、子供が学校へ登校した直後の時間帯を狙い、近所にも気づかれないようにひっそりと赴いて、部屋中くまなく、押し入れの中から風呂場、下着などの衣類の入っている箪笥の引き出しまで確認して徹底捜索を行ったが、結局どこからも二重の労働時間をうかがわせるものは出てこなかった。

　二重の記録による労働時間隠しという悪質な事案だとして拳を振り上げたものの、その事実が解明できなければ、いい加減な情報に振り回された監督署の暴走ということになってしまう。

　上層部の労働局も含めてどうするか、どのように事態を解決するか、担当者が局署間を汗をふきつつ往復しながら検討を続けたが、何も妙案は浮かばない。

　局署全体に暗雲が立ち込め、焦りの色が日々濃くなって1か月ほど経過した頃、事態が突如大きく転換した。

　ある日突然、キーパーソンの工場長が妻と二人で署長室に姿を現し、タイムカードを打刻した後に業務を行わせていたことを認めたうえで、自分が、実際の終業時刻を労働者に伝えるために作成した、労働者ごとに終業時刻が

書かれたメモを提出したのである。

なぜ、突然工場長はそれまでの態度を180度転換して事実を述べたのか。

実は工場長は社長一族の親類筋に当たる者だが、本事件の最中にひょんなことから、社長の報酬額を知ってしまった。

そして、その額が自分の待遇と余りにかけ離れていたのか、想像していた額と大きく異なっていたのか詳細は不明だが、大きな衝撃を受けた彼は、会社のため、社長一族のためを思ってそれまでついていた嘘をやめることを決意したのだという。

工場長が認めたとなれば、女性労働者もたががはずれたように一斉に、タイムカードを打刻した後の業務指示の状況、深夜残業の実施状況等を詳しく述べるようになり、本当はもっと早く帰りたかったのに仕方なく無理して残業していた、などという話も出てくるなど、捜査は大きく進展したのである。

女性労働者に賃金面での実質的な被害はなかったこともあるのか、事件は公開の裁判にはならず、略式起訴（100万円以下の罰金の犯罪で、裁判所で裁判官に対して罪を認めれば罰金刑を科す旨の略式命令が出される。納得しなければ公判請求を求めることができる）となって、実行行為者となる工場長と社長、それに法人が罰金刑を科されて確定し、事件は終了した。

＊　　＊　　＊

事件後のある夜に、筆者が独り身の気ままさで飲食店を探しつつ商店街を歩いていたところ、件の女性事務員と出くわした。

若い男性と腕を組んで歩いていたが、こちらの姿を認めると慌てて組んでいた腕を解いて軽く会釈した。

彼女も取り調べに対して嘘をつき続けるという精神的に重い荷を下してほっとしていたに違いない、取り調べのときとは打って変わった、はじけんばかりに明るい笑顔だった。

Q 2-25 賞与等で処遇することなどで労働者に十分理解させれば、タイムカード等と実際の労働時間に差があっても、また、賃金が実際の労働時間に応じた金額となっていなかったとしても、そのようなことが表面化することはないのではないか。

⟨　**A**　⟩ 監督署の中には連日多数の来訪による相談、電話による相談、投書への対応が主たる業務になっているところがあります。

　また、厚生労働省ホームページには、直接メールで情報を提供することができるようになっています。

　さらに、厚生労働省では委託事業として、時間外、休日の電話相談、インターネットに書き込まれた情報の確認も行っており、当該企業についての情報を匿名で監督署へ提供するシステムが整備されています。

　相談者は労働者本人のみならず、家族、友人・知人であることも多く、本人が納得しているのか何も言わないことに業を煮やした周囲の者が相談してくる事案も数多くあります。

　情報の信用性はともかくとして、個別の企業にまつわる話というのは虚実、表裏ないまぜになって、監督署に届けられているという実態にあるものです。

　労働者本人さえ納得させられれば、社内限りの情報が洩れることはないというのは、幻想でしかありません。

こんなことも
刑罰の軽重で対応に差が

　平成19年11月末に最低賃金法が改正され、平成20年7月1日から適用されたが、改正内容のうち罰則に係る規定の改正により、地域別最低賃金等に係る不払い（同法第4条「使用者は、最低賃金の適用を受ける労働者に対し、その最低賃金額以上の賃金を支払わなければならない。」）については、罰金額の上限がそれまでの2万円から50万円に引き上げられた（同法第40条）。

　これを知った監督官の多くは衝撃を受け、戸惑いが広がった。

　この罰金刑の改正については、最低賃金制度の実効性を確保するため、労働基準法第24条（賃金の全額払い）の違反に係る同法第120条の罰金額の上限が30万円となっていることとの均衡を考慮し、罰金額の上限を50万円に引き上げたものである旨が通達等で説明されたが、その説明にほとんどの監督官は納得がいかなかったものである。

　監督官の業務の多くは労働基準法違反を訴えて救済を求める労働者への対応になるが、労働者の申告や相談、訴えの類は大半が賃金不払い（労働基準法第24条の通常の賃金及び同法第37条の割増賃金）と解雇（同法第20条の解雇に際しての手続き）についてであり、最低賃金に係る申告等はほとんどなかった。

最低賃金は、

①　中小零細の事業場で、障害者等を雇用するのに通常の金額では難しいので最低賃金やあるいは許可を得て最低賃金未満の金額で雇用したいなどという相談がある

②　集合監督（呼び出し監督）で賃金台帳を確認してもほとんど違反がない

③　違反があっても、最低賃金額が改訂されて何円か上がったのを知らずに改訂前の金額で雇用していたが、指摘されたのですぐに改善する

などという程度の、監督署の行政の中でもなじみの薄い分野であった。罰金額も2万円という低さからも、そのような状況は理解いただけると思う。

　それが突然に労働基準法の賃金不払いに対する罰金30万円を追い越して2万円から25倍の50万円という罰金額に増額され、施行日以後は、理論上例えば892円の地域最低賃金を2円下回る890円の時給しか支払っていない場合、最大で50万円の罰金刑が適用されるのに対して、月50万円の賃金を20万円しか支払わなかった場合でも、最大で30万円の罰金刑しか適用されないということになった。

　そして賃金を一銭も支払わない違反については、労働基準法第24条ではなく、刑罰の重い最低賃金法第4条違反を指摘する是正勧告書を交付して指導し、司法処分（捜査・送検手続き）に当たっても同様にすることにされたため、監督官は衝撃を受けたのである。

　刑罰の重い条文ほど行政としても重要度が高いと意識するようだが、よく違反が認められる条文について、罰則ごとに分類すると以下のようになる。

① 　労働基準法第119条

　　……6か月以下の懲役または30万円以下の罰金

　　【主な対象】

　　➡男女同一賃金の原則（第4条）違反

　　➡賠償予定の禁止（第16条）違反

　　➡解雇制限（第19条）違反

　　➡解雇の予告（第20条）違反

　　➡労働時間（第32条）違反

　　➡休憩（第34条）違反

　　➡休日（第35条）違反

　　➡時間外及び休日の労働（第36条第6項）違反

　　➡時間外、休日及び深夜の割増賃金（第37条）違反

　　➡年次有給休暇（第39条（第7項を除く））違反

　　➡監督機関に対する申告（第104条第2項）違反

② 　最低賃金法第40条

　……50万円以下の罰金

　　➡最低賃金の効力（第 4 条）違反＝最低賃金（地域最低賃金）額の賃金を支

　　　払わなかった場合

③　労働基準法第120条

　……30万円以下の罰金

【主な対象】

　➡労働条件の明示（第15条第 1 項）違反

　➡退職時等の証明（第22条）違反

　➡賃金の支払（第24条）違反

　➡休業手当（第26条）違反

　➡労使協定の届出（第18条第 7 項、第32条の 2 第 2 項、第32条の 3 第 4 項、

　　第32条の 4 第 4 項、第32条の 5 第 3 項、第38条の 2 第 2 項、第38条の

　　3 第 2 項）違反

　➡年次有給休暇の使用者の時期指定（第39条第 7 項）

　➡就業規則の作成及び届出（第89条）違反

　➡就業規則の作成の手続き（第90条）違反

　➡法令等の周知義務（第106条）違反

　以上のように、労働時間関連の規定は、賃金の支払いに関する規定よりも
罰則が重くなっている場合があり、最低賃金に係る罰金額の改正までは賃金
の支払いよりも労働時間の適正な管理が重要視されていたことが分かる（な
お、ここに挙げたものよりも罰則の重い条文としては、強制労働や中間搾取
のほか、年少者の保護に関するものがある）。

　一方で最低賃金については、昨今大幅な増額を続けており、特に中小企業
を中心にその対応が大きな課題となっているようで、関連する報道の扱いも
以前とは比べ物にならないほど大きなものになっている。

　罰金額が増額された時点で、現在のように最低賃金が重要視されることを
誰かが見越していたのかも知れない。

第 **3** 節

時間外労働・法定休日労働の管理

労働時間の把握は、健康管理上の問題となる長時間労働の抑制、確実な賃金の計算に直結することなどから重要な事項となるものですが、割増賃金の計算の基礎になる、時間外労働・法定休日労働・深夜業の時間数は特に的確な把握が求められることになります。

(1) 時間外労働・法定休日労働が違反となる場合

労働時間の把握に当たっては、当月の時間外労働・法定休日労働が法違反とならないように管理することも重要な目的となります。

法違反が指摘されるのは以下のような場合です。

1. 36協定の内容を超えた場合

36協定の内容とは、36協定で労使が合意して定めた「延長することのできる時間数」及び「労働することができる法定休日の日数」のことです。

法律で定められた月45時間、年360時間という、延長することができる時間(限度時間)や特別条項の場合の年720時間、時間外労働と法定休日労働の合計の月100時間未満という時間数は、いずれも36協定を締結する際の上限となる時間数ですので、労使で話し合って合意して定める時間数は、この時間数以下にしなければなりません。

一方、法定休日には日数についての規制はありませんので、何日で協定しても差し支えありません。

36協定で定められた時間や日数を超えて労働させた場合は、労働基準

法第32条(労働時間)、同法第35条(法定休日)の規定に違反することになりますので、懲役6か月、または30万円以下の罰金が科され可能性があることとなります。

　したがって、時間外労働、法定休日労働の管理に当たっては、法違反に至ることのないよう、前月までの状況を的確に把握したうえで、当月については適切な業務管理を行うことが必要となります。

　法違反となる例は以下の「×」を付した内容となるときです(時間数そのものは分かりやすくするために仮に設定したものです)。

　また、「△」を付したものは、法違反となるかどうか確定できないものです。

　なお、1日の労働時間については、労使が合意して定めた法定労働時間を超える時間数を超えた時点ですべて違反(労基法32)となりますので、特に例は挙げていません。

① 延長できる時間を月40時間、年300時間として協定し、特別条項を協定しなかった場合

　　× 月40時間を超えて時間外労働を行わせたとき、または、年300時間を超えて時間外労働を行わせたとき(労基法32違反)

② 延長できる時間を限度時間と同じ月45時間、年360時間として協定し、特別条項を協定しなかった場合(なお、延長時間が限度時間を超える36協定は無効として受理されませんので、この時間数が最大となります)

　　× 月45時間を超えて時間外労働を行わせたとき、または、年360時間を超えて時間外労働を行わせたとき(労基法32違反)

③ 延長できる時間を月40時間、年300時間として協定し、特別条項を時間外労働と法定休日労働を合計して月80時間、時間外労働は年600時間、時間外労働が月40時間を超える月数を4か月として協定した場合

　　× 特別条項の「臨時的に限度時間を超えて労働させることができる場合」(以下「特別条項の場合」)に該当しない理由で月40時間を超えて時間外労働を行わせたとき、または、年300時間を超えて時

間外労働を行わせたとき（労基法32違反）

　　×　年600時間を超えて時間外労働を行わせたとき（労基法32違反）

　　×　月45時間を超える時間外労働を年に 6 月を超えて行わせたとき（労基法32違反。協定を超えており、かつ、法定の制限回数を超えている）

　　×　時間外労働と法定休日労働とを合わせて 1 月に100時間以上行わせたとき（労基法36⑥違反）

　　×　限度時間を超えて労働させる場合における手続きを履行しないまま、月40時間を超えて時間外労働を行わせたとき、または、年300時間を超えて時間外労働を行わせたとき（労基法32違反）

　　×　月40時間を超え45時間未満の時間外労働を、年に 4 か月を超えて行わせたとき（労基法32違反。協定の内容を超えている）

　　△　時間外労働と法定休日労働を合計して 1 月に80時間を超えて100時間未満まで労働させたとき（協定の内容を超えていますが、違反となる条文が明確ではありません）

④　延長できる時間を限度時間と同じ月45時間、年360時間として協定し、特別条項を上限の通り、時間外労働と法定休日労働を合計して月99時間（＝100時間未満）、時間外労働は年720時間、時間外労働が月45時間を超える月数を 6 か月として協定した場合（なお、特別条項が上限を超える36協定は無効として受理されませんので、この時間数が最大となります）

　　×　特別条項の場合に該当しない理由で月45時間を超えて時間外労働を行わせたとき、または、年360時間を超えて時間外労働を行わせたとき（労基法32違反）

　　×　年720時間を超えて時間外労働を行わせたとき（労基法32違反。協定を超えており、かつ、法定の上限時間数を超えている）

　　×　月45時間を超える時間外労働を年に 6 か月を超えて行わせたとき（労基法32違反。協定を超えており、かつ、法定の制限回数を超え

ている）

× 時間外労働と法定休日労働とを合わせて１月に100時間以上行わ
せたとき（労基法36⑥違反。協定を超えており、かつ、法定の上限時
間数を超えている）

× 限度時間を超えて労働させる場合における手続きを履行しないま
ま、月45時間を超えて時間外労働を行わせたとき、または、年
360時間を超えて時間外労働を行わせたとき（労基法32違反）

△ 時間外労働と法定休日労働を合計して１月に99時間を超えて100
時間未満まで労働させたとき（協定の内容を超えていますが、違反
となる条文が明確ではありません）

⑤ 延長できる時間を限度時間と同じ月45時間、年360時間として協定し、
特別条項を上限の通り、時間外労働と法定休日労働を合計して月99時
間（＝100時間未満）、時間外労働は月70時間、年720時間、時間外労働が
月45時間を超える月数を６か月として協定した場合

× 上記④であげた例に加え、月70時間を超えて時間外労働を行わ
せたとき（労基法32違反）

上記⑤は、特別条項では１月の時間外労働と法定休日労働の合計の時間
数の上限を定めることとされているところ、その法定項目以外に、月の時
間外労働の上限を定めた場合の例です。

法定の協定すべき項目以外の項目を協定し、36協定の付款として届け
出ることはできますし、その内容が違法でない場合は、その付款が有効な
ものとなります。

したがって、⑤の例では特別条項として定めた１月70時間が時間外労
働の上限となりますので、休日労働との合計が法定の上限時間以内であっ
たとしても、この時間を超えて時間外労働を行わせた場合には、36協定
の免罰効果がなくなり、労働基準法第32条第１項の違反となってしまう
ものです。

　上記③と④の事例で△を付したものは、それぞれカッコ書きでも説明していますが、違反条文が明確でなく、労働基準法第32条の労働時間の違反となるのか、または同法第35条の法定休日労働の違反となるのか、あるいは該当する条文がないため違反とならないのかが判然としなくなっているものです。

　これは、今回の法改正において特別条項の上限として定められた100時間未満という時間数が、同法第32条で定められた法定労働時間を超える時間外労働時間数と、同法第35条で定められた法定休日における労働時間数とを合計した時間数であることによります。

　時間外労働と法定休日労働については、厚生労働省のパンフレットに次のように解説されています。

> ● 労働基準法においては、時間外労働と休日労働は別個のものとして取り扱います。
> 　✓　時間外労働…法定労働時間（1日8時間・1週40時間）を超えて労働した時間
> 　✓　休日労働　…法定休日（1週1日又は4週4日）に労働した時間
> 　今回の改正によって設けられた限度時間（月45時間・年360時間）はあくまで時間外労働の限度時間であり、休日労働の時間は含まれません。
> ● 一方で、今回の改正による、1か月の上限（100時間未満）、2〜6か月の上限（平均80時間以内）については、時間外労働と休日労働を合計した実際の労働時間に対する上限であり、休日労働も含めた管理をする必要があります。

出所：「時間外労働の上限規制　わかりやすい解説」（厚生労働省・都道府県労働局・労働基準監督署）

　③④の例は、36協定において、パンフレットの二つ目の●を踏まえて、1か月の上限時間としてここに記載された時間より短い時間数（例えば80時間など）を定めたものの、協定で定めた時間数を超えてしまった（例えば

80時間は超えたが100時間などの法定の上限は超えていない)場合にどうなるのかということです。

　パンフレットにも何も触れられておらず、明確な通達も示されていないため私見になりますが、この場合は36協定において、法定労働時間を超える時間外労働として労使で定めた上限を超えたものとして、労働時間に係る規制を規定した同法第32条違反が問われることになるのではないかと思います。

2.　労働基準法第36条第6項の規制を超えた場合

　これは36協定の有無やその内容の如何には関わりなく法違反となるものです。

　　×　時間外労働と法定休日労働とを合わせて、1か月に100時間以上
　　　　行わせたとき(これは上述1.の36協定の内容を超えた場合と重なり
　　　　ます)

　　×　時間外労働と法定休日労働とを合わせて、2〜6月平均で1か月
　　　　当たり80時間(＝連続した2か月で160時間、3か月で240時間、4
　　　　か月で320時間、5か月で400時間、6か月で480時間)を、いずれか
　　　　の期間で超えて行わせたとき

　なお、違反になる場合について、厚生労働省のパンフレットでは次のように示されています。

どのような場合に、法律に違反してしまうのでしょうか。

- P.3のとおり、労働基準法においては、時間外労働を行わせるためには、36協定の締結・届出が必要です。

- したがって、36協定を締結せずに時間外労働をさせた場合や、36協定で定めた時間を超えて時間外労働をさせた場合には、労働基準法第32条違反となります。（6箇月以下の懲役又は30万円以下の罰金）

- 今回の法改正では、この36協定で定める時間数について、上限が設けられました。また、36協定で定めた時間数にかかわらず、

  ✓時間外労働と休日労働の合計時間が月100時間以上となった場合
  ✓時間外労働と休日労働の合計時間について、2〜6か月の平均のいずれかが80時間を超えた場合

  には、労働基準法第36条第6項違反となります。（6箇月以下の懲役又は30万円以下の罰金）

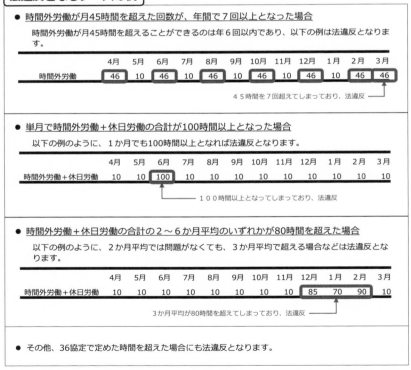

法違反となるケースの例

- **時間外労働が月45時間を超えた回数が、年間で7回以上となった場合**

  時間外労働が月45時間を超えることができるのは年6回以内であり、以下の例は法違反となります。

	4月	5月	6月	7月	8月	9月	10月	11月	12月	1月	2月	3月
時間外労働	46	10	46	10	46	10	46	10	46	10	46	46

  ４５時間を７回超えてしまっており、法違反

- **単月で時間外労働＋休日労働の合計が100時間以上となった場合**

  以下の例のように、1か月でも100時間以上となれば法違反となります。

	4月	5月	6月	7月	8月	9月	10月	11月	12月	1月	2月	3月
時間外労働＋休日労働	10	10	100	10	10	10	10	10	10	10	10	10

  １００時間以上となってしまっており、法違反

- **時間外労働＋休日労働の合計の2〜6か月平均のいずれかが80時間を超えた場合**

  以下の例のように、2か月平均では問題がなくても、3か月平均で超える場合などは法違反となります。

	4月	5月	6月	7月	8月	9月	10月	11月	12月	1月	2月	3月
時間外労働＋休日労働	10	10	10	10	10	10	10	10	85	70	90	10

  3か月平均が80時間を超えてしまっており、法違反

- その他、36協定で定めた時間を超えた場合にも法違反となります。

出所：「時間外労働の上限規制　わかりやすい解説」（厚生労働省・都道府県労働局・労働基準監督署）

　ここでパンフレットの内容について追加して説明します。

① 「法違反となるケースの例」として挙げられた3つの例のうち、最初の「時間外労働が月45時間を超えた回数が、年間で7回以上となった場合」では、7回目となる月（この例でいえば3月）に行われた時間外労働のうち、45時間を超えた46時間までの時間について、労働基準法第32条違反が指摘されるものです。

② 　3つの例のうち、最後の「時間外労働＋休日労働の合計の2～6か月平均のいずれかが80時間を超えた場合」は、12月から2月までの3か月間の平均が80時間を超えたということですが、当該3か月の合計は85＋70＋90の245時間と、3か月の平均が80時間となる240時間を5時間上回ってしまったものです。

　したがって、2月の90時間のうち、85時間を超えた5時間について、労働基準法第36条第6項違反が指摘されるものです。

　すなわち、この場合2月の時間外労働は、85時間までしか行うことができなかったということになります。

(2)　上限規制への対応

　(1)のような法違反となる事態を避けるためには、各人ごとに前月までの労働時間の状況を的確に把握したうえ、当月に行うことのできる時間外労働及び法定休日労働の時間数の上限をあらかじめ確認し、当月の実労働時間をその上限時間以内の時間に収めるよう、業務管理及び労働時間管理を確実に行うことが必要になります。

　労働時間管理の具体的な対応方法等について、厚生労働省のパンフレットでは次のように示されています。

上限規制への対応

今回の法改正では、これまでの限度基準告示による時間外労働の上限だけでなく、休日労働も含んだ1か月当たり及び複数月の平均時間数にも上限が設けられました。このため、企業においては、これまでとは異なる方法での労働時間管理が必要となります。

上限規制に適応した36協定を締結・届出を行った場合、次の段階として、36協定に定めた内容を遵守するよう、日々の労働時間を管理する必要があります。

ここでは、労働時間の管理において必要なポイントを整理します。

Check Point

☐ ①「1日」「1か月」「1年」のそれぞれの時間外労働が、36協定で定めた時間を超えないこと。

　✓ 36協定で定めた「1日」の時間外労働の限度を超えないよう日々注意してください。
　✓ また、日々および月々の時間外労働の累計時間を把握し、36協定で定めた「1か月」「1年」の時間外労働の限度を超えないよう注意してください。

☐ ②休日労働の回数・時間が、36協定で定めた回数・時間を超えないこと。

☐ ③特別条項の回数（＝時間外労働が限度時間を超える回数）が、36協定で定めた回数を超えないこと。

　✓ 月の時間外労働が限度時間を超えた回数（＝特別条項の回数）の年度の累計回数を把握し、36協定で定めた回数を超えないよう注意してください。

☐ ④月の時間外労働と休日労働の合計が、毎月100時間以上にならないこと。

☐ ⑤月の時間外労働と休日労働の合計について、どの2～6か月の平均をとっても、1月当たり80時間を超えないこと。

> ！ 例えば、時間外労働と休日労働を合計して80時間を超える月が全くないような事業場であれば、①～③のポイントだけ守ればよいことになります。

上限規制を遵守するためには、上記のチェックポイントを日々守っていただく必要があります。特に、④・⑤のポイントは、今回の法改正で初めて導入される規制となり、時間外労働と休日労働を合計するという新たな管理が必要となります。

次ページでは、①～⑤のポイントを全て守るための労働時間管理の方法を確認します。

出所：「時間外労働の上限規制　わかりやすい解説」（厚生労働省・都道府県労働局・労働基準監督署）

※以降の説明（P.16〜18）は、時間外労働・休日労働が月80時間を超える月があるケースについて解説しています。
月80時間を超えないような事業場においては、Step 4、Step 5の②の管理は不要です。

労働時間管理の実務イメージ

具体的な数字を用いて、今回の法改正に対応した労働時間管理の実務をみていきます。

Step 1　時間外労働、休日労働について、36協定を締結します。

◆まずは上限規制の内容に適合した36協定を締結します。以下では、36協定で次のような内容を締結したケースについて、具体的な実務内容を見ていきます。

36協定の対象期間	2021年4月1日〜2022年3月31日	特別条項	特別条項の有無（臨時的な特別の事情がある場合には、時間外労働が月45時間を超えることができる）	有り
時間外労働の原則となる上限	月45時間年360時間　…(A)		特別条項の回数	年6回　…(C)
法定休日労働の回数、始業・終業時刻	月3回8:30〜17:30　…(B)		特別条項における年間の時間外労働の上限	年680時間　…(D)
			1か月の時間外労働と休日労働の合計時間数の上限	85時間　…(E)

! 以下について、それぞれ、法律で定める上限の範囲内にしなければなりません。
(A)…月45時間以内、年360時間以内、　(C)…年6回以内
(D)…年720時間以内、　(E)…月100時間未満

Step 2　毎月の時間外労働、休日労働の時間数と、その合計を把握します。

◆各労働者ごとに、労働時間を把握し、1日8時間・1週40時間を超える時間外労働、休日労働の時間数と、その合計を把握します。

	2021/4	2021/5	2021/6	2021/7	2021/8	2021/9	‥
時間外労働	80	60	45	35	35	80	
休日労働		20	15	10			
合計	80.0	80.0	60.0	45.0	35.0	80.0	

(A)の時間（45時間）を超えることができるのは年6回まで
(B)の回数・時間を超えることはできない
(E)の時間（85時間）を超えることはできない

Step 3　年度（＝36協定の対象期間）における
✓ 時間外労働が月45時間を超えた回数（特別条項の回数）
✓ 時間外労働の累積時間数
を把握します。

◆Step 2で把握した時間外労働時間数をもとに、年度（＝36協定の対象期間）における、特別条項の回数と時間外労働の累積時間数を把握します。

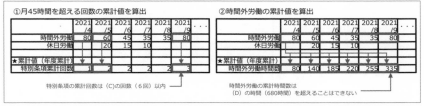

①月45時間を超える回数の累計値を算出

	2021/4	2021/5	2021/6	2021/7	2021/8	2021/9	‥
時間外労働	80	60	45	35	35	80	
休日労働		20	15	10			
★累計値（年度累計）							
特別条項累計回数	1	2	2	2	2	3	

特別条項の累計回数は(C)の回数（6回）以内

②時間外労働の累計値を算出

	2021/4	2021/5	2021/6	2021/7	2021/8	2021/9	‥
時間外労働	80	60	45	35	35	80	
休日労働		20	15	10			
★累計値（年度累計）							
時間外労働時間数	80	140	185	220	255	335	

時間外労働の累計時間数は(D)の時間（680時間）を超えることはできない

出所：「時間外労働の上限規制　わかりやすい解説」（厚生労働省・都道府県労働局・労働基準監督署）

Step 4 毎月の時間外労働と休日労働の合計時間数について、2〜6か月の平均時間数を把握します。

◆Step 2で把握した時間外労働と休日労働の合計時間数をもとに、2か月平均、3か月平均、4か月平均、5か月平均、6か月平均を算出します。

✓例えば、2021年9月については、前月までの実績をもとに以下のように2〜6か月平均を算出します。

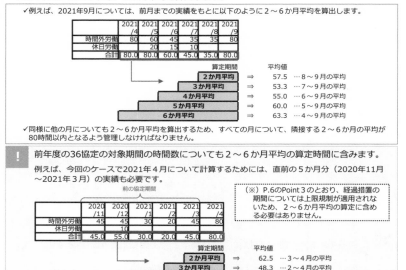

	2021/4	2021/5	2021/6	2021/7	2021/8	2021/9
時間外労働	80	60	45	35	35	80
休日労働		20	15	10		
合計	80.0	80.0	60.0	45.0	35.0	80.0

算定期間		平均値	
2か月平均	⇒	57.5	…8〜9月の平均
3か月平均	⇒	53.3	…7〜9月の平均
4か月平均	⇒	55.0	…6〜9月の平均
5か月平均	⇒	60.0	…5〜9月の平均
6か月平均	⇒	63.3	…4〜9月の平均

✓同様に他の月についても2〜6か月平均を算出するため、すべての月について、隣接する2〜6か月の平均が80時間以内となるよう管理しなければなりません。

！ 前年度の36協定の対象期間の時間数についても2〜6か月平均の算定時間に含みます。

例えば、今回のケースで2021年4月について計算するためには、直前の5か月分（2020年11月〜2021年3月）の実績も必要です。

（※）P.6のPoint 3のとおり、経過措置の期間については上限規制が適用されないため、2〜6か月平均の算定に含める必要はありません。

前の協定期間

	2020/11	2020/12	2021/1	2021/2	2021/3	2021/4
時間外労働	45	45	30	20	45	80
休日労働		10				
合計	45.0	55.0	30.0	20.0	45.0	80.0

算定期間		平均値	
2か月平均	⇒	62.5	…3〜4月の平均
3か月平均	⇒	48.3	…2〜4月の平均
4か月平均	⇒	43.8	…1〜4月の平均
5か月平均	⇒	46.0	…12〜4月の平均
6か月平均	⇒	45.8	…11〜4月の平均

Step 5 Step 1〜4で把握した前月までの実績をもとに、当月における時間外労働時間数と休日労働時間数の最大可能時間数を把握します。

◆Step 2〜3で把握した時間外労働、休日労働の時間数や合計数などをもとに、当月における、①時間外労働、②時間外労働＋休日労働の合計の最大限可能となる時間数を把握します。

①時間外労働の可能時間数
当月の時間外労働の可能時間数を、以下の手順で算出します。

当月の時間外労働の可能時間数

特別条項の残回数 ≧1回
（今回のケースでは、年6回ー前月までの回数）

年の時間外労働の上限時間数 － 時間外労働の累計時間数 ≧ 月の時間外労働の上限値 → 月の時間外労働の上限 …（ア）
（今回のケースでは680時間）（今回のケースでは85時間）（今回のケースでは85時間）

年の時間外労働の上限時間数 － 時間外労働の累計時間数 ＜ 月の時間外労働の上限値 → 年の時間外労働の残時間数 …（イ）
（今回のケースでは680時間）（今回のケースでは85時間）

特別条項の残回数 ＝0回
（今回のケースでは、年6回ー前月までの回数）

年の時間外労働の上限時間数 － 時間外労働の累計時間数 ≧ 月の時間外労働の原則上限値 → 月の時間外労働の原則となる上限 …（ウ）
（今回のケースでは680時間）（今回のケースでは45時間）（今回のケースでは45時間）

年の時間外労働の上限時間数 － 時間外労働の累計時間数 ＜ 月の時間外労働の原則上限値 → 年の時間外労働の残時間数 …（エ）
（今回のケースでは680時間）（今回のケースでは45時間）

出所：「時間外労働の上限規制　わかりやすい解説」（厚生労働省・都道府県労働局・労働基準監督署）

✓例えば、今回のケースにおいて、2021年10月、2022年2月について、①の数値は以下のとおり算出します。

	2021/4	2021/5	2021/6	2021/7	2021/8	2021/9	2021/10	2021/11	2021/12	2022/1	2022/2	2022/3
時間外労働	80	60	45	35	35	80	70	45	75	70	40	40
特別条項計回数	1	2	2	2	2	3	4	4	5	6	6	6
時間外労働累計	80	140	185	220	255	335	405	450	525	595	635	675

（2021年10月）
・9月までに特別条項を3回使っているので、10月初時点での特別条項の残回数は3回
・年の上限680時間 － 9月までの累計335時間 ＝ 345時間 となり、月の上限値85時間を上回っています。
したがって、パターン（ア）となり、10月の時間外労働の上限は85時間となります。

（2022年2月）
・1月までに特別条項を6回使っているため、2月初時点での特別条項の残回数は0回
・年の上限680時間 － 1月までの累計595時間 ＝ 85時間 となり、月の時間外労働の原則上限値45時間を上回っています。
したがって、パターン（ウ）となり、2月の時間外労働の上限は45時間となります。

②時間外労働＋休日労働の可能時間数

当月の時間外労働＋休日労働の可能時間数を以下の手順で算出します。

（ⅰ）前月～5か月前までの合計をもとに、月平均80時間以内となる当月の時間数を計算します。

Nか月平均が80時間以内となる
時間外労働＋休日労働 ＝ N×80 － 前（N－1）か月分の累計時間数
の当月時間数

※Nは2～6（か月）の5通りとなります。

（ⅱ）（ⅰ）で計算した数値の最小値と、月の時間外労働＋休日労働の上限（今回のケースでは（E）の85時間）のいずれか小さい数値が、当月の可能な時間外労働＋休日労働の時間数となります。

✓例えば、今回のケースにおいて、2021年10月について、②の数値は以下のとおり算出します。

（ⅰ）上記の式に従って、右表の数値を算出します。

	2021/4	2021/5	2021/6	2021/7	2021/8	2021/9
時間外労働＋休日労働の合計	80.0	80.0	60.0	45.0	35.0	80.0

2か月平均80時間以内となる時間	80.0
3か月　　〃	125.0
4か月　　〃	160.0
5か月　　〃	180.0
6か月　　〃	180.0

（ⅱ）右表の最小値（80時間）と上限値（今回のケースでは（E）の85時間）のうち小さい方の数値、つまり80時間となります。

◆上記①、②の範囲内に収まるように、日々の労働時間を管理します。

まとめ

①「1日」「1か月」「1年」のそれぞれの時間外労働が、36協定で定めた時間を超えないよう管理。

②休日労働の回数・時間が、36協定で定めた回数・時間を超えないよう管理。

③特別条項の回数が
✓ **残っていれば　　　　⇒　（①の）時間外労働の残時間数まで**
✓ **残っていなければ　⇒　原則の上限時間（＝限度時間）まで**
（※時間外労働の残時間が限度時間以下なら残時間数まで）
となるよう月の時間外労働を管理。

④毎月の時間外労働と休日労働の合計が、100時間以上にならないよう管理。

⑤月の時間外労働と休日労働の合計について、前2～5か月の合計と合算して、月数（2～6）×80時間を超えないよう管理。

出所：「時間外労働の上限規制　わかりやすい解説」（厚生労働省・都道府県労働局・労働基準監督署）

以下、上記のパンフレットの内容について追加して説明します。

①　Check Point の②「休日労働の回数・時間が、36協定で定めた回数・時間を超えないこと。」について

36協定で法定休日労働の時間数を協定することは義務づけられておらず、協定届の様式に所定の始業時刻及び終業時刻を記載する欄があるだけとなっています。

この始・終業時刻の記載については、特に制限は設けられていませんが、協定した時刻を超えて労働させた場合には、労働基準法第35条の違反となる可能性も指摘されています。

②　Check Point の③「特別条項の回数（＝時間外労働が限度時間を超える回数）が、36協定で定めた回数を超えないこと。」について

労働基準法第36条第5項で、36協定では月45時間の限度時間を超える月数（回数）を定めることとされていること、その月数は年に6月（6回）を超えないこととされています。

この場合、36協定で6月（回）を下回る回数を定めた場合であっても、その回数を超えたときには、労働基準法第36条の免罰効果はなくなり、労働基準法第32条違反となるものと考えられます。

③　Step1 の「時間外労働、休日労働について、36協定を締結します。」について

ここの数字は一つの例として挙げられた数値です。

そして、（A）と（C）は法律上の上限の数字となっています。

（B）の回数は5回を超えることはありません。

1週1日または4週4日の法定休日は、1月に最多でも5日しかあり得ず、これを超える日数（回数）である場合は、その36協定は受理されないものと考えられます。

④　**Step 2 の「毎月の時間外労働、休日労働の時間数と、その合計を把握します。」について**

　表の右側に「（B）の回数・時間数を超えることはできない」という注意書きがありますが、（B）とは Step 1 の法定休日労働の回数、始業・終業時刻の欄の右欄の数値のことです。

　①で述べたように、36協定では法定休日労働日の始業・終業時刻を定めることとされていますが、休憩時間の時間数は定めることとされていないため、これだけでは、当日の労働時間数は明確になりません。

　そもそも、法定休日の労働時間を定めることとはされていないものです。

　したがって、この「時間数を超えることはできない」という注意書きは、そもそも定められていない時間数を超えることはできないという、趣旨不明の内容となっています。

　ただし、36協定において、法定休日における労働時間数も定めた場合には、それを超えた労働時間について、労働基準法第35条違反とされる可能性はあるものと考えられます。

⑤　**Step 2 の表の右側、「（E）の時間（85時間）を超えることはできない」という注意書きについて**

　時間外労働と法定休日労働の合計時間数がこれを超えた場合、確かに特別条項の協定内容を超えてしまうことになります。

　しかしながらこの場合、それが労働基準法第32条（労働時間）の違反になるのか、第35条（休日労働）の違反になるのかは、不明となっています。

　ただし、36協定の特別条項において時間外労働時間数と法定休日労働時間数の合計時間数のほかに、時間外労働時間数と法定休日労働時間数とをそれぞれ定めた場合、定められた時間外労働時間数を超えた時間外労働時間については、労働基準法第32条の違反と、定められた法定休日労働時間数を超えた法定休日の労働時間については、労働基準法第35条の違反とされる可能性はあるものと考えられます。

⑥　**Step 4 の「毎月の時間外労働と休日労働の合計時間数について、2～6 か月の平均時間数を把握します。」に関して**

　その期間ごとの合計時間数について、あえて平均を算出することなく、その期間ごとの合計時間数を算出し（次の Step 5 で活用されます）、それが、平均時間が80時間になる合計時間数の範囲に収まっていればよいことになります。

　Step 4 の例であれば以下のとおりとなり、いずれも平均80時間の範囲内に収まっていることが分かります。

実時間数		当該期間平均で 80時間となる時間数
2 か月（8～9月）の合計115時間	＜	160時間
3 か月（7～9月）の合計160時間	＜	240時間
4 か月（6～9月）の合計220時間	＜	320時間
5 か月（5～9月）の合計300時間	＜	400時間
4 か月（4～9月）の合計380時間	＜	480時間

⑦　**Step 5「Step 1～4 で把握した前月までの実績をもとに、当月における時間外労働時間数と休日労働時間数の最大可能時間数を把握します。」に関して**

　「②時間外労働＋休日労働の可能時間数」の下の枠内「例えば、今回のケースにおいて、2021年10月について、②の数値は以下のとおり算出します。」の（ⅰ）の右表の数値は、以下のように算出されたものです。

80.0＝160時間（80×2）－80時間（9月の実績）
125.0＝240時間（80×3）－115時間（8＋9月の実績）
160.0＝320時間（80×4）－160時間（7＋8＋9月の実績）
180.0＝400時間（80×5）－220時間（6＋7＋8＋9月の実績）
180.0＝480時間（80×6）－300時間（5＋6＋7＋8＋9月の実績）

　このようにパンフレットの内容は分かりにくい点もありますが、基本的には最後の「まとめ」にあるような確認作業を全労働者について毎月行い、Step 5 の算出を用いて翌月に行わせることのできる（法違反とならない）時間外労働、法定休日労働の合計時間数を確認し、時間外労働と法定休日労働の合計時間数がその範囲内に収まるように管理することが義務づけられたものです。

◆ Q 2-26 　従来は 1 日と当月の時間外労働時間数が、36協定で定められた「延長することのできる時間」以内に収まるように、また、法定休日労働が36協定で定められた回数を超えることのないように管理していたが、今後はそれだけではいけないことになったということか。

〈　**A**　〉 従来もそのほかに、前月までの時間外労働の累計時間数を把握し、1 年間に延長することができる時間との差に収まるように当月の時間外労働を管理することや、特別条項の場合の限度時間を超える回数（改正後と同じ年 6 回以内）を遵守することなどが必要でした。

　改正後はそれらに加え、前月から 5 か月前までの各月の時間外労働時間数と法定休日労働時間数を把握し、当月を含めた 2 ～ 6 か月の平均で 1 か月当たり80時間に収まるように、当月の時間外労働時間数・法定休日労働時間数を管理することが必要となったものです。

◆ Q 2-27 　例えば翌月に業務の状況から長時間労働が予想される場合、翌月から遡った 6 か月で平均して 1 か月当たり80時間以内にしなければならないのであれば、当月の時間外労働・法定休日労働を意識的に抑えなければならない場合があるということか。

〈　**A**　〉 6 か月を平均して 1 か月当たり80時間に抑えるのではなく、

どの2～6か月の平均をとっても1か月当たり80時間以内にする必要があるものです。

　そのため、将来長時間労働が見込まれる月があらかじめ分かっている場合は、直前の月のみならず、その前の5か月の時間外労働、法定休日労働を調整管理していく作業が求められることになります。

Q 2-28　想定していない急な業務量の増加等があった場合は、さらに何らかの特例が認められるのか。認められない場合、平均して1月当たり80時間を超えてしまった場合はどうなるのか。

A　通常予見されない臨時的な業務量の増加に対応するために設けられた制度が特別条項であり、その制度の枠を超えた措置は認められていません。

　2～6月を平均して1月当たり80時間を超える時間外労働・休日労働が行われた月については、労働基準法第36条第6項違反として、6月以下の懲役または30万円以下の罰金が科されることがあり得ます。

Q 2-29　36協定の定めを超えてしまうので、残業してはいけないという業務命令を無視して労働者が勝手に残業した場合も違反となるのか。

A　残業の禁止を繰り返し周知する等、労働者に的確に指示を伝えた上で、かつ、残業を行わなくても業務処理が進むような体制にする等、残業を行う必要がないことが客観的に明確にされていない限り、残業をしてはいけないという指示のみでは36協定で定めた延長時間を超えたことに対する法違反の責任は免れません。

こんなことも
指示しない残業には残業手当はいらない？

　36協定が締結されていない事業場で、使用者が法定労働時間を超える時間外労働を明示的に禁止しており、使用者からの指示命令がないにもかかわらず自らの判断で時間外労働を行った労働者に時間外割増賃金の支払いが必要か。

　そのような時間外割増賃金を請求した事案についての裁判例がある。

　労働者は残業しないで仕事をこなすことは不可能であり、残業することを使用者は放置していたなどと主張したが、裁判所は要旨次のように判示した。

　労働時間とは、労働者が使用者の指揮命令下にある時間又は使用者の明示又は黙示の指示により業務に従事する時間であると解すべきものであり、使用者の明示の時間外禁止の業務命令に反して、労働者が時間外又は深夜にわたり業務を行ったとしても、これを賃金算定の対象となる労働時間と解することはできない。

　繰り返し36協定が締結されるまで残業を禁止する旨の業務命令を発し、残務がある場合には役職者に引き継ぐことを命じ、この命令を徹底していたものであるから、労働者が時間外又は深夜にわたり業務を行ったとしても、その時間外又は深夜にわたる残業時間を使用者の指揮命令下にある労働時間と評価することはできない。

（平17.3.30東京高裁判決　神代学園ミューズ音楽院事件）

この裁判では、

①　繰り返し業務命令を発して明確に時間外労働を禁止していたこと

②　時間外労働をしなければならない状況にある場合は、役職者（労働基準法第41条の労働時間規制対象外の者と考えられる）に引き継ぎ、業務は行わないことを明確に指示していたこと

により、時間外労働とは認められないとの結論になったものと考えられる。

　不必要な残業は行わないようにとの指示・命令がなされるケースがままみられるが、その指示・命令に反して行われた時間外労働の多くは、業務量等全体の状況から、使用者がその時間外労働を黙認（黙示の指示）していたと判断され、労働時間として認められることが一般的である。

　要は、業務量等から時間外労働を行わざるを得ない状況にあるときに、単に残業を禁止する旨の指示・命令を行うだけでは足りず、労働者が残業することなくその業務を消化できるような体制を整備し（裁判例であれば労働時間の規制の対象外である役職者等に業務処理を肩代わりさせるシステムの構築）、その旨を周知徹底しておかなければ、使用者からの時間外労働の命令（黙示の指示）による時間外労働であるとされてしまうということである。

（3）　面接指導

　長時間労働者に対する面接指導は、平成17年の労働安全衛生法の改正により同法第66条の8第1項に規定されました。

　面接指導を行う目的は、脳血管疾患及び虚血性心疾患等の発症が長時間労働との関連性が強いとする医学的知見を踏まえ、これらの疾病の発症を予防するためとされています。

　また、あわせて面接指導の際にはうつ病等のストレスが関係する精神疾患等の発症を予防するためにメンタルヘルス面にも配慮することとされており、それも目的の1つとされています（平18.2.24基発0224003）。

　平成17年改正の時点では以下の1.の❷❸に該当する者に対する面接指導の規定はありませんでした。

　そして、対象となる者の労働時間については、以下1.に示す労働安全衛生規則第52条の2の「休憩時間を除き1週間当たり40時間を超えて労働

させた場合におけるその超えた時間が1月当たり80時間を超え、かつ、疲労の蓄積が認められる者」という規定のうち、「80時間」とあるのは、「100時間」となっていましたが、今回の改正により、当該規則の100時間が80時間に短縮されました。

　また、面接指導は医師によるものとされ、産業医が選任されている事業場ではその産業医が、産業医を選任する義務のない事業場（常時50人未満の労働者を使用している事業場）では労働基準監督署の管轄ごとに地区の医師会が運営する地域産業保健センターの産業医の要件を備えた医師を活用することが望ましい、とされています。

1.　面接指導の対象者の種類

①　労働安全衛生法第66条の8第1項に基づく面接指導

　これは労働安全衛生法第66条の8第1項の、

　事業者は、その労働時間の状況その他の事項が労働者の健康の保持を考慮して厚生労働省令で定める要件に該当する労働者（次条第1項に規定する者及び第66条の8の4第1項に規定する者を除く。以下この条において同じ。）に対し、厚生労働省令で定めるところにより、医師による面接指導（問診その他の方法により心身の状況を把握し、これに応じて面接により必要な指導を行うことをいう。以下同じ。）を行わなければならない。

との規定に基づくものです。

　「厚生労働省令で定める要件」とは、労働安全衛生規則第52条の2に「休憩時間を除き1週間当たり40時間を超えて労働させた場合におけるその超えた時間が1月当たり80時間を超え、かつ、疲労の蓄積が認められる者」とされています。

　この規定の「1週間当たり40時間」というのは、一定期間における週の法定労働時間数を算出するために、一定期間を週数に換算するものです。

　具体的には「一定期間の暦日数÷７×40時間」の算式で算出される数字です。

　一定期間を１か月とした場合は、「１月の暦日数÷７×40時間」で算出されます。

　この式で計算すると、大の月は177.1時間、小の月は171.4時間、２月は160時間となり、これらは１週40時間という法定労働時間を月当たりの時間数に換算したものということができます。

　そして、「超えた時間」とは、

１か月の総労働時間数（労働時間数＋延長時間数＋休日労働時間数）
　－１か月の総暦日数÷７×40時間

で算出されるものとされています（平18.2.24基発0224003）。

　したがって、その「超えた時間」が80時間となる場合の１か月の総労働時間数は、大の月は257.1（177.1＋80）時間、小の月は251.4（171.4＋80）時間、２月は240（160＋80）時間となりますので、１か月の総労働時間数がこの時間数を超えた場合に、対象になることになります。

　そして、「疲労の蓄積が認められる者」とは、面接指導を受けることを申し出た者とされています。

　つまり、時間外労働、法定休日労働を含めた総労働時間が上記の時間を超えた労働者が面接を希望した場合には、面接指導を受けさせなければならないということになります。

　なお、当該条文には罰則はありませんので、違反しても刑事罰が科されることはありません。

　なお、この面接指導は、労働基準法第41条の２の高度プロフェッショナル制度の対象者及び以下の**②**に基づく者は対象外となります。

　ただし、**②**の業務に従事する者であっても、１か月に超える時間が100時間未満の者で、申出をした者は対象となります。

②　労働安全衛生法第66条の8の2第1項に基づく面接指導

これは、労働安全衛生法第66条の8の2第1項の、

　事業者は、その労働時間が労働者の健康の保持を考慮して厚生労働省令で定める時間を超える労働者（労働基準法第36条第11項に規定する業務に従事する者（同法第41条各号に掲げる者及び第66条の8の4第1項に規定する者を除く。）に限る。）に対し、厚生労働省令で定めるところにより、医師による面接指導を行わなければならない。

との規定に基づくものです。

　労働基準法第36条第11項に規定する業務とは、36協定の上限規制が適用されない、新技術・新商品等の研究開発業務のことです。

　また厚生労働省令で定める時間とは、①と同様の計算で、1か月当たり100時間とされています（安規52の7の2）。

　つまり、新技術・新商品等の研究開発業務に従事する者で、大の月は277.1（177.1＋100）時間、小の月は271.4（171.4＋100）時間、2月は260（160＋100）時間を超えたものに対して、申出の有無にかかわらず、医師による面接指導を受けさせなければならないということになります。

　この面接指導には、労働基準法第41条の2の高度プロフェッショナル制度の対象者及び管理監督者等労働基準法第41条に規定される者は含まれません。

　当該条文には50万円以下の罰金の罰則がありますので、違反した場合には、刑事罰が科される可能性があります。

　労働安全衛生法第66条の8の3に規定された労働時間の状況の把握は、上記①②の面接指導の対象者を的確に把握するために行うものとされています。

③　労働安全衛生法第66条の8の4第1項に基づく面接指導

　これは労働安全衛生法第66条の8の4第1項の

> 　事業者は、労働基準法第41条の2第1項の規定により労働する労働者で
> あって、その健康管理時間(同項第3号に規定する健康管理時間をいう。)が
> 当該労働者の健康の保持を考慮して厚生労働省令で定めるところにより、
> 医師による面接指導を行わなければならない。

との規定に基づくものです。

　面接指導の対象となる者は高度プロフェッショナル制度の対象者です。

　高度プロフェッショナル制度の対象者であって、健康管理時間(事業場
内にいた時間と事業場外で労働した時間との合計時間)が上記②と同様に100
時間を超えた者に対して、申出の有無にかかわらず、医師による面接指導
を受けさせなければならないということです。

　当該条文には50万円以下の罰金の罰則がありますので、違反した場合
には、刑事罰が科される可能性があります。

Q 2-30 労働時間の状況の把握は、面接指導の対象者を的確に把握する
ために行うとのことだが、面接指導が必要となるような長時間労働が想定
されない事業場では労働時間の状況の把握は行わなくともよいか。

　　A　　労働時間の状況の把握は、面接指導の対象者を的確に把握する
ことが目的とされていますが、面接指導の対象となるような長時間労働が、
将来にわたって全く行われないという保証もなく、逆に労働時間を把握して
いなければ、そのような長時間労働の有無も客観的には明らかになりません。

　労働時間の規定の適用外となる高度プロフェッショナル制度の対象者及
び農業、水産業、畜産業に従事する労働者を除いて、将来予想される労働
時間の多寡にかかわらず、日々の労働時間の状況を的確に把握することが
求められるものです。

労働基準法第36条で規定される時間外労働、休日労働の時間数と、面接指導の対象者として労働安全衛生規則第52条の 2 に規定される時間数とは、内容が異なる場合があるので留意してください。

①　労働基準法第36条で上限として規定される労働時間数は、同法第32条に規定される労働時間（ 1 週40時間（特例措置対象事業場は44時間。以下同じ）、 1 日 8 時間）を超える時間外労働時間数及び同法第35条に規定される法定休日（ 1 週 1 日または 4 週 4 日）に労働させる労働時間数を対象にしているものです。

　そしてその上限時間数は 1 か月に

（ 1 ）　限度時間として45時間（法定休日労働は含まない）

（ 2 ）　特別条項では100時間未満（法定休日労働を含む）

とされています。

②　面接指導の対象となる労働安全衛生規則第52条の 2 に規定される労働時間数は、 1 週間当たり40時間（②については特例措置対象事業場でも40時間。以下同じ）を超えて労働させた場合におけるその超えた時間が 1 月当たり80時間とされています。

 1 週間について①は、「 1 週間について40時間を超えて」となっているのに対し、②は「 1 週間当たり40時間を超えて」、「その超えた時間が 1 か月当たり80時間」となっています。

 1 か月でみた場合、①の上限時間数は前述のとおりですが、②の80時間は、40時間（週の法定労働時間数）÷ 7 （週の暦日数）×月の暦日数の算式（月当たりの法定労働時間を算出するもの。）で算出された時間数を超える時間数が80時間となった場合を指しています。

　要するに①の上限時間数は 1 か月における 1 週40時間、 1 日 8 時間を超えた時間数の合計（特別規制の場合は法定休日労働時間数も加えた時間数）が対

象になるのに対し、②は週40時間の法定労働時間数を月に換算した時間数（大の月177.1時間、小の月171.4時間、２月160時間）を超える時間数（法定休日労働時間数も含む）、すなわち月の総労働時間数が対象になるものです。

たとえば所定労働時間１日８時間、所定労働日数22日、所定休日８日、所定労働時間176時間の小の月を基本に考えます（**【図１】**）。

【図１】

- 月の暦日数30日、所定労働日22日、所定休日８日

36協定は、１日の延長時間15時間、特別条項として１月の時間外労働・休日労働時間数の合計99時間（いずれも適法）で協定しているとします。

分かりやすく考えるために極端な例を挙げます。

■事例１

この月に８日の所定休日はすべて休んだが、22日の所定労働日のうち10日間に毎日10時間ずつ時間外労働を行ったとします（**【図２】**）。

【図２】

- 月の歴日数30日、所定労働日22日、所定休日８日
- 10日間にわたり１日10時間時間外労働
- 総実労働時間数276時間

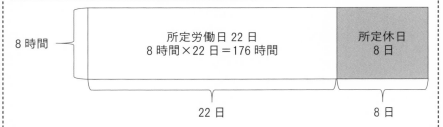

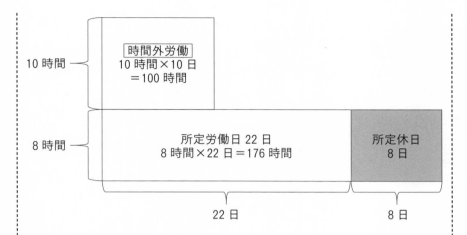

この場合、36協定の対象となる時間外労働は100時間、総実労働時間は276時間となります。

（１） 36協定の延長時間99時間を超えているため、労働基準法第32条違反となります。

（２） 時間外労働、法定休日労働を合せて100時間未満とされているところ100時間となっているため、労働基準法第36条第6項違反となります。

（３） 総実労働時間276時間－当月の法定労働時間171.4時間＝104.6時間となり、80時間を超えているため、労働安全衛生法第66条の8の面接指導を行わなければなりません。

■**事例2**

この月に8日の所定休日はすべて休んだが、22日の所定労働日のうち10日間に毎日10時間ずつ時間外労働を行ったとします。

そして、時間外労働を行った日以外の12日の所定労働日を休暇、欠勤その他自分の都合で全て休んだとします（【**図3**】）。

【図3】

- 月の歴日数30日、所定労働日22日、所定休日 8 日
- 10日間にわたり 1 日10時間外労働
- 12日間の休暇、欠勤
- 総実労働時間数180時間

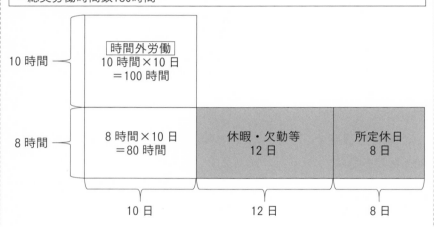

つまり、所定休日 8 日、自己都合による欠勤・休暇、年次有給休暇等12日、出勤日10日、出勤日全てに10時間の時間外労働を行ったということになります。

この場合、36協定の対象となる時間外労働は100時間、総実労働時間は180時間となります。

（1）　36協定の延長時間99時間を超えているため、労働基準法第32条違反となります。

（2）　時間外労働、法定休日労働を合せて100時間未満とされているところ100時間となっているため、労働基準法第36条第 6 項違反となります。

（3）　総実労働時間180時間―当月の法定労働時間171. 4時間＝8. 6　時間となり、80時間を超えていないため、労働安全衛生法第66条の 8 の面接指導を行う必要はありません。

＊　　＊　　＊

　このように、**事例１**、**事例２**ともに36協定の対象となる時間外労働時間数の取扱いは同じでも、総実労働時間数が異なるため、面接指導の必要性については取扱いが異なることになるものです。

　同じ、「１週間で40時間」という時間数が基礎になっていますが、時間外労働の規制と面接指導の対象とでは、計算の仕方が異なることに留意してください。

　なお、36協定の対象となる時間外労働時間数も実労働時間数で算定することが原則です。

　たとえば、所定始業時刻８時、所定終業時刻17時、休憩１時間の所定労働時間８時間（法定労働時間と同じ時間）の日に、午前中に４時間遅刻し、所定終業時刻の17時を過ぎて22時まで５時間残業した場合について考えます。

　当日の労働時間数は８時間（所定労働時間）－４時間（遅刻時間）＋５時間（所定終業後の残業時間）の合計９時間となり、そこから法定労働時間の８時間を引いた１時間が時間外労働時間数となります。

　すなわち、所定終業時刻を過ぎて５時間の残業を行ったとしても、法律上の時間外労働は１時間になるということです。

　１週の法定労働時間を超える「週の時間外労働時間数」についても、同様に欠勤日や年次有給休暇の日は除いて算定されます。

2.　面接指導の具体的内容

　事業者が行う面接指導の具体的な内容は以下のとおりです（安衛法66の8）。

① 　面接指導の要件となる労働時間の算定について、毎月１回以上一定の期日を定めて行う

② 　要件に該当する労働者から面接指導の申出があった場合、遅滞なく面接指導を行う

③　面接指導を行う医師は、当該労働者に勤務の状況、疲労の蓄積の状況、心身の状況を確認する

④　面接指導の結果を記録して5年間保存する

⑤　面接指導結果に基づいて医師（面接指導を実施した医師が適当）から意見を聴く

⑥　医師の意見を勘案し、必要と認めるときは、当該労働者の実情を考慮して、作業場所の変更、作業の転換（労働基準法第36条第11項に規定する新技術・新商品等の研究開発業務に従事する者に対する面接指導の場合は、職務内容の変更、有給休暇の付与と読み替えます）、労働時間の短縮、深夜業の回数の減少等の措置を講ずる

Q 2-31 申出があってからどの程度のうちに面接指導を受けさせなければならないか。

A 概ね1か月以内に受けさせることとされています。

Q 2-32 産業医等、会社が指定した医師の面接を労働者が嫌がる場合はどうすればいいか。

A 労働者が他の医師の面接指導を受け、その結果を事業者に提出することでも可とされています。

Q 2-33 面接指導の費用は誰が負担するのか。

A 法で実施の義務を課している以上、当然、事業者が負担すべきものとされています（平18.2.24基発0224003）。

また、新技術・新商品等の研究開発業務に従事する者及び高度プロフェッ

ショナル制度の対象者の面接指導は、所定労働時間内に行われる必要があるとされています（平31.3.29基発0329第2）。

Q 2-34　面接指導に要した時間について、賃金の支払いが必要になるのか。

A　当然には事業者の負担すべきものではなく、労使協議して定めるものですが、労働者の健康の確保は、事業の円滑な運営の不可欠な条件であることを考えると、賃金を支払うことが望ましいとされています（平18.2.24基発0224003）。

ただし、新技術・新商品等の研究開発業務に従事する者及び高度プロフェッショナル制度の対象者については、面接指導の実施に要する時間は労働時間と解されるので、面接指導が時間外に行われた場合には、当然、割増賃金を支払う必要があるとされています（平31.3.29基発0329第2）。

Q 2-35　派遣労働者については、派遣元、派遣先のどちらに面接指導の義務があるのか。

A　派遣元事業主に実施義務が課せられます。

なお、派遣先は労働時間を派遣元に通知することとなっており、派遣元・先の連携が不可欠とされています（平18.2.24基発0224003）。

Q 2-36　毎月連続して長時間労働になった場合、毎月面接指導を行わなければならないのか。

A　前の月にも面接指導を行った者等について、医師が必要ないと認めた場合には、当月のものは省略することができます（平18.2.24基発0224003）。

3.　面接指導の対象となる者以外の労働者に対する対応

　面接指導の対象となる労働者以外の労働者であって、健康への配慮が必要なものについては、必要な措置を講ずるように努めることとされています。

　たとえば80時間に至らなくても、面接指導の申出を行う者等に対しては、面接指導に準ずる措置を講ずるよう努めるというものです。

（4）　労働者への労働時間に関する情報の通知

　改正により、面接指導を的確に実施するため、事業者には、労働者に対して労働時間に関する情報の通知を行うことが義務づけられました（安規52の2③）。

　面接指導を的確に実施するためには、その対象となる者を把握することが必要ですが、併せて、当該労働者に労働時間の状況を認識させ、必要に応じて確実に面接の申出を行わせることも重要となります。

　そのため、通達では以下のように示されています。

　事業者は、(1)の超えた時間の算定を行ったときは、当該超えた時間が1月当たり80時間を超えた労働者に対し、速やかに、当該労働者に係る当該超えた時間に関する情報を通知しなければならないものとしたものであること。

　なお、当該通知については、研究開発業務に従事する労働者であって当該超えた時間が1月当たり100時間を超えた労働者及び新安衛法第66条の8の4第1項に規定する者を除き、新労基法第41条に規定する者及びみなし労働時間制が適用される労働者を含め、全ての労働者に適用されるものであること。

（平30.9.7基発0907第2）

　上記の「(1)の超えた時間の算定」とは、1週間当たり40時間を超えて労働させた時間のことで、その時間が面接指導の対象となる1か月当たり80時間を超えた労働者に対してその情報を通知するということを示して

いるものです。

　つまり、研究開発業務に従事する者で100時間を超えた者、高度プロフェッショナル制度の適用者で100時間を超えた者（これらはいずれも申出なしに面接指導が義務づけられている者です）を除き、管理監督者等労働時間の適用が除外されている労働基準法第41条に規定される者や裁量労働制、事業場外労働などのみなし労働時間制の適用者も含めて、通知が義務づけられています。

Q 2-37　労働者に通知する労働時間に関する情報とはどのようなものか。

　A　通達では、

> 　労働時間に関する情報」とは、時間外・休日労働時間数を指すものであり、通知対象は、当該超えた時間が1月当たり80時間を超えた労働者である。
> 　当該通知は、疲労の蓄積が認められる労働者の面接指導の申出を促すものであり、労働時間に関する情報のほか、面接指導の実施方法・時期等の案内を併せて行うことが望ましい。
> 　また、新労基法第36条第11項に規定する業務に従事する労働者（以下「研究開発業務従事者」という。）については、時間外・休日労働時間が1月当たり100時間を超えたものに対して、申出なしに面接指導を行わなければならないため、事業者は、当該面接指導の対象となる労働者に対して、労働時間に関する情報を、面接指導の案内と併せて通知する必要がある。
>
> （平31.3.29基発0329第2）

とされています。

　時間外労働時間数と法定休日労働時間数の実績を労働者に通知する主な目的は、疲労の蓄積が認められる労働者の面接指導の申出を促すというものです。

　研究開発業務に従事する労働者や高度プロフェッショナル制度が適用さ

れる労働者以外の労働者に対する面接指導は、申出があることが前提となりますので、申出を失念することがないように通知するということです。

Q 2-38 労働者への労働時間に関する情報の通知は、どのような方法で行えばよいか。

A 通達では、

事業者は、新安衛則第52条の2第2項の規定により、1月当たりの時間外・休日労働時間の算定を毎月1回以上、一定の期日を定めて行う必要があり、当該時間が1月当たり80時間を超えた労働者に対して、当該超えた時間を書面や電子メール等により通知する方法が適当である。

なお、給与明細に時間外・休日労働時間数が記載されている場合には、これをもって労働時間に関する情報の通知としても差し支えない。

（平31.3.29基発0329第2）

とされています。

面接指導は月80時間を超える時間外労働・法定休日労働を行った者が対象になりますので、その算定の時期は必然的に毎月の労働時間の集計時期となるものと考えられます。

なお、「新安衛則第52条の2第2項」は、時間の算定は毎月1回以上、一定の期日を定めて行うことと規定しているものです。

Q 2-39 労働者に対する労働時間に関する情報の通知はどのような時期に行えばよいか。

A 通達では、

> 　事業者は、新安衛則第52条の2第3項の規定により、時間外・休日労働時間が1月当たり80時間を超えた労働者に対して、当該超えた時間の算定後、速やかに（おおむね2週間以内をいう。）通知する必要がある。
>
> （平31.3.29基発0329第2）

とされています。

　時間外労働時間数と法定休日労働時間数の算定を行った結果、その時間数が1か月当たり80時間を超えている労働者に対して、算定からおおむね2週間以内に通知することとされているものです。

（5）　近年の長時間労働対策

　脳・心臓疾患などによる過労死や精神障害の原因となる長時間労働の抑制は社会的に大きな課題となっており、今回の労働基準法の改正も働き方改革の名のもとに、長時間労働を削減し、健康を確保することを目的とした内容が多くなっています。

　厚生労働省でも厚生労働大臣を本部長とする長時間労働削減推進本部を設置するなどして、長時間労働の削減に取り組んできましたが、平成26年11月には「過労死等防止対策推進法」が施行されたこともあり、近年は過労死に繋がりかねない長時間労働の削減が行政の取り組むべき大きな課題となっています。

　最近の厚生労働省の取組み内容は、以下の資料のようになっています。

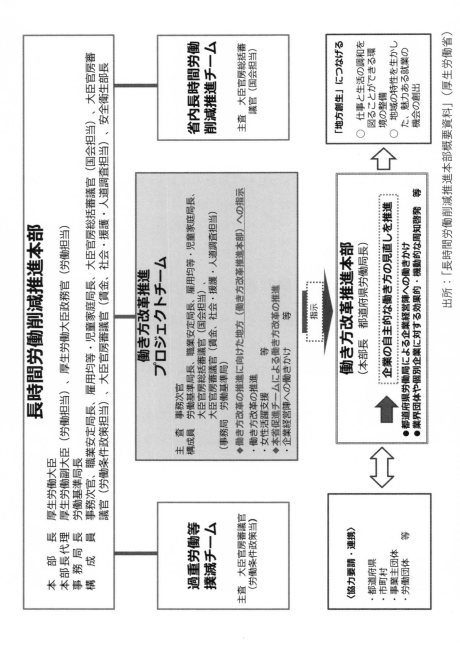

長時間労働削減推進本部

本 部 長　厚生労働大臣
本部長代理　厚生労働副大臣（労働担当）、厚生労働大臣政務官（労働担当）
事 務 局 長　労働基準局長
構 成 員　事務次官、職業安定局長、雇用均等・児童家庭局長、大臣官房総括審議官（国会担当）、大臣官房
　　　　　　審議官（労働条件政策担当）、大臣官房審議官（賃金・社会・援護・人道調査担当）、安全衛生部長

省内長時間労働削減推進チーム
主査　大臣官房総括審
　　　議官（国会担当）

過重労働等撲滅チーム
主査　大臣官房審議官
　　　（労働条件政策担当）

働き方改革推進プロジェクトチーム
主査　事務次官
構成員　労働基準局長、職業安定局長、雇用均等・児童家庭局長、
　　　　大臣官房総括審議官（国会担当）、
　　　　大臣官房審議官（賃金・社会・援護・人道調査担当）
　　　（事務局　労働基準局）
◆働き方改革の推進に向けた地方（働き方改革推進本部）への指示
　・働き方改革の推進
　・女性活躍支援
　・本省促進チームによる働き方改革の推進　　等
◆企業経営陣への働きかけ

指示

働き方改革推進本部
（本部長　都道府県労働局長）

　企業の自主的な働き方の見直しを推進

●都道府県労働局による企業経営陣への働きかけ
●業界団体や個別企業に対する効果的・機動的な周知啓発　等

「地方創生」につなげる
○仕事と生活の調和を
　図ることができる環
　境の整備
○地域の特性を生かし
　た、魅力ある就業の
　機会の創出

〈協力要請・連携〉
・都道府県
・市町村
・事業主団体
・労働団体　　等

出所：「長時間労働削減推進本部概要資料」（厚生労働省）

平成２７年１月からの取組について（働き方改革・休暇取得促進チーム）

都道府県労働局に、労働局長を本部長とする「働き方改革推進本部」を設置（平成27年1月設置）

企業経営陣への働きかけ・支援、地域における働き方改革の気運の醸成

○ 地域の経済団体・労働団体のトップ等に対し、働き方改革に対する協力を要請

○ 労働局長や労働基準部長が、地域のリーディングカンパニーを訪問

　　企業トップに対して、働き方改革に向けた取組を働きかけ

　　働き方・休みカコンサルタントによる企業に対する助言等の支援

○ 企業における先進的な取組事例の収集、周知

　　先進的な取組事例等について、本省ポータルサイトを活用して情報発信（平成27年1月本省に開設）

○ 事業主団体主催の会合等あらゆる機会を通じた気運の醸成

◆ 企業の自主的な働き方の見直しを推進

◆ 地域における働き方改革の気運の醸成

出所：「長時間労働削減推進本部概要資料」（厚生労働省）

参考資料1

長時間労働削減対策の取組状況（監督指導等による労働条件の確保）

1. 長時間労働が行われている事業場に対する監督指導の徹底

○【平成27年1月～平成28年3月】月100時間超の残業が行われているすべての事業場に対する監督指導

実施事業場 （平成27年4月～平成28年3月）	労働基準関係法令違反 が認められた事業場	（主な違反状況）	
		違法な時間外労働	賃金不払残業
10,185事業場	7,798事業場 (76.6%)	5,775事業場 (56.7%) (※)	988事業場 (9.7%)

※ 時間外・休日労働協定（36協定）なく時間外労働を行っているもの、36協定で定める限度時間を超えて時間外労働を行っているものなど。

○【平成28年4月～】月残業100時間超が80時間超へ監督対象を拡大
　年間約2万事業場が対象 ⇒ 過労死認定基準を超えるような残業が行われている事業場に重点的に対応

2. 過重労働解消キャンペーンの重点監督

○【平成27年11月】「過重労働解消キャンペーン」期間中に、集中的に重点監督を実施
　5,031事業場に対し重点監督を実施し、3,718事業場 (73.9%) に是正を指導

3. 監督指導・捜査体制の強化

○【平成27年4月～】過重労働事案に対する特別チーム「過重労働撲滅特別対策班」（かとく）の新設
　→ 東京労働局・大阪労働局に設置（これまで、全国展開する5企業について書類送検を実施）
　　（東京かとく：小売業（27年7月、28年1月）、大阪かとく：飲食業（27年8月、28年9月）、小売業（平成28年10月）

○【平成28年4月～】本省に「過重労働撲滅特別対策班」を新設。47都道府県において、「過重労働特別監理官」を新たに任命
　→ 本省に対策班を設けて広域捜査の指導調整、労働局において長時間労働に関する監督指導を専門とする担当官を任命

4. 企業名公表制度の創設

○【平成27年5月～】社会的に影響力の大きい企業が、違法な長時間労働を複数の事業場で行っている場合に企業名を公表
　公表対象：小売店等の大型小売業（本社：千葉）（平成28年5月）

5. 情報の提供・収集体制の強化

○【平成26年9月～】平日夜間・土日に、労働条件に関する電話相談窓口「労働条件相談ほっとライン」を設置
　【平成27年4月～平成28年3月　相談：29,124件】　　　　　　　　【平成28年4月～9月　相談：15,149件】

○【平成27年7月～】インターネットによる「労働条件に係る違法の疑いのある事業場情報」監視を実施
　→ インターネット上の求人情報等を監視・収集し、労働基準監督署による監督指導に活用
　【平成27年7月～平成28年3月　通報：407件うち145件に監督指導】　　通報：345件うち52件に監督指導（平成28年9月末現在）

6. 取引の在り方や業界慣行に踏み込んだ取組等

○【平成28年6月～】中小企業庁・公正取引委員会への通報制度の拡充
　→ 長時間労働の背景として親事業者の下請法等の違反行為が疑われる場合に、中小企業庁・公正取引委員会に通報

出所：「第4回　長時間労働削減推進本部　参考資料1」（厚生労働省）

　ここに企業名公表制度の創設という項目がありますが、従来、企業名は送検手続を行った場合に限って公表されていました。

　過去にも新聞等で特定の企業について、監督署から是正勧告を受けた旨の記事が散見されていましたが、これは監督署や労働局などの行政機関が公表したものではなく、監督署に申告や告訴などを行った労働者側の関係者が公表したものが、新聞記事等になっていたものです。

　それが、この公表制度の基準が作成された平成27年の通達により、送検手続をとらない事業場であっても、当該基準に該当するものは、企業名を都道府県労働局長が公表することとなりました。

　当該通達はその後平成29年1月に一部改正されました（平29.1.20基発0120第1）。

　それによると、公表の対象となる企業は以下のようなものとなります。

①　複数の事業場を有する社会的に影響力の大きい企業（中小企業に該当しない企業）であって、概ね1年程度の期間に2か所以上の事業場で、下記アまたはイのいずれかに該当する実態が認められ（本社で2回認められる場合も含みます）そのうち下記イの実態が1か所以上で認められる企業。

　　ア　監督指導において、1事業場で10人以上または当該事業場の4分の1以上の労働者について、1か月当たり100時間を超える時間外・休日労働が認められ、かつ、労働時間関係違反として是正監督を受けていること。

　　イ　監督指導において、過労死に係る労災支給決定事案の被災労働者について、1か月当たり80時間を超える時間外・休日労働が認められ、かつ、労働時間関係違反の是正勧告を受けていること。

②　複数の事業場を有する社会的に影響力の大きい企業（中小企業に該当しない企業）であって、概ね1年程度の期間に2か所以上の事業場で、下記アからしウまでのいずれかに該当する実態が認められ（本社で2

回認められる場合も含みます)、その後本社管轄の労働基準監督署長による指導を受け、さらに指導後の本社及び支社等に対する監督指導において、アまたはイの実態(イについては当初の監督指導において是正勧告を受けている場合に限ります)が認められる企業。

ア　監督指導において、1事業場で10人以上または当該事業場の4分の1以上の労働者について、1か月当たり80時間を超える時間外・休日労働が認められ、かつ、労働基準法第32・40条(労働時間)、第35条(法定休日労働)、第37条(割増賃金)の違反(以下「労働時間関係違反」)であるとして是正勧告を受けていること。

イ　監督指導において、過労死に係る労災保険給付の支給決定事案の被災労働者について、1か月当たり80時間を超える時間外・休日労働が認められ、かつ、労働時間関係違反の是正勧告または労働時間に関する指導を受けていること。

ウ　上記アまたはイと同程度に重大・悪質である労働時間関係違反等が認められること。

　これらに該当する企業に対しては、本社を管轄する都道府県労働局へ呼び出したうえで、労働局長から早期に法違反の是正に向けた全社的な取組みを実施することを求める指導書を交付することとし、その際に「企業名」、「労働時間関係違反の実態」、「指導票を交付したこと」、「当該企業の早期是正に向けた取組方針」を外部に公表することとしているものです。

こんなことも
送検した事案が公判になった！

- -

　女性の時間外労働時間数の制限規定や休日労働、深夜労働の禁止規定が昭和60年に廃止されるまで、労働時間については、女性労働者についてのこれ

らの規制を的確に守らせるということが監督行政の主眼だった。

127頁「こんなことも」に挙げた事件以外にも、女性労働者に対して工場で時間外労働や深夜労働を繰り返し行わせていた企業を送検したことがある。

当時も今も監督署が送検した事件は検察庁で略式起訴となるものがほとんどであるが（最近の電通事件のように、裁判所が公判を決定することもある）、公判となった事例もある。

＊　　＊　　＊

その事件は、多数の女性労働者に対して長時間にわたる時間外労働、深夜労働を繰り返し行わせていたというもので、その事実は証拠から動かしようがないと思われた。

被告席の取締役及び工場長は、さすがに緊張した面持ちで、直立不動の姿勢でカチカチになっていたが、検察官が読み上げた起訴状について確認されたところ、全て間違いないとうなだれた。

弁護士は企業の置かれた厳しい立場を主張して、情状面で刑の軽減を求めた。

筆者も捜査を行って送検した先輩監督官と一緒に公判を傍聴したが、先輩監督官も自分が送検した事件が公判になるのは初めてで、同じく緊張して聞き入っていた。

送検した事件が裁判でどのように処理されるのか、事細かに記録しておこうと先輩監督官が思うのも無理からぬところで、手帳にペンを走らせかけたところで、裁判所の書記官補が壇上から降りてきて傍聴席に飛び込んできた。

先輩監督官のところに近寄ると、手帳への記録をやめるように厳しく注意したのだ。

ただでさえ緊張しきっていた先輩監督官はその一言で慌てて手帳とペンをカバンに放り込むと、その後は凍り付いたように固まってしまっていた。

現在は傍聴者が手書きで記録することは禁止されていないが、当時は傍聴者が何らかの記録をとることが禁止されていたのだ。

　ちなみに、その公判は特に争点もないので早々に終結し、その後懲役 4 か月、執行猶予 3 年という判決が下され、確定したのであった。

第 **3** 章

年次有給休暇

年次有給休暇制度の
基本的なルール

　年次有給休暇については、労働者からすれば同僚への気兼ねや請求することへのためらい等があり、取得率が低調な状況にあります。

　また、事業主にとっては負担の大きい制度（働いていないのに賃金は支払う）であることも影響してか、制度への理解も十分ではない状況にあります。

　年次有給休暇（以下、「年休」）の基本について厚生労働省のパンフレットに以下のようにまとめられていますが、実務上はいろいろな疑問点が出てきます。

　年休は、①労働契上労働すべき日に労働しないで休む、②所定の賃金を支払う、という2つの事項が満たされたときに、初めて取得したことになるものです。

　したがって、当日に休ませないあるいは休ませても賃金を支払わない場合には、年休を取得させたことにはなりません。

　また、年休は請求によって発生するものではなく、「請求」というのは時季の指定の意味になります（ただし、半日年休や時間単位年休については、それらの年休を請求したという意味になります）。

Ⅰ　法令解説編

1．年次有給休暇の付与や取得に関する基本的なルール

Point 1　年次有給休暇の発生要件と付与日数

労働基準法において、労働者は、

1．雇入れの日から６か月継続して雇われている

2．全労働日の８割以上を出勤している

▶ この２点を満たしていれば年次有給休暇を取得することができます。

①原則となる付与日数

● 使用者は、労働者が雇入れの日から**6か月間継続勤務**し、その6か月間の全労働日の**8割以上を出勤**した場合には、原則として**10日**の年次有給休暇を与えなければなりません。

（※）対象労働者には**管理監督者**や**有期雇用労働者**も含まれます。

継続勤務年数	6か月	1年6か月	2年6か月	3年6か月	4年6か月	5年6か月	6年6か月以上
付与日数	10日	11日	12日	14日	16日	18日	20日

②パートタイム労働者など、所定労働日数が少ない労働者に対する付与日数

● パートタイム労働者など、所定労働日数が少ない労働者については、年次有給休暇の日数は**所定労働日数に応じて比例付与**されます。

● 比例付与の対象となるのは、所定労働時間が**週30時間未満**で、かつ、週所定労働日数が**4日以下**または年間の所定労働日数が**216日以下**の労働者です。

週所定労働日数	1年間の所定労働日数		継続勤務年数						
			6か月	1年6か月	2年6か月	3年6か月	4年6か月	5年6か月	6年6か月以上
4日	169日〜216日	付与日数	7日	8日	9日	10日	12日	13日	15日
3日	121日〜168日		5日	6日	6日	8日	9日	10日	11日
2日	73日〜120日		3日	4日	4日	5日	6日	6日	7日
1日	48日〜72日		1日	2日	2日	2日	3日	3日	3日

（※）表中太枠で囲った部分に該当する労働者は、2019年4月から義務付けられる「年5日の年次有給休暇の確実な取得」（P5〜P10参照）の対象となります。

出所：「年5日の年次有給休暇の確実な取得　わかりやすい解説　2019年4月施行」（厚生労働省・都道府県労働局・労働基準監督署）

年次有給休暇の付与に関するルール

遵守すべき事項	内容
①年次有給休暇を与える タイミング	年次有給休暇は、**労働者が請求する時季に与えること**とされていますので、労働者が具体的な月日を指定した場合には、以下の「時季変更権（※）」による場合を除き、その日に年次有給休暇を与える必要があります。 （※）時季変更権 　使用者は、労働者から年次有給休暇を請求された時季に、年次有給休暇を与えることが**事業の正常な運営を妨げる場合（同一期間に多数の労働者が休暇を希望したため、その全員に休暇を付与し難い場合等）**には、他の時季に年次有給休暇の時季を変更することができます。
②年次有給休暇の繰越し	年次有給休暇の請求権の時効は**2年**であり、前年度に取得されなかった年次有給休暇は翌年度に与える必要があります。
③不利益取扱いの禁止	使用者は、年次有給休暇を取得した労働者に対して、**賃金の減額その他不利益な取扱いをしないようにしなければなりません。** （具体的には、精皆勤手当や賞与の額の算定などに際して、年次有給休暇を取得した日を欠勤または欠勤に準じて取扱うなど、不利益な取扱いをしないようにしなければなりません。）

その他の年休等

種類	内容	労使協定の締結
計画年休	計画的に取得日を定めて年次有給休暇を与えることが可能です。ただし、労働者が自ら請求・取得できる年次有給休暇を最低5日残す必要があります。	必要
半日単位年休	年次有給休暇は1日単位で取得することが原則ですが、労働者が半日単位での取得を希望して時季を指定し、使用者が同意した場合であれば、1日単位取得の阻害とならない範囲で、半日単位で年次有給休暇を与えることが可能です。	-
時間単位年休	年次有給休暇は1日単位で取得することが原則ですが、労働者が時間単位での取得を請求した場合には、年に5日を限度として、時間単位で年次有給休暇を与えることが可能です。	必要
特別休暇	年次有給休暇に加え、休暇の目的や取得形態を任意で設定できる会社独自の特別な休暇制度を設けることも可能です。	-

（※）時間単位年休及び特別休暇は、2019年4月から義務付けられる「年5日の年次有給休暇の確実な取得」（P5〜P10参照）の対象とはなりません。

＊　年次有給休暇の基本的なルールは確認できましたか？それでは、2019年4月施行となる「年5日の年次有給休暇の確実な取得」について確認しましょう。

出所：「年5日の年次有給休暇の確実な取得　わかりやすい解説　2019年4月施行」（厚生労働省・都道府県労働局・労働基準監督署）

（1）　年休の対象者

　年休は6か月以上の継続勤務と出勤率8割以上という2つの要件を満たせば、労働契約の内容や身分などに関係なく、すべての労働者が対象になります。

Q 3-1　4か月契約の者が例外的に契約更新し、採用から6か月に至ったが、年休を付与しないといけないか。

A　契約期間の如何に関わらず、雇入れの日から6か月継続勤務した労働者には年休を付与する必要があります。

Q 3-2　1年契約で採用し6か月に至ったとき、残りの期間は6か月しかないのに、10日の年休を付与しなければならないか。

A　契約期間及びその後の雇用期間の如何に関わらず、定められた日数を付与する必要があります。

Q 3-3　定年退職後、契約社員あるいは顧問などとして再雇用した者の年休の日数は、雇用年数を通算して考えるのか、新規採用となるのか。

A　退職等に伴う労働契約の変更が、単なる企業内における身分の切り替えであって、実質的に労働関係が継続している実態にあれば、年休の日数の算定に当たっては、通算して考えることになります。

Q 3-4　週2日しか勤務しないパートタイム労働者にも年休は付与するのか。

$\boxed{\text{A}}$ 労働契約や労働形態によって年休がなくなることはありません。

　ただし、週の所定労働時間が30時間未満で、かつ、週の所定労働日数が4日以下（週以外の期間によって所定労働時間が定められている場合は、年の所定労働日数が216日以下）のものについては、パンフレットにあるように、所定労働日数に比例した日数でよいとされています。

---

(2)　年休の発生要件

　年休の発生の要件である出勤率は、前年度（初年度は6か月）に労働すべき日を分母とし、実際に労働した日を分子として計算します。

　その値が8割以上（すなわち欠勤が2割未満）の場合に年休の要件を満たすことになります。

Q 3-5 前年度の出勤率の計算で、業務上の傷病で休業した期間、育児休業・介護休業で休業した期間はどうなるのか。

$\boxed{\text{A}}$ 業務上の傷病で休業した期間、法律に基づく育児休業・介護休業及び産前産後で休業した期間は、出勤率の算定に当たっては、いずれも出勤したものとされます。

Q 3-6 前年度の出勤率の計算で、年休を取得した期間はどうなるのか。

$\boxed{\text{A}}$ 年休を取得した日については、出勤したものとされます。

Q 3-7 前年度の出勤率の計算で、通勤災害で休業した期間はどうなるのか。

〈　**A**　〉通勤災害は業務上の傷病とはなりませんので、出勤率の算定に当たっては、通勤災害で休業した期間は、年休の処理がなされなければ、欠勤となります。

◀Q 3-8▶ 前年度の出勤率の計算で、私病で休業した期間はどうなるのか。

〈　**A**　〉私病で休業した期間は、出勤率の算定に当たっては、年休の処理がされなければ、欠勤となります。

◀Q 3-9▶ 前年度の出勤率の計算で、懲戒処分としての出勤停止となった期間はどうなるのか。

〈　**A**　〉「労働者の責に帰すべき事由によるとはいえない不就労日」は、出勤率の算定に当たっては、出勤したものとされますが、懲戒処分が就業規則等に明確に規定され、周知されている場合には、出勤停止期間は「労働者の責に帰すべき事由によるとはいえない不就労日」には該当しないものと考えられますので、欠勤となります。

（3）　年休の付与日

　年休の「付与日」という表現は、178頁のパンフレットの①にあるように、「労働者が雇い入れの日から 6 か月間継続勤務し、その 6 か月間全労働日の 8 割以上を出勤した場合には、原則として10日の年次有給休暇を与えなければなりません。」という表現からも、その要件が満たされた日に年休を取得させて休ませなければならないと誤解される場合もあるようです。

◀Q 3-10▶ 年休は入社日から 6 か月でその権利が発生するのか、あるいは

その日に付与しなければいけないのか。

〈　**A**　〉権利が発生するもので、実際に取得するのは、労働者あるいは使用者が指定した時季になります。

Q 3-11　統一的に基準日を設ける場合の留意点があるか。

〈　**A**　〉年休は雇入れから6月経過日に10日、その後その日から継続勤務1年ごとに所定の日数を加えた日数を付与することが原則ですが、このとおりとすると付与する日(基準日)が複数となり、事務処理が複雑となる場合があることから、一律の基準日を設けて斉一的に管理することとする事業場も多くあります。

　その場合の留意点として、法定の内容は最低基準であることから、それと異なる取扱いを行う場合は、全て労働者の不利益にならないようにすることが必要だということです。

　たとえば、一律の基準日を設ける場合は、6か月や1年という期間を前倒しすることが前提となりますが、その場合、出勤率の算定に当たっては、短縮された期間は全期間出勤したものとみなすことが必要です。

Q 3-12　採用日がまちまちなので、一律に4月1日を基準日としてもいいか。

〈　**A**　〉採用日の如何にかかわらず、1年に1日のみを基準日とした場合、質問のケースでは10月1日以降に採用された者については、適切な対応となりますが、10月1日より前に採用した労働者については、採用後6月経過日には発生せず、翌年の4月1日まで先延ばしされてしまうことになり、法律に違反してしまうことになります。

Q 3-13 4月1日を基準日とした場合に、採用日に10日（比例付与の対象者ではない場合）付与すると、翌年の基準日に11日付与することでいいか。

◁　**A**　▷ 採用日と基準日との日付にもよりますが、採用日の10日は、本来の6か月経過後に付与されるものを採用時点に前倒ししたものとみなされます

そのこと自体は適法なのですが、その場合、次回の付与日は最初に付与した採用日が基準となりますので、その日から1年後となります。

したがって、基準日が採用日よりも前であれば（例えば基準日が4月1日、採用日が5月1日など）、付与日が前倒しされたことになりますので適法ですが、例えば採用日が3月1日だった場合、その年の基準日（4月1日）をパスして、翌年の基準日に付与することは、付与日を先送りしたことになりますので認められません。

Q 3-14 4月1日を基準日とした場合に、採用日に年休の一部として5日付与すると、次回は基準日に11日付与することでいいか。

◁　**A**　▷ 法律は採用後6か月経過したところで10日（比例付与の対象者ではない場合）付与することが義務づけられていますので、仮に採用日に5日付与した場合、6か月経過日に残りの5日を付与することが必要となります。

採用日と基準日の日付にもよりますが、次回の基準日が採用日から6か月経過日よりも後の場合には、認められないことになります。

Q 3-15 4月から9月に採用した者の基準日を10月1日に、10月から3月に採用した者の基準日を4月1日にするなど、2つのグループで管理することとしていいか。

＜　**A**　＞どちらのグループであっても、採用日から6か月以内に付与日があることになり、適法なものと考えられます。

----

(4)　付与する日数

　年休は継続し、または分割した10労働日が基本的な日数になりますが、所定労働日数が少ない一定の労働者については、所定労働日数に比例した日数になります。

　ここで「労働日」は原則として暦日をいいますが、一部の交替制の場合などは例外が認められています。

　また、労働者が請求した場合に限られますが、半日の付与も可能とされています。

◀ Q 3-16 ▶ 所定労働時間の短いパートタイム労働者でも年休は1日か。

＜　**A**　＞年休は基本的に日単位で付与されるものであり、1日の所定労働時間の長短によって変わるものではありません。

◀ Q 3-17 ▶ 勤務が2暦日にわたる形態での年休の日数はどうなるか。

＜　**A**　＞年休は原則として暦日計算によります。

　一つの勤務が2暦日にわたる勤務形態である、一勤務16時間の隔日勤務や24時間の一昼夜交替勤務では、その一勤務を年休で休んだ場合、年休は2日分取得したものとされます。

　ただし、8時間三交替勤務（①午前9時～午後5時　②午後5時～午前1時　③午前1時～午前9時の3シフトの場合など）の2暦日にまたがる交替番（例であれば②の午後5時～午前1時のシフト）や常夜勤勤務（所定労働時間

が午後10時から午前４時までの勤務など)では、この原則では非常に不合理なものとなってしまうことから、この場合には、当該勤務を含む継続24時間を一労働日とすることとされ、その勤務を年休で休んだ場合、年休は１日の取得とされます(昭26.9.26基収3964)。

Q 3-18 年休取得日の前日の残業が長引いてしまい、翌日の年休日の午前２時まで労働した場合、年休日の所定始業時刻より前には仕事は終わっており、当日の始業時刻から終業時刻までは休んでいることから、年休を取得したと解釈してよいか。

〈　**A**　〉年休は原則として暦日計算によることが必要です。

したがって、当日の所定始業時刻からの本来の勤務を休んだとしても、当日は既に２時間の労働を行っていることから、年休を付与したことにはなりません。

この場合、年休にならないことから欠勤として(年休は消化されずに、権利としてその日数は残る)賃金を支払わないとすることも可能かも知れませんが、年休として休んだ労働者からすれば、前日から引き続いて残業を行った結果、年休ではなく欠勤と扱われることに了解を得られるとも考えにくいものです。

結局、年休相当として賃金は支払ったうえで、本人の年休は消化されずに、権利としてその日数は残るという扱いにせざるを得ないものと考えられます。

Q 3-19 年休の基準日に12日の年休が発生した者が、その日から９か月間私病で休職して復帰した場合、年休は残りの期間の３か月に比例して、12×３／12の３日を付与することとしていいか。

〈　**A**　〉年休は基準日に付与された日数が権利として本人に付与されるものですから、欠勤状況等によって減少するということはありません。

　発生した年休は2年間にわたって、労働者が指定する時季に取得することができるものです。

Q 3-20　週3日のパートタイム労働者から年度途中に週5日の正社員に登用する場合、年休の日数はどうなるか。

〈　**A**　〉週の所定労働時間が30時間未満であって、かつ、週の所定労働日が4日以下の場合は、年休は比例付与することができますが、週5日以上の場合は原則の日数を付与することが必要です。

　年度(年休の基準日からの1年のことです)の途中で所定労働日数が変更された場合、年休の権利は基準日において発生するので、所定労働日数が変更される前の初めの日数のままと考えられます(昭63.3.14基発150)。

Q 3-21　半日年休の根拠は何か。

〈　**A**　〉法条文には半日年休を明確にした文書はなく、労働日を単位として付与することとされています。

　半日年休は、「法第39条に規定する年次有給休暇は、一労働日を単位とするものであるから、使用者は半日単位で付与する義務はない。」(昭24.7.7基収1428、昭63.3.14基発150)という通達に根拠があるとされています。

　つまり、労働者が半日の年休の時季を請求し、使用者が同意した場合等、労使が合意した場合に限り、半日の年休取得が認められ、法違反とはならないということです。

　したがって、労働者が1日の年休を請求したのに、使用者がこれに対して、1日の年休ではなく半日ならば認めるとすることはできません。

　反対に半日は認めずに、1日取得することを認めることは、可能と考えられます。

Q 3-22　半日年休を午前あるいは午後のみに限定することはできるか。

<　A　>　半日年休の時季の請求に対し、合意するかどうかは使用者の判断となりますが、半日年休を午前あるいは午後のみに限定し、それに反する半日年休を認めないとすることは、労働者の意思を制限することとなり、法の趣旨に反するものと考えられます。

　なお、半日ではなく、原則通り1日の取得を促すことは可能と考えられます。

(5)　時間単位年休

　時間単位年休は、労使協定で、時間を単位として与えることができることとされる年休の日数（5日以内に限る）等を定めた場合、労働者が請求した時には年休を時間単位で付与することができるというものです。

Q 3-23　時間単位年休の5日は前年の繰り越しも含めるのか。

<　A　>　5日という日数については、当年度に発生したもの、前年度からの繰り越しの別なく、労働者が権利として有するすべての年休のうちの5日ということです。

　したがって、当年度に発生した年休のうちの5日と前年度から繰り越した年休のうちの5日を合わせた10日について、時間単位年休とすることはできません。

Q 3-24 時間単位年休について、5日の年休は何時間分と考えるのか。

A 時間単位年休として与えることができる年休1日の時間数は、労使協定により定めることとされていますが、その場合、1日の所定労働時間数(日によって所定労働時間が異なる場合には、1年間における1日平均所定労働時間数)を下回らないこととされています。

したがって、1日の所定労働時間数×5日の時間数が、時間単位年休として与えることができる時間数の下限ということになります。

Q 3-25 時間単位年休は0.5時間のものでもいいか。

A 時間単位年休は原則である労働日の例外として規定されているものであることから、最も短い場合でも1時間を下回らないものと考えられます。

Q 3-26 時間単位年休を2時間単位としてもいいか。

A 1時間以外の時間を単位とする場合には、労使協定で時間数を定めることが必要となります。

この場合、その時間数は1日の所定労働時間数に満たないものとすることとされています(1日の所定労働時間数と同じ場合には、時間単位年休ではなく、1日の年休と同じになってしまい、時間単位年休の意味がなくなることになります)。

仮に労使協定において、時間単位年休を2時間単位とすることが定められれば、2時間単位の時間年休とすることが可能です。

Q 3-27 時間単位年休は労使協定において、利用目的で制限することとしてよいか。

A 通達では、

> 　時間単位による取得は、例えば一斉に作業を行うことが必要とされる業務に従事する労働者等にはなじまないことが考えられる。このため、事業の正常な運営との調整を図る観点から、法第39条第4項第1号において、労使協定では、時間単位年休の対象労働者の範囲を定めることとされていること。なお、年次有給休暇を労働者がどのように利用するかは労働者の事由であることから、利用目的によって時間単位年休の対象労働者の範囲を定めることはできないものであること。　　　　　（平21.5.29基発0529001）

とされています。

　これらから、事業の正常な運営の観点から、労使協定において対象労働者の範囲を限定することはできる一方で、利用目的から対象労働者を制限したり、年休を認めないことなどはできないものです。

(6)　取得する時季

　実際にいつ年休を取得して休むかは労働者の判断に委ねられており、使用者が承認や許可などの形で関与する余地がないことから、年休の取得に際しては、業務との兼ね合い等により労使間のトラブルが発生することもあります。

　以下の(7)で説明する「計画的付与制度」の導入や(8)で説明する時季変更権の適切な行使により、労使間トラブルを防止することが求められます。

　なお、新たに制度化された使用者による時季指定については、**第2節**で説明します。

Q 3-28 退職を申し出た労働者が、退職日まで年休を請求してきた場合、認めなければならないか。

〈　**A**　〉 退職を申し出た場合、退職日までは労働関係は通常通り継続しますので、この間の年休は通常の処理と同様になります。

　ただし、時季変更権の使用については、退職により変更後に年休を取得する日がないような状況であれば、時季変更権は行使できないことになります。

Q 3-29 解雇予告期間中に請求があった場合、年休は付与しなければならないか。

〈　**A**　〉 解雇予告中であっても解雇日までは労働関係は通常通り継続しますので、この間の年休は通常の処理と同様になります。

　ただし、時季変更権の使用については、解雇により変更後に年休を取得する日がないような状況であれば、時季変更権は行使できないことになります。

Q 3-30 繰り越し分を含めて40日の年休を有する労働者を、30日後の日付で予告して解雇することはできないのか。

〈　**A**　〉 予告期間中に取得できなかった年休の権利は、解雇により消滅することとなるとされていますので、持っている年休の日数の如何に関わらず、解雇することは違反にはなりません。

Q 3-31 懲戒処分の出勤停止により自宅待機中に請求があった場合、年休は付与しなければならないか。

> <u>　　**A**　　</u>　懲戒処分が就業規則等に明確に規定され、周知されている場合には、出勤停止期間は労働日には該当しないものと考えられますので、その期間に年休を取得することはできないものと考えられます。

Q 3-32 業務上の傷病で休業中に請求があった場合、年休は付与しなければならないか。

> <u>　　**A**　　</u>　通達では、

> 　負傷又は疾病等により長期療養中の者が休業期間中年次有給休暇を請求したときは、年次有給休暇を労働者が病気欠勤等に充当することが許されることから、このような労働者に対して請求があれば年次有給休暇を与えなくてはならないと解する。　　（昭24.12.28基発1456、昭31.2.13基収489）

とされています。

　業務上の傷病、通勤災害、私病等によって休業する期間は、いずれも労働契約に基づく労働すべき所定労働日であって、休業によって労働すべき日でなくなる訳ではありません。

　したがって、この期間に年休を取得することも可能だということです（もちろんこの場合は、年休に対応する賃金が支払われることによって、年休の取得ということになるものです）。

Q 3-33 私病で長期に休業する者を、就業規則に基づいて休職としたが、休業期間中でも請求があれば年休を付与しなければならないか。

> <u>　　**A**　　</u>　**Q 3-32** で示した通達の後段には、

> 　…休職発令された者が年次有給休暇を請求したときは、労働義務がない

日について年次有給休暇を請求する余地がないことから、これらの休職者
は、年次有給休暇請求権の行使ができないと解する。

とされており、就業規則の規定に基づいた休職制度によって休職する期間
は、労働契約上の労働すべき日には該当しないとの判断から、年休を請求
することはできないものであり、仮に請求があっても付与する義務はあり
ません。

Q 3-34 産前産後休業中に請求があった場合、年休は付与しなければならないか。

A 労働基準法第65条に基づく産前休業は、6週間以内に出産予定
の女性労働者が請求した場合、就業させてはならないというものですので、
産前休業前に産前休業を請求するか、年休を請求するかは労働者が選択す
ることができ、年休を請求された場合には付与することが義務づけられます。

　産前休業中は労働義務がありませんので、その期間に労働者は年休を請
求することはできません。

　産後休業は産後8週間を経過しない女性労働者を就業させてはならな
いというものですので、同様に、この期間中に年休を請求することはでき
ません。

　ただし、産後6週間を経た女性労働者が、医師により支障がないと認
められた業務に就くことを請求した場合、その業務に就かせることはでき
るとされていますので、その業務に就いているときは年休を請求すること
ができます。

Q 3-35 育児休業・介護休業に請求があった場合、年休は付与しなければならないか。

＜　**A**　＞育児・介護休業法に基づく育児休業や介護休業は、労働者の申出により事業主が休業させる義務を負うものです。

　したがって、その期間は労働契約上労働すべき日には該当しないため、年休を請求することはできないものであり、仮に請求があっても付与する義務はありません。

◆Q 3-36◆ 無断欠勤や遅刻を後になって年休にしてほしいと請求された場合、年休としなければならないか。

＜　**A**　＞原則として年休は事前に請求がなければ、事後に付与する義務はありません。

　ただし、労使で合意の上、事後であっても年休として処理することが、違法とされるものではありません。

（7）　計画的付与

　計画的付与は、労使協定により、年休のうち５日を超える部分についてあらかじめ取得日を定めた場合、労使ともにその定めに従って年休を処理することとする制度で、計画年休とも称されます。

　労働者が自由に年休の時季を指定することができる日を５日確保したうえで、それを超える日数(すべてである必要はありません)について、労使で取得日を決めてしまうというものです。

　取得日を定める方法としては、事業場で一斉の休業日とするものや、部署ごと、グループごとあるいは各人ごとの年間休暇カレンダーを作成するものなどがあります。

　なお、５日を超える年休が残っていない者については、対象とすることができません。

Q 3-37 計画的付与の対象となる5日を超える日には、前年の繰り越し分も含めるのか。

A 前年度から繰り越された年休がある場合には、それも含まれるものです。

Q 3-38 労使協定して決定した日を変更することはできないのか。

A 計画的付与の場合、労働者が年休を取得する日を指定する時季指定権も使用者の時季変更権もともに行使できないとされており（昭63.3.14基発150、平22.5.18基発0518第1）、変更することはできないこいとなります。

Q 3-39 労使協定して決定した日よりも前に退職する者が、前倒しで請求してきた場合どうすればよいか。

A 退職あるいは解雇により労働契約が解約された時点で、残されている年休の権利は消滅します。

　したがって、計画年休の取得日より前に退職した場合も、その権利は消滅することになりますが、計画年休は労使ともにそれに拘束されますので、労働者がそれを前倒しで請求することはできず、使用者も付与する義務はありません。

Q 3-40 育児休業の申出よりも前の時点で、計画年休による付与日が定められていた場合、育児休業期間中に付与日がある場合はどうなるか。

A 計画年休による付与日が育児休業期間中にある場合は、育児休

業期間中であっても年休を付与することとなります(この場合、付与するというのは、年休として処理し、付与日については年休に対応する賃金を支払うという意味です)。

Q 3-41 時間単位年休も計画的付与ができるのか。

A 時間単位年休はあくまでも労働者が時間単位による取得を請求することが前提となりますので、計画的付与として時間単位年休を与えることは認められないものです(平21.5.29基発0529001)。

Q 3-42 計画年休によって一斉の休業日を設けるに当たり、5日を超える年休が残っていない者がいた場合どうなるか。

A 一斉に休業日を設ける場合には、その者に対して特別な年休を与えるか、労働基準法第26条に基づく休業手当を支払う必要があります。

-----

(8)　時季変更権

　時季変更権は、当該労働者が年休を取得して休むことにより、事業の正常な運営が妨げられる場合に、使用者が時季を変更することができるという権利です。

Q 3-43 時季変更権はどのような場合に使えるのか。

A 通達では、

事業の正常な運営を妨げる場合とは、個別的、具体的に客観的に判断さ

> れるべきものであるとともに、事由消滅後能う限り速やかに休暇を与えな
> ければならない　　　　　　　　　　　　　　　（昭23. 7. 27基収2622）

とされており、当該労働者が休むことにより、事業の正常な運営（一部署
の業務ではなく）が妨げられる程度の重大な影響がある場合に限られるもの
です。

　判例では、

> 事業の規模、内容、当該労働者の担当する作業の内容、性質、作業の繁閑、
> 代行者の配置の難易、労働慣行等諸般の事情を考慮して客観的に判断すべ
> き　　　　　　　　　　　　　　（昭53. 1. 31大阪高裁　此花電報電話局事件）

とされています。

　なお、当該労働者と話し合って、年休を他の日に変更することを要請し、
労働者が合意して時季を変更するようなものは、時季変更権の行使とは異
なるものです。

◀Q 3-44▶　時季を変更する場合、変更後の日を指定しなければならないか。

〈　　A　　〉時季変更権の行使により時季を変更する場合変更先の日を指定
することが義務づけられているものではありません。

　◀Q 3-43▶の通達（昭23.7.27基収2622）でも、その事業の正常な運営を妨
げる事由がなくなった時点で可能な限り速やかに年休を付与することとさ
れています。

　裁判例では、

> 使用者には他の日を指定すべき義務まではなく、他の日を指定すること
> は、その時季にはおそらく事業の正常な運営を妨げる事由がないであろう

> と考え、その時季に労働者の年次有給休暇の請求があれば、時季変更権を
> 行使しない見込みである旨を通知したものにすぎない
>
> （平12.8.31東京高裁　JR東日本事件）

としたものがあります。

Q 3-45　年度を超えて変更することができるか。

A　Q 3-44 のとおり変更先を指定することは義務づけられてい
ませんし、労働者も変更先の日に拘束されるものでもありません。
　しかしながら、時効により消滅してしまう可能性がある年休については、
時季変更によっても年休が取得できるような配慮が必要になるものと考え
られます。

Q 3-46　時間単位年休でも時季変更権は使えるのか。

A　時間単位年休でも時季変更権の行使は可能と考えられますが、
1日と異なり、短い時間単位での年休の取得により、事業の正常な運営
が妨げられる程度の重大な影響がある場合は、極めて限定されるものと考
えられます。

Q 3-47　時間単位年休で時季変更権を行使し、変更先として指定した時間に出勤してきた場合どのようにすればいいか。

A　Q 3-44 のとおり時季変更権の行使に際して変更先を指定す
る義務はありませんが、仮に変更先の日や時間を指定した場合に、労働者
にはその日・時間に年休を取得する義務が生ずる訳ではありません。

したがって、指定した日に出勤してきたことを理由に懲戒等が行える訳ではありません。

なお、次のような問答形式の通達があります。

> Q36　時間単位年休に係る時季変更権について、例えば、9時〜10時の1時間の請求が行われた場合、これを同一日の13時〜14時へ変更し、又は翌日の9時〜10時に変更することは可能か。
> A36　設問の時季変更は可能である。ただし、使用者には他の日時を指定すべき義務はない。また、労働者には時季変更で指定された時季に時間単位年休を取得する義務が生じる訳ではないので、新たに他の時間に時間単位年休を取得するための指定をすることができる。
> （平21.10.5事務連絡「改正労働基準法に係る質疑応答」）

（9）　年休に関する手続き

　法律には、使用者は年休を労働者の請求する時季に与えなければならない旨が規定されているだけで、年休の取得に関する手続きについては特に定められていません。

　使用者の承認や許可という手続きは認められない一方、使用者には時季変更権を行使する権利があることから、労働者には年休を取得して休む旨を、適切な時期に確実に使用者に伝えることが求められます。

　そのため、通知する時期や通知の方法・手段等について、あらかじめ労使で十分に話し合ったうえで、就業規則に明確に定める等により、労使の意見が食い違うことによるトラブルの発生を防止すること求められます。

Q 3-48 年休の請求を届出制とすることができるか。

A 法律上年休の取得手続きは定められていませんが、年休を的確

に処理するには、労働者の意思が正確に使用者に伝わっていることが不可欠となります。

　年休の請求は口頭でも差し支えありませんが、確実な処理という点から、届出用紙や社内メールでの届出様式などを定めている場合も多く認められます。

　これらは特に問題はありませんが、労働者が届出を出すことをためらうような社内風土があれば、それは払拭しておくことが前提になります。

◀ Q 3-49 ▶ 年休の請求を許可制とし、年休の取得理由を把握したうえで、内容によっては認めないということができるか。

　〈　**A**　〉年休は法定の要件を満たせば、労働者の法的な権利として生ずるものであり、労働者がその取得のために時季を指定することについて、許可・不許可という使用者の意思が関与する余地はありません。

　また、休暇をどのように利用するかは、使用者の干渉を許さない労働者の自由とされています（ただし、ストライキを行うために年休を利用する場合は、年休でとは認められませんので、その場合は労働組合法に基づく対応になります）。

　使用者は客観的に事業の正常な運営を妨げる事態が発生する場合に限り、時季変更権を行使できるだけになります。

◀ Q 3-50 ▶ 年休の請求日を **5** 日前とすることができるか。

　〈　**A**　〉年休の請求を使用者に通知する時期については、法律上の定めはありません。

　しかしながら、使用者には時季変更権が認められていることから、時季変更権を行使する時間的余裕をおいてなされることとされており、前々日

までに通知することとされていた例が、法に違反するものでなく、有効と
された裁判例もあります。

　ただし、数日前までに通知するように定めていた場合、それに反して通
知が遅れ、例えば前日の通知になったような場合、定めに反していたこと
を理由に、年休を認めないということはできません。

　この場合客観的に時季変更権を行使し得る状況があるときには、時季変
更権が行使できるということです。

Q 3-51 担当の責任者ではない者に出された年休の時季の請求は、認め
ないことができるか。

< **A** > 社内の体制によりますが、どのようなルートであれ、担当責任
者が通知を知った場合には、年休の取得の意思が伝えられたものとして処
理するしかないものと考えられます。

Q 3-52 当該年度に発生した年休と前年度に取得しきれなかった繰り越
し分の年休とを持つ労働者の場合、取得する年休はどちらが優先するか。

< **A** > 当事者間の定めによることになりますが、前年度からの繰り越
し分から取得されていると推定すべきという意見もあります。

Q 3-53 解雇した労働者から余った年休を買い上げるよう請求された
が、買い上げなければならないか。

< **A** > 解雇、退職などにより労働契約が終了した時点で未消化の年休
は消滅することになりますが、消滅してしまう年休を使用者が買い上げる
（残日数に応答する賃金額を支払う）ことは義務づけられていません。

　あらかじめ年休の買上げの予約をし、これに基づいて年休の日数を減らしたり、年休を与えないことは法違反になるとされています。

　一方で、取得しなかった年休が退職等により消滅するような場合に、残日数に応じて調整的に金銭を給付することは、事前の買い上げとは異なるので、法違反にはならないと考えられます。

　いずれにしても、年休はすべて取得するということが前提ですので、取得しやすい環境を整備し、残日数が生じないようにすることが重要です。

（10）　派遣労働者

　年休を取得して職場を休むことによる影響は、派遣先の事業場に生ずるのに、年休を管理し、労働者から時季の指定を受けるなどの事務処理を行うのは派遣元の事業場であることから、年休については、派遣労働者特有のトラブルに発展することがあります。

Q 3-54 受け入れている派遣労働者の年休は派遣元・派遣先のどちらが付与するのか。

〈　**A**　〉年休の管理は派遣元になりますので、派遣元が付与することになります。

　仮に労働者から年休の請求があれば、派遣元に行うよう伝えてください。

Q 3-55 派遣労働者が急に休まれても困るが派遣先は何とかできないか。

〈　**A**　〉派遣元との契約時点で、年休取得時の対応等は明確にしておくことと派遣元との連携を密にして処理することとしてください。

Q 3-56 受け入れている派遣労働者の年休は派遣先で時季変更権が使えるのか。

〈**A**〉 時季変更権は使用者である派遣元が行使し得るもので、派遣先にはありません。

派遣元との連携を密にして処理することとしてください。

(11)　年休の賃金、不利益取扱い

　年休に対しては、①平均賃金、②所定労働時間労働した場合に支払われる通常の賃金、③健康保険の標準報酬月額の30分の1に相当する額のいずれかを支払うこととされており、いずれを選んだ場合も就業規則に規定することが必要です。

　ただし、③については労使協定が必要となります。

　また、労働基準法第136条により、年休を取得した労働者に対して、賃金の減額その他不利益な取扱いをしないようにしなければならないとされています。

Q 3-57 所定労働時間労働した場合に支払われる通常の賃金とは、割増賃金の時間単価を算出する場合の、通常の労働時間または労働日の賃金と同じと考えていいか。

〈**A**〉 割増賃金の時間単価を算出する方法(労規則19)と年休の1日当たりの賃金を算出する方法(労規則25)とは、時間額と日額との違い以外にも以下のように異なる部分があります。

	労規則25	労規則19
賃金	年休1日当たり賃金	割増賃金の時間単価
時給の場合	その金額に当日の所定労働時間数を乗じた金額	その金額
日給の場合	その金額	その金額を1日の所定労働時間数（日によって所定労働時間数が異なる場合には1週間における1日平均所定労働時間数）で除した金額
月給の場合	その金額をその月の所定労働日数で除した金額	その金額を月における所定労働時間数（月によって所定労働時間数が異なる場合には、1年間における1月平均所定労働時間数）で除した金額
出来高給の場合	その賃金算定期間において出来高払制その他の請負制によって計算された賃金の総額を当該賃金算定期間における総労働時間数で除した金額に、当該賃金算定期間における1日平均所定労働時間数を乗じた金額	その賃金算定期間において出来高払制その他の請負制によって計算された賃金の総額を当該賃金算定期間における総労働時間数で除した金額

　この表で分かるように、日（年休の賃金）と時間（割増賃金の単価）の違いは当然として、それ以外に、年休の賃金は年休を取得した日、月の所定労働時間に対応しているのに対し、割増賃金はその週や月の平均で算出するものとなっている点が異なっています。

　一方で出来高給（歩合給など）の計算では、年休の場合、年休を取得した日に想定される出来高が確定できないので、総労働時間数で除した時間単価に、算定期間を平均した1日の所定労働時間数を掛けて算出すること

とされています。

　なお、時間単位年休の賃金額は、上記の計算で算出された1日当たり賃金額を、時間単位年休を取得した日の所定労働時間で割った金額とされています。

Q 3-58　月給制で年休については通常賃金を支払うこととしているが、年休を取得するたびに、取得した月の所定労働日数で割って日額を算出しなければならないか。

〈　**A**　〉出来高払い等の賃金は別として、通常の出勤をしたものとして、取り扱うこととして差し支えありません。

　なお、平均賃金を支払うこととしている場合も、月給で算定した通常の出勤をしたものとして取り扱う金額が平均賃金を上回っていれば、それによる金額で差し支えありません。

Q 3-59　時間給のパートタイム労働者にも精勤手当を支給しているが、年休を取得した場合はそれを支給しないこととしてよいか。

〈　**A**　〉203頁で前述したように、年休を取得した労働者に対して、賃金の減額その他不利益な取扱いをしないようにしなければならないとされており、通達では以下のような考え方が示されています。

　精皆勤手当及び賞与の額の算定等に際して、年次有給休暇を取得した日を欠勤として、又は欠勤に準じて取り扱うことその他労働基準法上の労働者の権利として認められている年次有給休暇の取得を抑制するすべての不利益な取扱いはしないようにしなければならないものであること。
　年次有給休暇の取得に伴う不利益取扱いについては、従来、①年休の取

得を抑制する効果をもち、法第39条の精神に反するものであり、②精皆勤手当てや賞与の減額等の程度によっては、公序良俗に反するものとして民事上無効と解される場合もあると考えられるという見地に立って、不利益な取扱いに対する是正指導を行ってきたところであるが、今後は、労働基準法上に明定されたことを受けて、上記趣旨を更に徹底させるよう指導を行うものとすること。　　　　　　　　　　　　　　（昭63.1.1基発1）

　この通達にあるように、年休を取得したことによる不利益な取扱いは、監督署からの指導の対象にされるものと考えられます。
　なお、この規定は「しないようにしなければならない」という表現からも分かるように、罰則はありません。

> **Q 3-60**　年休を取得した場合に、それにより手当を減額しても、労働基準法第136条の違反にはなるが、罰則はないということか。

〈　**A**　〉誤解を生じやすいのですが、労働基準法第136条は、賃金の減額その他の不利益をしないようにしなければならないとしている一方、年休を規定している同法第39条では第7項で、通常賃金、平均賃金等の支払いを明確に義務づけており、これに違反した場合には罰則が科されることになります。
　第136条の規定は、年休の取得を理由に精皆勤手当や賞与の支給対象から除外するような賃金体系としないようにすることを規定しているものです。
　一方で第39条は、労使間で明確に定められた賃金は、手当等を一切減ずることなく、通常賃金、平均賃金の形で全額支払うことを罰則を以て強制しているものです。
　したがって、通常賃金や平均賃金の算定に当たって、確定している手当などを減額したり、支払わなかった場合には、法違反として罰則が適用される可能性があるものです。

監督署が年休の指導をするのはいつ？

監督署には「年休が取れない」という労働者からの相談・申告も多い。
労働者と監督官の間で、以下のようなやり取りがあることも。

＊　＊　＊

――ある日

労働者　うちの会社、年休が貰えないんです。

監督官　会社に請求はしたんですか？

労働者　はい。社長に「年休は無いんですか？」って聞いたら、「うちの会社にはそんなものはないんだ！」と言われてしまいました。会社を指導して年休を取らせてもらえませんか？

監督官　それでは、年休で休む日をまだ伝えた訳ではないんですね。

労働者　だから、「そんなものはない！」って言われちゃったんです。それっきりです。

監督官　法律上の権利なんですから、とにかくまずは休む日を会社にきちんと伝えてみてください。

労働者　自分で言ってもまた怒鳴られて終わるだけになっちゃいそうです。監督署から伝えてもらうことはできないんですか？

監督官　それはできません。ご自身のことなので、それはご自身で、はっきりと伝えてもらう必要があるんです。

――数日後

労働者　社長に年休で休みたい日を伝えてみたんですが…。

監督官　社長の返答はどうでしたか？

労働者　「そんなものうちの会社にはないと言ってあったろう！」と、すごい剣幕で怒鳴りつけられました。監督署で聞いたら法律上の権利だっ

	て言われたと言ったら「法律そのまま守ってたら、経営なんてやってられないんだ！」と。怖かったです。
監督官	結局はどういうことになりましたか？
労働者	社長に「勝手にしろ！どうなっても知らねえぞ！」って凄まれてしまいました。
監督官	なるほど。それでは、伝えた当日はそのとおりに休むようにしてください。
労働者	「どうなっても知らない」って言われてるのに、そのまま休んだらどんな目に遭わされるかわかったもんじゃないですよ！なんとか監督署から指導してもらえないんですか？
監督官	それはできません。もし当日休んで、本当に身の危険を感じるようなことがあれば、警察に相談してください。
労働者	監督署は何もしてくれないんですね…。

―――それから数日後

労働者	勇気を振り絞って、当日、休んでみました。
監督官	どうなりましたか？
労働者	翌日出社したら同僚から白い目で見られて、嫌味を言われてしまいました…。
監督官	社長からは何と？
労働者	「大した度胸だな。お前が休んで昨日はめちゃめちゃだったんだぞ、責任取ってもらうからな！」だそうです。このままじゃ何をされるか分からないですよ。これでも監督署から指導してもらえないんですか？
監督官	それはできません。何等か身の危険を感じるようなことがあれば、警察に相談してください。給料日が過ぎたらまた相談してください。
労働者	やっぱり何にもしてくれないんですね…。

―――それからさらに数日後

労働者　先日、給料が振り込まれましたので明細書を持って来ました。

監督官　有給休暇で休んだ日の賃金は払われていますか？

労働者　いいえ、労働日の欄には欠勤1日となっていて、その日の分の賃金は払われていません。何とかして払ってもらえるようにしてもらえませんか？

監督官　分かりました、社長を監督署に呼び出します。来なければこちらから監督に行きます。

労働者　あぁ、やっと動いてくれるんですね！もう何があっても動いてくれないのかと思ってました！

＊　　＊　　＊

　年休は取得時季を指定するのは労働者であり、使用者には労働者からの時季指定がなければ年休を付与する義務はないとされていた（現在は法改正により、使用者による5日の指定義務も新設された）。したがって、労働者が年休の時季を指定しないことには話は始まらないのだ。

　また、時季を指定したものの、気持ちが変わってその日に休まなければ、やはり年休の取扱いについての問題は生じないので、指定した時季にそのとおりに休むことが大前提となる。

　さらに問題は、休んだ日の賃金がどうなるかということで、取得する際にいろいろとゴタゴタがあっても、最終的に通常の額や平均賃金額の賃金が支払われていれば、結局年休は付与されたことになり、違反は認められないことになる。

　そこで欠勤等の扱いで賃金が支払われていなければ、初めて労働基準法第39条の違反ということになり、監督署の出番となるのである。

　法律等に規定された正当な権利の内容を正しく理解し、自分でそれをきちんと行使することが求められるが、役所に来たり電話相談をする人の中にはその理解が不十分な人も多く、法律等に規定された権利の内容から説明を始めなければならないことも多々ある。

第 **2** 節

年次有給休暇に関する改正
（使用者による時季指定）

　改正の内容については、厚生労働省のパンフレットに以下のようにまとめられています。

２．年５日の年次有給休暇の確実な取得（2019年４月〜）

2019年３月まで	2019年４月から
年休の取得日数について使用者に義務なし	年5日の年休を労働者に取得させることが使用者の義務となります。 （対象：年休が10日以上付与される労働者）

対象者

年次有給休暇が**10日以上付与される労働者**が対象です。

● 法定の年次有給休暇付与日数が10日以上の労働者に限ります。
● 対象労働者には管理監督者や有期雇用労働者も含まれます。
（年次有給休暇の発生要件についてはＰ３をご参照ください。）

Point
２ 年５日の時季指定義務

使用者は、労働者ごとに、年次有給休暇を**付与した日（基準日）から１年以内に５日**について、取得時季を指定して年次有給休暇を取得させなければなりません。

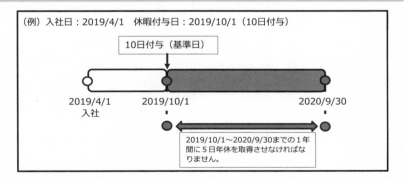

（例）入社日：2019/4/1　休暇付与日：2019/10/1（10日付与）

10日付与（基準日）

2019/4/1
入社

2019/10/1

2020/9/30

2019/10/1〜2020/9/30までの１年間に５日年休を取得させなければなりません。

Point
３ 時季指定の方法

使用者は、時季指定に当たっては、**労働者の意見を聴取しなければなりません。また、できる限り労働者の希望に沿った取得時季になるよう、聴取した意見を尊重するよう努めなければなりません。**

出所：「年５日の年次有給休暇の確実な取得　わかりやすい解説　2019年４月施行」（厚生労働省・都道府県労働局・労働基準監督署）

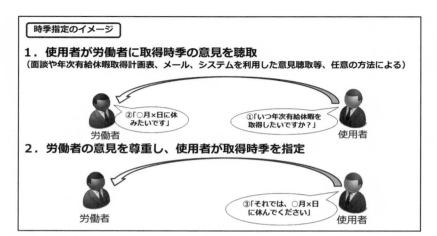

時季指定のイメージ

１．使用者が労働者に取得時季の意見を聴取
（面談や年次有給休暇取得計画表、メール、システムを利用した意見聴取等、任意の方法による）

②「○月×日に休みたいです」　　　労働者　　　①「いつ年次有給休暇を取得したいですか？」　　　使用者

２．労働者の意見を尊重し、使用者が取得時季を指定

労働者　　　③「それでは、○月×日に休んでください」　　　使用者

Point 4　**時季指定を要しない場合**

既に **5 日以上の年次有給休暇を請求・取得している労働者に対しては、使用者による時季指定をする必要はなく、また、することもできません。**

（※）労働者が自ら請求・取得した年次有給休暇の日数や、労使協定で計画的に取得日を定めて与えた年次有給休暇の日数（計画年休）については、その日数分を時季指定義務が課される年5日から控除する必要があります。

☞　つまり、
・「使用者による時季指定」、「労働者自らの請求・取得」、「計画年休」のいずれかの方法で労働者に年 5 日以上の年次有給休暇を取得させれば足りる
・これらいずれかの方法で取得させた年次有給休暇の合計が 5 日に達した時点で、使用者からの時季指定をする必要はなく、また、することもできない
ということです。

Point 5　**年次有給休暇管理簿**

使用者は、労働者ごとに**年次有給休暇管理簿を作成し、3 年間保存**しなければなりません。

時季、日数及び基準日を労働者ごとに明らかにした書類（年次有給休暇管理簿）を作成し、当該年休を与えた期間中及び当該期間の満了後 3 年間保存しなければなりません。
（年次有給休暇管理簿は労働者名簿または賃金台帳とあわせて調製することができます。また、必要なときにいつでも出力できる仕組みとした上で、システム上で管理することも差し支えありません。）

出所：「年 5 日の年次有給休暇の確実な取得　わかりやすい解説　2019 年 4 月施行」（厚生労働省・都道府県労働局・労働基準監督署）

（例）労働者名簿または賃金台帳に以下のような必要事項を盛り込んだ表を追加する。

Point 6　就業規則への規定

休暇に関する事項は**就業規則の絶対的必要記載事項（労働基準法第89条）**であるため、使用者による年次有給休暇の時季指定を実施する場合は、**時季指定の対象となる労働者の範囲及び時季指定の方法等について、就業規則に記載しなければなりません。**

> （規定例）第○条
> 1 項～4 項（略）（※）厚生労働省HPで公開しているモデル就業規則をご参照ください。
> 5　第 1 項又は第 2 項の年次有給休暇が10日以上与えられた労働者に対しては、第 3 項の規定にかかわらず、付与日から 1 年以内に、当該労働者の有する年次有給休暇日数のうち 5 日について、会社が労働者の意見を聴取し、その意見を尊重した上で、あらかじめ時季を指定して取得させる。ただし、労働者が第 3 項又は第 4 項の規定による年次有給休暇を取得した場合においては、当該取得した日数分を 5 日から控除するものとする。

Point 7　罰則

Point 2 ・ Point 6 に違反した場合には罰則が科されることがあります。

	違反条項	違反内容	罰則規定	罰則内容
Point 2	労働基準法第39条第 7 項	年 5 日の年次有給休暇を取得させなかった場合（※）	労働基準法第120条	30万円以下の罰金
Point 6	労働基準法第89条	使用者による時季指定を行う場合において、就業規則に記載していない場合	労働基準法第120条	30万円以下の罰金
その他(P4参照)	労働基準法第39条（第 7 項を除く）	労働者の請求する時季に所定の年次有給休暇を与えなかった場合（※）	労働基準法第119条	6 か月以下の懲役または30万円以下の罰金

（※）罰則による違反は、対象となる労働者 1 人につき 1 罪として取り扱われますが、労働基準監督署の監督指導においては、原則としてその是正に向けて丁寧に指導し、改善を図っていただくこととしています。

> ＊　年次有給休暇の取得は労働者の心身の疲労の回復、生産性の向上など労働者・会社双方にとってメリットがあります。年 5 日の年次有給休暇の取得はあくまで最低限の基準です。 5 日にとどまることなく、労働者がより多くの年次有給休暇を取得できるよう、環境整備に努めましょう。

出所：「年 5 日の年次有給休暇の確実な取得　わかりやすい解説　2019年 4 月施行」（厚生労働省・都道府県労働局・労働基準監督署）

～年休を全部または一部前倒しで付与している場合における取扱い～

* 前頁までが、基本的なルールです。ここからは、新入社員に入社と同時に年次有給休暇を付与する場合など、**法定の基準日より前に年次有給休暇を10日以上付与した場合**について、どのように取り扱えばよいか、確認していきます。

👉 法定の付与日数が10日以上の方であれば、法定の基準日より前倒しして付与する場合であっても、付与日数の合計が10日に達した時点で義務が発生します。

ケース1

法定の基準日（雇入れの日から6か月後）より前に10日以上の年次有給休暇を付与する場合

労働者に対して法定の基準日より前倒して10日以上の年次有給休暇を付与した場合には、使用者は、**その日から1年以内に5日の年次有給休暇を取得させなければなりません。**

図解 入社（2019/4/1）と同時に10日以上の年次有給休暇を付与した場合

通常の場合は入社から半年後の10/1から翌年9/30までの1年間に年次有給休暇を5日取得させることになりますが、例えば入社日（4/1）に前倒しで10日以上の年次有給休暇を付与した場合には、その日から1年以内に5日の年次有給休暇を取得させる必要があります。

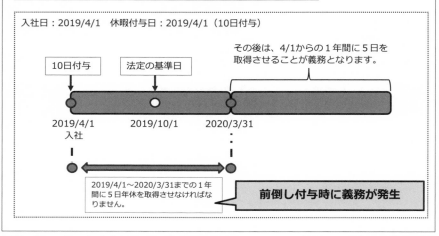

出所：「年5日の年次有給休暇の確実な取得　わかりやすい解説　2019年4月施行」（厚生労働省・都道府県労働局・労働基準監督署）

ケース **2**

　入社した年と翌年で年次有給休暇の付与日が異なるため、5 日の指定義務がかかる 1 年間の期間に重複が生じる場合
（全社的に起算日を合わせるために入社 2 年目以降の社員への付与日を統一する場合など）

期間に重複が生じた場合には、**重複が生じるそれぞれの期間を通じた期間（前の期間の始期から後の期間の終期までの期間）の長さに応じた日数（比例按分した日数）を当該期間に取得させることも**認められます。

| 図解 | 入社から半年後（2019/10/1）に10日以上の年次有給休暇を付与し、翌年度以降は全社的に起算日を統一するため、4/1に年次有給休暇を付与する場合 |

2019/10/1と2020/4/1を基準日としてそれぞれ 1 年以内に 5 日の年次有給休暇を取得させる必要がありますが、管理を簡便にするため2019/10/1（1 年目の基準日）から2021/3/31（2 年目の基準日から 1 年後）までの期間（18か月）に、7.5日（18÷12×5日）以上の年次有給休暇を取得させることも可能です。

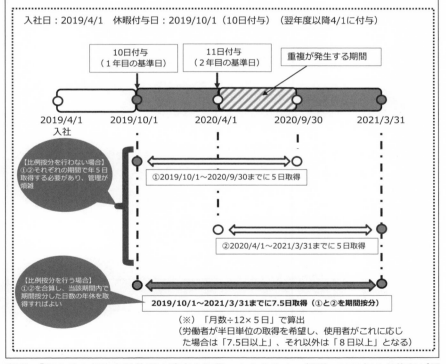

出所：「年 5 日の年次有給休暇の確実な取得　わかりやすい解説　2019年 4 月施行」（厚生労働省・都道府県労働局・労働基準監督署）

ケース3

10日のうち一部を法定の基準日より前倒しで付与した場合

10日のうち**一部を法定の基準日より前倒しで付与した場合**には、**付与日数の合計が10日に達した日から1年以内に5日の年次有給休暇を取得させなければなりません。** なお、付与日数の合計が10日に達した日以前に、一部前倒しで付与した年次有給休暇について労働者が自ら請求・取得していた場合には、その**取得した日数分を5日から控除する必要があります。**

図解　入社（2019/4/1）と同時に5日の年次有給休暇を付与し、2019/7/1に更に5日の年次有給休暇を付与した場合

付与された年次有給休暇が合計で10日に達した2019/7/1を基準日として、その日から1年以内に年次有給休暇を5日取得させることが必要となります。

ただし、入社時に一部前倒しで付与された年次有給休暇を基準日以前（2019/4/1～2019/6/30）に労働者が自ら請求・取得していた場合（計画年休も含む）には、その日数分を5日から控除する必要があります。

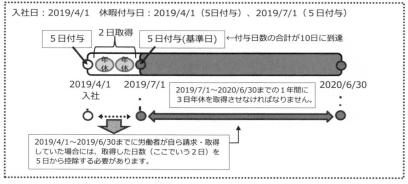

（補足）

なお、ケース3のように初年度において法定の年次有給休暇の付与日数の一部を法定の基準日より前倒しで付与した場合には、次年度以降の年次有給休暇の付与日についても、初年度と同じまたはそれ以上の期間、法定の基準日より繰り上げなければなりません。（上記の例では遅くとも2020/4/1までに付与しなければなりません。（◎））このため、次年度以降は年休を5日取得させなければならない期間の重複が発生することになります。

この場合、ケース2（P9）にも該当することから、2019/7/1～2021/3/31までの間に9日（21÷12×5＝8.75）の年休を取得させることも認められます。

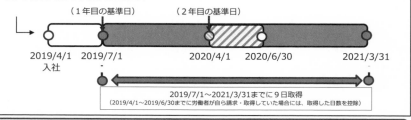

＊　次頁からは、年次有給休暇を管理しやすくするための方法例や、年5日の年休を確実に取得するための方法例をお示しします。

出所：「年5日の年次有給休暇の確実な取得　わかりやすい解説　2019年4月施行」（厚生労働省・都道府県労働局・労働基準監督署）

Ⅱ　実務対応編

1．年次有給休暇を管理しやすくするための方法

想定される課題

人ごとに入社日が異なる事業場などでは、基準日が人ごとに異なり、誰がいつまでに年次有給休暇を5日取得しなければならないのか、細やかな管理が必要となります。

 基準日を年始や年度始めに統一する（対象：人員規模の大きな事業場、新卒一括採用をしている事業場など）

基準日を1つにまとめることが有効です。例えば、年始（1/1）や年度始め（4/1）に基準日を統一することで、より多くの方を統一的に管理することが可能です。
（これにより期間が重複した場合の取扱いについては、P9をご参照下さい。）

 基準日を月初などに統一する（対象：中途採用を行っている事業場、比較的小規模な事業場など）

入社が月の途中であっても、**基準日を月初などに統一**します。例えば、同じ月に採用した方の基準日を月初に統一することにより、**統一的な管理が可能**となります。

（例）　法定どおり入社日から半年後に年次有給休暇を付与した場合

（例）　年次有給休暇の付与日を基準日が到来する月の初日に統一した場合

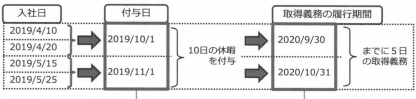

出所：「年5日の年次有給休暇の確実な取得　わかりやすい解説　2019年4月施行」（厚生労働省・都道府県労働局・労働基準監督署）

２．年５日の確実な取得のための方法

 方法① 基準日に年次有給休暇取得計画表を作成する

労働者が職場の上司や同僚に気兼ねなく年次有給休暇を取得するため、職場で**年次有給休暇取得計画表**を作成し、労働者ごとの休暇取得予定を明示します。

１．年次有給休暇取得計画表の作成

年次有給休暇をより多く取得するためには、計画的に取得することが重要です。年度別や四半期別、月別などの期間で個人ごとの年次有給休暇取得計画表を作成し、年次有給休暇の取得予定を明らかにすることにより、職場内において取得時季の調整がしやすくなります。

２．年次有給休暇取得計画表を作成するタイミング

年５日の年次有給休暇を取得させる義務を確実に履行するため、労働者が年間を通じて計画的に年休を取得できるよう、まずは基準日にその年の年次有給休暇取得計画表を作成することが重要です。

（例）年次有給休暇取得計画表（年間）

氏　名	基準日	基準日時点の年休保有日数	年度計		4月	5月	6月	
佐藤 太郎	2019/4/1	20日	予定日数	20日	2日 (4/26〜4/30のうち2日)	2日 (5/1、5/2)	2日 (中旬に2日予定)	・・・
			取得日数(実績)	6日	2日 (4/26、4/27)	2日 (5/1、5/2)	2日 (6/15,6/16)	
鈴木 花子	2019/4/1	15日	予定日数	15日	2日 (4/15、4/16)	2日 (5/20、5/21)	1日 (6/2)	
			取得日数(実績)	5日	2日 (4/15、4/16)	1日 (5/20)	2日 (6/2,6/3)	
⋮								

※年間の予定は、時季が遅くなればなるほど当初の想定とは異なることもあるため、四半期別や月別の計画表を用意することで、予定変更や業務都合に対応した、より細やかな調整が可能となります。

（例）年次有給休暇取得計画表（月間）

氏　名	日	1	2	3	4	5	6	7	8	9	10	11	
	曜	月	火	水	木	金	土	日	月	火	水	木	
佐藤 太郎						○					○		・・・
鈴木 花子			○					○					
⋮													

*　計画表の作成と併せて、年次有給休暇の取得を前提とした業務体制の整備や、取得状況のフォローアップを行うことなどによって、年次有給休暇を取得しやすい職場づくりに努めましょう。

出所：「年５日の年次有給休暇の確実な取得　わかりやすい解説　2019年４月施行」（厚生労働省・都道府県労働局・労働基準監督署）

方法2　**使用者からの時季指定を行う**

> ＊　2019年4月からは使用者が年5日の年次有給休暇を取得時季を指定して与える必要があります（P5〜P10参照）。本頁ではこの「使用者からの時季指定」を用いた方法をご紹介します。

1．時季指定を行うタイミング

使用者からの時季指定は、基準日から1年以内の期間内に、適時に行うことになりますが、年5日の年次有給休暇を確実に取得するに当たっては、

・**基準日から一定期間が経過したタイミング(半年後など)で年次有給休暇の請求・取得日数が5日未満となっている労働者に対して、使用者から時季指定をする**（「2．具体的なイメージ」で図解）

・**過去の実績を見て年次有給休暇の取得日数が著しく少ない労働者に対しては、労働者が年間を通じて計画的に年次有給休暇を取得できるよう基準日に使用者から時季指定をする**

ことで、労働者からの年次有給休暇の請求を妨げず、かつ効率的な管理を行うことができます。

2．具体的なイメージ

> 図解　基準日から半年経過後に、年次有給休暇の請求・取得日数が5日未満となっている労働者に対して、時季指定を行う場合

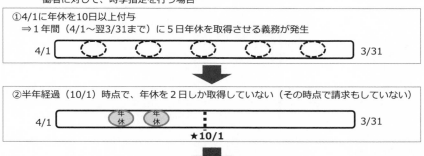

①4/1に年休を10日以上付与
　⇒1年間（4/1〜翌3/31まで）に5日年休を取得させる義務が発生

②半年経過（10/1）時点で、年休を2日しか取得していない（その時点で請求もしていない）

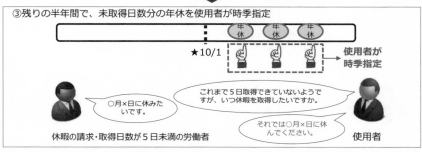

③残りの半年間で、未取得日数分の年休を使用者が時季指定

使用者が時季指定

これまで5日取得できていないようですが、いつ休暇を取得したいですか。

○月×日に休みたいです。

それでは○月×日に休んでください。

休暇の請求・取得日数が5日未満の労働者　　　使用者

出所：「年5日の年次有給休暇の確実な取得　わかりやすい解説　2019年4月施行」（厚生労働省・都道府県労働局・労働基準監督署）

方法 **3**　年次有給休暇の計画的付与制度（計画年休）を活用する。

> ＊ **ここからは、年次有給休暇の計画的付与制度（計画年休）について紹介します。計画年休** は、前もって計画的に休暇取得日を割り振るため、労働者はためらいを感じることなく年 次有給休暇を取得することができます。計画的付与制度で取得した年次有給休暇も５日取 得義務化の５日としてカウントされます。
> （導入のための手続きについてはP18〜P19をご参照ください。）

１．導入のメリット

使用者 労務管理がしやすく計画的な 業務運営ができます。

労働者 ためらいを感じずに、 年次有給休暇を取得できます。

２．日数　（付与日数から５日を除いた残りの日数を計画的付与の対象にできます）

例）年次有給休暇の付与 日数が11日の労働者

6日	5日
労使協定で計画的に付与できる	労働者が自由に取得できる

３．方式　（企業や事業場の実態に応じた方法で活用しましょう）

（１）企業や事業場全体の休業による一斉付与方式

全労働者に対して同一の日に年次有給休暇を付与する方式（例えば**製造業**など、操業をストップ させて全労働者を休ませることができる事業場などで活用されています。）

（２）班・グループ別の交替制付与方式

班・グループ別に交替で年次有給休暇を付与する方式（例えば、**流通・サービス業**など、定休日 を増やすことが難しい企業・事業場などで活用されています。）

（３）年次有給休暇付与計画表による個人別付与方式

年次有給休暇の計画的付与制度は、個人別にも導入することができます。夏季、年末年始、ゴー ルデンウィークのほか、誕生日や結婚記念日など労働者の個人的な記念日を優先的に充てるケー スがあります。

> ### 例①　夏季、年末年始に年次有給休暇を計画的に付与し、大型連休とします。

> 夏季や年末年始に計画的付与の年次有給休暇を組み合わせることで、大型連休とするこ とができます。この方法は、企業や事業場全体の休業による一斉付与方式、班・グループ 別の交替制付与方式で多く活用されています。

		8月				
日	月	火	水	木	金	土
				1	2	3
4	5	6	7	8	9	10
11	12	13	14	15	16	17
18	19	20	21	22	23	24
25	26	27	28	29	30	31

カレンダーの例

☐ 年次有給休暇の計画的付与

▨ 所定休日

計画的付与を活用し、連続休暇に

出所：「年５日の年次有給休暇の確実な取得　わかりやすい解説　2019年４月施行」（厚 生労働省・都道府県労働局・労働基準監督署）

例②　ブリッジホリデーとして連休を設けます。

　暦の関係で休日が飛び石となっている場合に、休日の橋渡し（ブリッジ）として計画的年休を活用し、連休とすることができます。例えば、土曜日・日曜日・祝日を休日とする事業場で祝日が火曜日にある場合、月曜日に年次有給休暇を計画的に付与すると、その前の土曜日、日曜日と合わせて4連休とすることができます。また、以下の例のように、ゴールデンウィークについても、祝日と土曜日、日曜日の合間に年次有給休暇を計画的に付与することで、10日前後の連続休暇を実現できます。

　このように、年次有給休暇を計画的に取得することを推進することで、労働者が大型の連続休暇を取得しやすくなります。

カレンダーの例

例③　閑散期に年次有給休暇の計画的付与日を設け、年次有給休暇の取得を促進します。

　業務の比較的閑散な時季に計画的に付与する例です。年間を通じて業務の繁閑があらかじめ見込める場合には、閑散な時季に計画的付与を実施することによって、業務に支障をきたさないで年次有給休暇の取得率を向上させることができます。

カレンダーの例

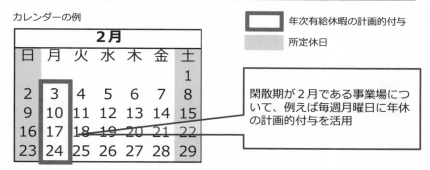

出所：「年5日の年次有給休暇の確実な取得　わかりやすい解説　2019年4月施行」（厚生労働省・都道府県労働局・労働基準監督署）

例④　アニバーサリー休暇制度を設けます。

　年次有給休暇の取得に対する職場の理解を得やすくするため、労働者本人の誕生日や結婚記念日、子供の誕生日などを「アニバーサリー休暇」とし、年次有給休暇の取得を促進することができます。こうした誕生日や記念日はあらかじめ日にちが確定しているので、年次有給休暇の計画的付与を実施しやすくなっています。

　この方法は、年次有給休暇付与計画表による個人別付与方式で活用されています。

カレンダーの例

9月						
日	月	火	水	木	金	土
1	2	3	4	5	6	7
8	9	10	11	12	13	14
15	16	17	18	19	20	21
22	23	24	25	26	27	28
29	30					

□　年次有給休暇の計画的付与

▨　所定休日

Aさんの子供の誕生日（9/5）を含む連続3日間をアニバーサリー休暇として設定

+1　～土日・祝日にプラスワン休暇して、連続休暇に～

土日・祝日に年次有給休暇を1日足して連続休暇とする「プラスワン休暇」もあります。

労使協調のもと、年次有給休暇を組み合わせて、3日（2日）＋1日以上の休暇を実施しましょう。

プラスワン休暇で4連休に

日	月	火	水	木	金	土
						1
2	3	4	5	6	7	8
9	10	11	12	13	14	15
16	17 敬老の日	18	19	20	21 プラスワン休暇 +1	22
23/30 秋分の日	24 振替休日	25	26	27	28	29

出所：「年5日の年次有給休暇の確実な取得　わかりやすい解説　2019年4月施行」（厚生労働省・都道府県労働局・労働基準監督署）

（ご参考）計画的付与制度（計画年休）の導入に必要な手続き

計画年休の導入には、就業規則による規定と労使協定の締結が必要になります。

（1）就業規則による規定

　　計画年休を導入する場合には、まず、就業規則に「労働者代表との間に協定を締結したときは、その労使協定に定める時季に計画的に取得させることとする」などのように定めることが必要です。

> 年次有給休暇の計画的付与に関する就業規則の規定例
>
> （年次有給休暇）
> 第○条
> （前略）
> ・　前項の規定にかかわらず、労働者代表との書面による協定により、各労働者の有する年次有給休暇日数のうち5日を超える部分について、あらかじめ時季を指定して取得させることがある。

（2）労使協定の締結

　　実際に計画的付与を行う場合には、**就業規則に定めるところにより、労働者の過半数で組織する労働組合または労働者の過半数を代表する者との間で、書面による協定を締結する必要があります。なお、この労使協定は所轄の労働基準監督署に届け出る必要はありません。**労使協定で定める項目は次のとおりです。

①計画的付与の対象者

　　計画的付与の時季に育児休業や産前産後の休業に入ることが分かっている者や、定年などあらかじめ退職することが分かっている者については、労使協定で計画的付与の対象から外しておきます。

②対象となる年次有給休暇の日数

　　年次有給休暇のうち、**少なくとも5日は労働者の自由な取得を保障しなければなりません。**したがって、5日を超える日数について、労使協定に基づき計画的に付与することになります。

③計画的付与の具体的な方法

　　・事業場全体の休業による一斉付与の場合には、具体的な年次有給休暇の付与日を定めます。
　　・班、グループ別の交替制付与の場合には、班、グループ別の具体的な年次有給休暇の付与日を定めます。
　　・年次有給休暇付与計画表等による個人別付与の場合には、計画表を作成する時期とその手続き等について定めます。

④年次有給休暇の付与日数が少ない者の扱い

　　事業場全体の休業による一斉付与の場合には、新規採用者などで5日を超える年次有給休暇がない者に対しても、次のいずれかの措置をとります。
　　・一斉の休業日について、有給の特別休暇とする。
　　・一斉の休業日について、休業手当として平均賃金の60％以上を支払う。

⑤計画的付与日の変更

　　あらかじめ計画的付与日を変更することが予想される場合には、労使協定で計画的付与日を変更する場合の手続きについて定めておきます。

出所：「年5日の年次有給休暇の確実な取得　わかりやすい解説　2019年4月施行」（厚生労働省・都道府県労働局・労働基準監督署）

労使協定の例（一斉付与方式の場合）

年次有給休暇の計画的付与に関する労使協定（例）

　○○株式会社と○○労働組合とは、標記に関して次のとおり協定する。
1　当社の本社に勤務する社員が有する○○○○年度の年次有給休暇のうち5日分については、次の日に与えるものとする。
　　○月○日、△月△日・・・・
2　社員のうち、その有する年次有給休暇の日数から5日を差し引いた日数が5日に満たないものについては、その不足する日数の限度で、前項に掲げる日に特別有給休暇を与える。
3　業務遂行上やむを得ない事由のため指定日に出勤を必要とするときは、会社は組合と協議の上、第1項に定める指定日を変更するものとする。

　○○○○年○月○日　　　　　　　　　　　　　○○株式会社　総務部長　　○○○○
　　　　　　　　　　　　　　　　　　　　　　　○○労働組合　執行委員長　○○○○

労使協定の例（交替制付与方式の場合）

年次有給休暇の計画的付与に関する労使協定（例）

　○○株式会社と従業員代表○○○○とは、標記に関して次のとおり協定する。
1　各課において、その所属の社員をA、Bの2グループに分けるものとする。その調整は各課長が行う。
2　各社員が有する○○○○年度の年次有給休暇のうち5日分については、各グループの区分に応じて、次表のとおり与えるものとする。

Aグループ	○月×日～△日
Bグループ	○月□日～×日

3　社員のうち、その有する年次有給休暇の日数から5日を差し引いた日数が5日に満たないものについては、その不足する日数の限度で、前項に掲げる日に特別有給休暇を与える。
4　業務遂行上やむを得ない事由のため指定日に出勤を必要とするときは、会社は従業員代表と協議の上、第2項に定める指定日を変更するものとする。

　○○○○年○月○日　　　　　　　　　　　　　○○株式会社　総務部長　　○○○○
　　　　　　　　　　　　　　　　　　　　　　　○○株式会社　従業員代表　○○○○

労使協定の例（個人別付与方式の場合）

年次有給休暇の計画的付与に関する労使協定（例）

　○○株式会社と従業員代表○○○○とは、標記に関して次のとおり協定する。
1　当社の従業員が有する○○○○年度の年次有給休暇（以下「年休」という。）のうち5日を超える部分については、6日を限度として計画的に付与するものとする。なお、その有する年休の日数から5日を差し引いた日数が6日に満たないものについては、その不足する日数の限度で特別有給休暇を与える。
2　年休の計画的付与の期間及びその日数は、次のとおりとする。
　　前期＝4月～9月の間で3日間　　後期＝10月～翌年3月の間で3日間
3　各個人別年休付与計画表は、各期の期間が始まる2週間前までに会社が作成し、従業員に周知する。
4　各従業員は、年休付与計画の希望表を、所定の様式により、各期の計画付与が始まる1か月前までに、所属課長に提出しなければならない。
5　各課長は、前項の希望表に基づき、各従業員の休暇日を調整し、決定する。
6　業務遂行上やむを得ない事由のため指定日に出勤を必要とするときは、会社は従業員代表と協議の上、前項に基づき定められた指定日を変更するものとする。

　○○○○年○月○日　　　　　　　　　　　　　○○株式会社　総務部長　　○○○○
　　　　　　　　　　　　　　　　　　　　　　　○○株式会社　従業員代表　○○○○

出所：「年5日の年次有給休暇の確実な取得　わかりやすい解説　2019年4月施行」（厚生労働省・都道府県労働局・労働基準監督署）

Ⅲ　Q&A

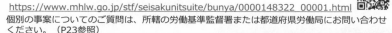

* この他にも、よくあるご質問をHPに掲載しています。
  検索ワード　☞　**働き方改革　厚労省　Q&A**
  https://www.mhlw.go.jp/stf/seisakunitsuite/bunya/0000148322_00001.html
* 個別の事案についてのご質問は、所轄の労働基準監督署または都道府県労働局にお問い合わせください。（P23参照）

【基準日に関するご質問】

Q1 2019年4月より前（例えば2019年1月）に10日以上の年次有給休暇を付与している場合には、そのうち5日分について、2019年4月以後に年5日確実に取得させる必要がありますか。

改正法が施行される2019年4月1日以後、最初に年10日以上の年次有給休暇を付与する日（基準日）から、年5日確実に取得させる必要があります。よって、2019年4月より前に年次有給休暇を付与している場合は、使用者に時季指定義務が発生しないため、年5日確実に取得させなくとも、法違反とはなりません。

Q2 4月1日に入社した新入社員について、法定どおり入社日から6か月経過後の10月1日に年休を付与するのではなく、入社日に10日以上の年次有給休暇を付与し、以降は年度単位で管理しています。このような場合、基準日はいつになりますか。

この場合、4月1日が基準日となります。詳細はP8をご参照ください。

【対象となる休暇に関するご質問】

Q3 使用者が年次有給休暇の時季を指定する場合に、半日単位年休とすることは差し支えありませんか。また、労働者が自ら半日単位の年次有給休暇を取得した場合には、その日数分を使用者が時季を指定すべき年5日の年次有給休暇から控除することができますか。

時季指定に当たって、労働者の意見を聴いた際に、半日単位での年次有給休暇の取得の希望があった場合には、半日（0.5日）単位で取得することとして差し支えありません。
　また、労働者自ら半日単位の年次有給休暇を取得した場合には、取得1回につき0.5日として、使用者が時季を指定すべき年5日の年次有給休暇から控除することができます。
　（なお、時間単位の年次有給休暇については、使用者による時季指定の対象とはならず、労働者が自ら取得した場合にも、その時間分を5日から控除することはできません。）

Q4 パートタイム労働者など、所定労働日数が少ない労働者であって、1年以内に付与される年次有給休暇の日数が10日未満の者について、前年度から繰り越した日数を含めると10日以上となっている場合、年5日確実に取得させる義務の対象となるのでしょうか。

対象とはなりません。前年度から繰り越した年次有給休暇の日数は含まず、当年度に付与される法定の年次有給休暇の日数が10日以上である労働者が義務の対象となります。
　（年次有給休暇の付与日数に関するルールはP3参照）

Q5 前年度からの繰り越し分の年次有給休暇を取得した場合には、その日数分を使用者が時季を指定すべき年5日の年次有給休暇から控除することができますか。

労働者が実際に取得した年次有給休暇が前年度からの繰り越し分の年次有給休暇であるか当年度の基準日に付与された年次有給休暇であるかについては問わないものであり、ご質問のような取扱いも可能です。

出所：「年5日の年次有給休暇の確実な取得　わかりやすい解説　2019年4月施行」（厚生労働省・都道府県労働局・労働基準監督署）

Q6 法定の年次有給休暇に加えて、会社独自に法定外の有給の特別休暇を設けている場合には、その取得日数を5日から控除することはできますか。

法定の年次有給休暇とは別に設けられた特別休暇（たとえば、労働基準法第115条の時効が経過した後においても、取得の事由及び時季を限定せず、法定の年次有給休暇日数を引き続き取得可能としている場合のように、法定の年次有給休暇日数を上乗せするものとして付与されるものを除く。以下同じ。）を取得した日数分については、控除することはできません。

なお、当該特別休暇について、今回の改正を契機に廃止し、年次有給休暇に振り替えることは、法改正の趣旨に沿わないものであるとともに、労働者と合意をすることなく就業規則を変更することにより特別休暇を年次有給休暇に振り替えた後の要件・効果が労働者にとって不利益と認められる場合は、就業規則の不利益変更法理に照らして合理的なものである必要があります。

Q7 今回の法改正を契機に、法定休日ではない所定休日を労働日に変更し、当該労働日について、使用者が年次有給休暇として時季指定することはできますか。

ご質問のような手法は、実質的に年次有給休暇の取得の促進につながっておらず、望ましくないものです。

Q8 出向者については、出向元、出向先どちらが年5日確実に取得させる義務を負いますか。

在籍出向の場合は、労働基準法上の規定はなく、出向元、出向先、出向労働者三者間の取り決めによります。（基準日及び出向元で取得した年次有給休暇の日数を出向先の使用者が指定すべき5日から控除するかどうかについても、取り決めによります。）

移籍出向の場合は、出向先との間にのみ労働契約関係があることから、出向先において10日以上の年次有給休暇が付与された日から1年間について5日の時季指定を行う必要があります。（なお、この場合、原則として出向先において新たに基準日が特定されることとなり、また、出向元で取得した年次有給休暇の日数を出向先の使用者が指定すべき5日から控除することはできません。）

【法違反に関するご質問】

Q9 年5日の取得ができなかった労働者が1名でもいたら、罰則が科されるのでしょうか。

法違反として取り扱うこととなりますが、労働基準監督署の監督指導において、法違反が認められた場合は、原則としてその是正に向けて丁寧に指導し、改善を図っていただくこととしています。

Q10 使用者が年次有給休暇の時季指定をするだけでは足りず、実際に取得させることまで必要なのでしょうか。

使用者が5日分の年次有給休暇の時季指定をしただけでは足りず、実際に基準日から1年以内に年次有給休暇を5日取得していなければ、法違反として取り扱うことになります。

Q11 年次有給休暇の取得を労働者本人が希望せず、使用者が時季指定を行っても休むことを拒否した場合には、使用者側の責任はどこまで問われるのでしょうか。

使用者が時季指定をしたにもかかわらず、労働者がこれに従わず、自らの判断で出勤し、使用者がその労働を受領した場合には、年次有給休暇を取得したことにならないため、法違反を問われることになります。

ただし、労働基準監督署の監督指導において、法違反が認められた場合は、原則としてその是正に向けて丁寧に指導し、改善を図っていただくこととしています。

出所：「年5日の年次有給休暇の確実な取得　わかりやすい解説　2019年4月施行」（厚生労働省・都道府県労働局・労働基準監督署）

Q12 使用者が時季指定した日が到来する前に労働者が自ら年次有給休暇を5日取得した場合は、当初使用者が時季指定した日に労働者が年次有給休暇を取得しなくても、法違反にはならないと考えてよいでしょうか。

労働者が自ら5日年休を取得しているので、法違反にはあたりません。なお、この場合において、当初使用者が行った時季指定は、使用者と労働者との間に特段の取決めがない限り、無効とはなりません。

【その他のご質問】

Q13 休職している労働者についても、年5日の年次有給休暇を確実に取得させる必要がありますか。

例えば、基準日からの1年間について、それ以前から休職しており、期間中に一度も復職しなかった場合など、使用者にとって義務の履行が不可能な場合には、法違反を問うものではありません。

Q14 年度の途中に育児休業から復帰した労働者等についても、年5日の年次有給休暇を確実に取得させる必要があるのでしょうか。

年度の途中に育児休業から復帰した労働者等についても、年5日の年次有給休暇を確実に取得していただく必要があります。ただし、残りの期間における労働日が、使用者が時季指定すべき年次有給休暇の残日数より少なく、5日の年次有給休暇を取得させることが不可能な場合には、その限りではありません。

Q15 期間中に契約社員から正社員に転換した場合の取扱いについて教えてください。

対象期間中に雇用形態の切り替えがあったとしても、引き続き基準日から1年以内に5日 取得していただく必要があります。
　なお、雇用形態の切り替えにより、基準日が従来よりも前倒しになる場合（例えば、契約社員の時の基準日は10/1だったが、正社員転換後は基準日が4/1に前倒しになる場合）には、5日の時季指定義務の履行期間に重複が生じますが、そのような場合の取扱いについてはP9をご参照ください。

Q16 使用者が時季指定した年次有給休暇について、労働者から取得日の変更の申出があった場合には、どのように対応すればよいでしょうか。また、年次有給休暇管理簿もその都度修正しなくてはいけないのでしょうか。

労働者から取得日の変更の希望があった場合には、再度意見を聴取し、できる限り労働者の希望に沿った時季とすることが望ましいです。また、取得日の変更があった場合は年次有給休暇管理簿を修正する必要があります。

Q17 管理監督者にも年5日の年次有給休暇を確実に取得させる必要があるのでしょうか。

あります。管理監督者も義務の対象となります。（P5参照）

出所：「年5日の年次有給休暇の確実な取得　わかりやすい解説　2019年4月施行」（厚生労働省・都道府県労働局・労働基準監督署）

　改正の主な内容は、使用者による年休の時季指定と年休管理簿の作成になります。

　ここでパンフレットの内容について追加して説明します。

①　211頁「point 1」

　対象となる年休10日には、前年の繰り越し分は含まず、当年に10日以上発生するもののみが対象となります。

　したがって、比例付与の週所定労働日が2日以下の者は勤続年数が長くなっても対象にはならないことになります。

②　同頁「point 2」「point 3」

　できる限り労働者の希望に沿った取得時季になるよう、聴取した意見を尊重するように努めるとされていますが、労働者の希望をすべて受け入れなければならないというものではありません。

　労働者から当年の分は翌年に繰り越して、翌年発生分と合わせてまとめて海外旅行をしたいなどと希望された場合も、当年に5日年休を取得させるという法律上の義務が履行できなくなることから、労働者によく説明したうえ、使用者が一方的に5日の取得時季を指定することもやむを得ないものと考えられます。

　使用者からの時季指定に当たって、特に指示する様式などが示されている訳ではありません。

　労働者から届出書を出させている場合など、使用者が指定したときもその届出書によることとしてもいいかも知れませんが、仮に何らかの理由で5日の取得がなされなかった場合、使用者が指定していたという事実を証するものがないことになります。

　使用者が指定した事実を証するものを作成しておくことがよいかも知れません。

③　214頁「ケース1」

　最初の付与日を入社時の2019/4/1に前倒しした場合、その日が基準

日となりますので、次年度以降もその日に年休が発生することになります。

④　215頁「ケース2」

　比例按分を行う場合、前の期間の始期から後の期間の終期まで1年以上の長い期間となりますが、取得する年休の日が一定の時期に偏ったりしても差し支えありません。

⑤　217頁「方法2」

　これは、管理が日（入社日）ごとではなく、月（入社月の初日）ごとになるというだけのものです。

⑥　219頁「1.　時季指定を行うタイミング」

　半年後でなく、より間違いない対応を行うため、四半期ごとに確認や時季指定を行っている例もあります。

⑦　同頁「2.　具体的なイメージ③」

　残り半年のところで、労働者に確認しても特に希望の日がない、あるいはあったとしても会社の都合が悪いなど、何度話し合ってもまとまらない場合も想定されます。

　そのような場合は労働者に良く説明したうえ、使用者が一方的に5日の取得時季を指定することもやむを得ないものと考えられます。

⑧　223頁「計画的付与制度の導入に必要な手続き（2）労使協定の締結」

　「労働者の過半数で組織する労働組合または労働者の過半数を代表する者との間で、」とありますが、「労働者の過半数で組織する労働組合」がない場合に限って「労働者の過半数を代表する者」を対象にできるのであって、二者択一ではありませんので、誤解のないように留意してください。

⑨　225頁「Q&A　Q3」

　半日単位年休は労働者の希望があった場合にのみ認められるものです。

　半日単位の年休と時間単位の年休との差は、例えば年休を4日取得し、あと1日必要という場合、その後に労働者が希望して半日年休を2回取得した場合は計5日の年休を取得したことになりますが、同様に労働者

が希望して、合計で 1 日の所定労働時間相当となる時間単位年休を取得したとしても、それは充当できないため、 1 日不足している状況は変わらないということになるものです。

　また、時間単位年休については、全く対象とならないのであれば、これを多く取得した場合、使用者が時季指定すべき 5 日に食い込んでしまうのではないか、つまり時間単位年休と使用者の時季指定分と合わせて10日を超えてしまうのではないかとの懸念があるかも知れません。

　しかしながら、時間単位年休は最大でも 5 日相当分となりますので、10日のうち最大の 5 日を時間単位年休で取得したとしても、使用者が時季指定すべき 5 日の年休は残ることになります。

⑩　同頁「Q&A　Q 5 」

　当該年度に発生した年休と前年度からの繰り越し分などの区分なく、基準日からの 1 年間に、法定の年次有給休暇(次の⑪に示すような、法定の年休を上積みしたものも含む)を 5 日取得させなければならないということです。

⑪　226頁「Q&A　Q 6 」

　答えは分かりにくい表現ですが、分解すると次のようになります。

- 特別休暇など会社独自に設けた法定外の有給の休暇を取得しても、原則としてそれを使用者が時季指定する 5 日の年休取得に充当することはできない。

- しかしながら、そのような有給の休暇であっても、それが法定の年休の上乗せとして付与されるもの(例えば過去に時効等で消滅するはずのものを消滅させずに残し、法定の年休の上積み分として取得できるようにしているものなど)である場合に限り、これを取得したときには、使用者が時季指定する 5 日の年休取得に充当することができる。

- 特別休暇をこの際に廃止し、使用者が時季を指定する年休に振り替えるのは、改正の趣旨に沿わないものであり、個々の労働者の合意がな

ければ不利益変更として民事上無効となることが考えられる。

ただし、明確に禁止されているものではありません。

⑫　同頁「Q&A　Q7」

所定休日を労働日に変更したうえ、その日について使用者が時季を指定する年休とすることは、実質的に年休の取得促進につながっておらず、望ましくないとされています。

ただし、明確に禁止されているものではありません。

＊　　＊　　＊

その他、パンフレットにないものとして、以下のようなQ&Aが考えられます。

Q 3-61 育児・介護休業、産前産後休業に入ることが既に予定されている場合、その休業に入る前に時季指定して取得させる必要があるか。

A 休業に入ると1年で5日の取得が難しくなるような場合は、休業に入る前までの期間に時季指定して取得させることが必要と考えられます。

Q 3-62 時季指定した年休の取得日の前に退職し、取得できなかった場合違反となるか。

A 労働者の都合による退職であり、違反とはならないものと考えられますが、通達等による見解は示されていません。

Q 3-63 ５日の年休を取得しきれていない労働者が退職を申し出た場合、退職日までの間に時季指定して取得させなければならないか。

A そのように考えられますが、通達等による見解は示されていません。

Q 3-64 時季指定した年休の取得日の前に解雇することはできるか。

A 年休の時季指定と解雇とは関連がないものと考えられますが、通達等による見解は示されていません。

Q 3-65 解雇できるとした場合、解雇予告したときには解雇予告期間中に時季指定しなければならないか

A そのように考えられますが、通達等による見解は示されていません。

Q 3-66 法定の年休に加え、付与日から１年間、取得理由や取得時期に制限なく、年休と同じ賃金が支給される「特別休暇」を毎年付与している場合、それを使用者の時季指定の年休としてよいか。

A 毎年、年間を通じて労働者が自由に取得することができ、その要件や効果について付与日からの１年間において、法定の年休の日数を上乗せするものであれば、当該休暇を取得した日数分については、使用者が時季指定すべき年５日の日数から控除することが出来ます。

第 **4** 章

フレックスタイム制

第 **1** 節

フレックスタイム制の基本

（1） フレックスタイム制の基本的内容

　フレックスタイム制の基本的内容は、厚生労働省のパンフレットに以下
のようにまとめられています。

Ⅰ	**法令解説編**

1．フレックスタイム制とは

> **フレックスタイム制は、一定の期間についてあらかじめ定めた総労働時間の範囲内で、労働者が日々の始業・終業時刻、労働時間を自ら決めることのできる制度です。** 労働者は仕事と生活の調和を図りながら効率的に働くことができます。

フレックスタイム制のメリット

- フレックスタイム制のもとでは、**あらかじめ働く時間の総量（総労働時間）を決めた上で、日々の出退勤時刻や働く長さを労働者が自由に決定する**ことができます。
- 労働者にとっては、日々の都合に合わせて、時間という限られた資源をプライベートと仕事に自由に配分することができるため、プライベートと仕事とのバランスがとりやすくなります。

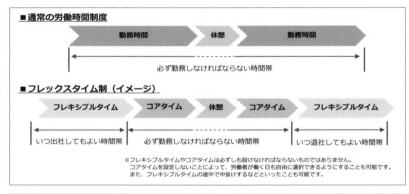

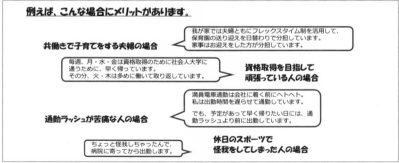

- フレックスタイム制の導入によって、労働時間を効率的に配分することが可能となり、労働生産性の向上が期待できます。また、仕事と生活の調和を図りやすい職場となることによって、労働者に長く職場に定着してもらえるようになるなど、使用者にとってもメリットがあります。

出所：「フレックスタイム制のわかりやすい解説＆導入の手引き」（厚生労働省・都道府県労働局・労働基準監督署）

　フレックスタイム制は、始業・終業時刻の決定が労働者に委ねられていることにより、あらかじめ決められた働く時間の総量（総労働時間）を超えて働くことも、それを下回った時間しか働かないことも、労働者が自由に決定することができます。

　また、労働者には、日々の始終業時刻を決定した理由を使用者に報告することは義務づけられていません。

　このようなことから、次のような点に留意することが必要となります。

①　時間外割増賃金のため、あえて長時間の時間外労働を行う労働者に対し、始業時刻や終業時刻を使用者が指示するなどにより、時間外労働を削減させることができない。

②　労働者に対して始業時刻前や終業時刻後の時間外労働を行うことを命ずることができないため、労働時間が短くて業務が滞ったままの労働者に対しても、必要な時間をかけて業務を行わせることができない。

③　一方で個々の労働者の労働時間は厳格に把握することが求められるなど、使用者にとってのデメリットも予想される。

　労働者にしても周囲・同僚への気兼ね等から、自由に出退勤の時刻を決定できる雰囲気にない場合もあるようです。

　これらへの対応のためには、

①　労働時間の管理のみならず、業務量の把握や配分、業務遂行状況の的確な把握と進行管理、各労働者への教育指導等を的確に行うことのできる管理体制の構築が必要であり、特に管理者の資質の向上が不可欠

②　労働時間に対するものでなく、業務処理・遂行に対する評価・報酬（賃金、賞与等）制度の確立

が求められ、これらが整備できない事業場にとっては、非常に危険な制度であると考えられます。

（2）　フレックスタイム制の基本的ルールについて

　フレックスタイム制の基本的ルールについては、厚生労働省のパンフレットに以下のようにまとめられています。

フレックスタイム制の基本的なルール

フレックスタイム制の導入に当たっては、以下の基本的なルールを守っていただく必要があります。

 導入要件：就業規則等への規定と労使協定の締結が必要です。

（ i ）就業規則等への規定

（ ii ）労使協定で所定の事項を定めること

 この2点を満たしていれば フレックスタイム制を導入 することができます。

（ i ）就業規則等に、始業・終業時刻を労働者の決定に委ねることを定めてください。

● フレックスタイム制を導入するためには、就業規則その他これに準ずるものにより、**始業及び終業の時刻を労働者の決定に委ねる旨を定める必要があります。**

> 就業規則の例
>
> （適用労働者の範囲）
> 第○条　第○条の規定にかかわらず、営業部及び開発部に所属する従業員にフレックスタイム
> 　　　　制を適用する。
> （清算期間及び総労働時間）
> 第○条　清算期間は1箇月間とし、毎月1日を起算日とする。
> 　　②　清算期間中に労働すべき総労働時間は、154時間とする。
> （標準労働時間）
> 第○条　標準となる1日の労働時間は、7時間とする。
> （始業終業時刻、フレキシブルタイム及びコアタイム）
> 第○条　**フレックスタイム制が適用される従業員の始業および終業の時刻については、従業員**
> 　　　　**の自主的決定に委ねるものとする。** ただし、始業時刻につき従業員の自主的決定に委ね
> 　　　　る時間帯は、午前6時から午前10時まで、終業時刻につき従業員の自主的決定に委ね
> 　　　　る時間帯は、午後3時から午後7時までとする。
> 　　②　午前10時から午後3時までの間（正午から午後1時までの休憩時間を除く。）につい
> 　　　　ては、所属長の承認のないかぎり、所定の労働に従事しなければならない。
> （その他）
> 第○条　前条に掲げる事項以外については労使で協議する。

> 始業・終業時刻を従業員の自主的決定に
> 委ねる旨を定める必要があります。

（ ii ）労使協定で制度の基本的枠組みを定めてください。

● さらに、労使協定で以下の事項を定める必要があります。（詳細はP.9ページ）
　　①対象となる労働者の範囲
　　②清算期間
　　③清算期間における総労働時間（清算期間における所定労働時間）
　　④標準となる1日の労働時間
　　⑤コアタイム（※任意）
　　⑥フレキシブルタイム（※任意）

 導入に当たっての留意事項①：フレックスタイム制を導入した場合には、 時間外労働に関する取り扱いが通常とは異なります。

● フレックスタイム制を導入した場合には、労働者が日々の労働時間を自ら決定することとなります。**そのため、1日8時間・週40時間という法定労働時間を超えて労働しても、ただちに時間外労働とはなりません。逆に、1日の標準の労働時間に達しない時間も欠勤となるわけではありません。**

出所：「フレックスタイム制のわかりやすい解説＆導入の手引き」（厚生労働省・都道府県労働局・労働基準監督署）

● フレックスタイム制を導入した場合には、清算期間における実際の労働時間のうち、**清算期間における法定労働時間の総枠**（※）**を超えた時間数が時間外労働となります。**

（なお、時間外労働を行わせるためには、36協定の締結が必要です。）

（※）	清算期間における 法定労働時間の総枠	＝	1週間の法定労働時間 （40時間）（※1）	×	清算期間の暦日数 7日

例えば、1か月を清算期間とした場合、法定労働時間の総枠が以下のとおりとなるため、清算期間における総労働時間はこの範囲内としなければなりません。

		1か月の 法定労働時間の総枠
清算期間の暦日数	31日	177.1時間
	30日	171.4時間
	29日	165.7時間
	28日	160.0時間

（※1）特例措置対象事業場（※2）については、週の法定労働時間が44時間となるため、上記の式において1週間の法定労働時間を44時間として計算します。
　　　　ただし、清算期間が1か月を超える場合には、特例措置対象事業場であっても、週平均40時間を超えて労働させる場合には、36協定の締結・届出と、割増賃金の支払が必要です。

（※2）特例措置対象事業場
　　　・・・常時10人未満の労働者を使用する商業、映画・演劇業（映画の製作の事業を除く。）、保健衛生業、接客娯楽業のこと。

Point 3　導入に当たっての留意事項②：フレックスタイム制を導入した場合には、清算期間における総労働時間と実労働時間との過不足に応じた賃金の支払いが必要です。

● フレックスタイム制を採用した場合には、清算期間における総労働時間と実際の労働時間との過不足に応じて、以下のように賃金の清算を行う必要があります。

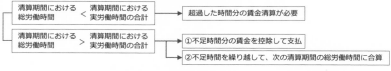

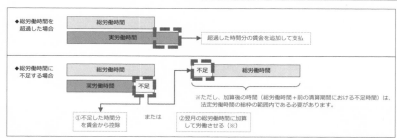

!　**フレックスタイム制は始業・終業時刻の決定を労働者に委ねる制度ですが、使用者が労働時間の管理をしなくてもよいわけではありません。**
実労働時間を把握して、適切な労働時間管理や賃金清算を行う必要があります。

出所：「フレックスタイム制のわかりやすい解説＆導入の手引き」（厚生労働省・都道府県労働局・労働基準監督署）

以下、パンフレットの内容について追加して説明します。

① 239頁「Point 1 」（ⅰ）の就業規則の例の枠内、「始業終業時刻、フレキシブルタイム及びコアタイム」条文内「フレックスタイム制が適用される従業員の始業および終業の時刻については、従業員の自主的決定に委ねるものとする。ただし、始業時刻につき従業員の自主的決定に委ねる時間帯は、午前6時から午前10時まで」および「終業時刻につき従業員の自主的決定に委ねる時間帯は、午後3時から午後7時まで」の「　」でくくった時間帯が、（ⅱ）の⑥フレキシブルタイムのことです。

　そして、同条の②「午前10時から午後3時までの間については、所属長の承認のないかぎり、所定の労働に従事しなければならない」の時間帯が（ⅱ）の⑤コアタイムのことです。

② 240頁1〜2行目の「清算期間における法定労働時間の総枠を超えた時間数」には法定休日の労働時間は含まれません。

　フレックスタイム制においては、法定休日労働は全く別のものとして管理することになりますが、所定休日のうち、法定休日以外の休日における労働時間はカウントされますので、その日の労働時間を含めて時間外労働を算定することが必要になります。

③ 同頁「Point 3 」の総労働時間と実労働時間との過不足に応じた賃金の支払いについては、最下段の枠内の内容が分かりにくくなっているように感じられます。

　この枠は、実労働時間が清算期間における総労働時間を下回った場合の対応を説明しているものです。

　枠内①は不足した時間に相当する賃金を控除するもので、フレックスタイム制以外の場合の一般的な対応ですが、枠内②はフレックスタイム制に特有の対応となります。

　この場合、不足した時間に相当する賃金は控除することなく全額支払った上で、不足した時間相当の時間を次期に繰り越す形で次期の総労

働時間に上積み加算することができるというものです。

　次期に支払うべき賃金を当期に前払いした形になるので、違反とはならないとされているものです。

　パンフレットには※のただし書きがありますが、これは次期の法定労働時間の総枠までしか繰り越しができず、それを超える時間数の繰り越しはできないという意味ではなく、繰り越した時間のうち法定労働時間の総枠を超える部分については、時間外労働の手続き（36協定と時間外割増賃金）が必要となるという意味です。

　この場合、時間外割増賃金は、基本的な1の部分は当期に支払っていますので、割増部分の0.25あるいは0.5の支払いが必要になるものです。

　2期を合算すれば同じ労働時間となるのに、繰り越した結果割増賃金が必要になることがあるということです。

　それを避けるならば、次期の法定労働時間の総枠を超える時間数分は繰り越すことなく、①のように当期の不足した時間分として当期の賃金から控除すればよいことになります。

　いずれにしてもこれらの取扱いは労使協定で明確にしておくことがのぞましいものです。

第 **2** 節

フレックスタイム制に関する改正

（1）　フレックスタイム制の主な改正内容

　　フレックスタイム制の主な改正内容は、厚生労働省のパンフレットに以下のようにまとめられています。

2．改正内容（フレックスタイム制の清算期間の延長等）

これまでのフレックスタイム制は、清算期間の上限が「1か月」までとされていたため、労働者は1か月の中で生活に合わせた労働時間の調整を行うことはできましたが、1か月を超えた調整をすることはできませんでした。**今回の法改正によって、清算期間の上限が「3か月」に延長され、月をまたいだ労働時間の調整により柔軟な働き方が可能となります。**

 フレックスタイム制の清算期間の上限を3か月に延長します。

● 今回の改正によって、フレックスタイム制の清算期間の上限が**3か月**となります。

● これまでは、1か月以内の清算期間における実労働時間が、あらかじめ定めた総労働時間を超過した場合には、超過した時間について割増賃金を支払う必要がありました。一方で実労働時間が総労働時間に達しない場合には、

✓ 欠勤扱いとなり賃金が控除されるか、
✓ 仕事を早く終わらせることができる場合でも、欠勤扱いとならないようにするため総労働時間に達するまでは労働しなければならない、

といった状況もありました。

● 清算期間を延長することによって、2か月、3か月といった期間の総労働時間の範囲内で、労働者の都合に応じた労働時間の調整が可能となります。

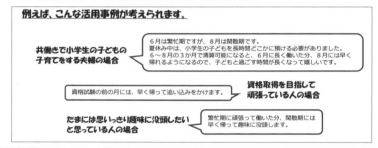

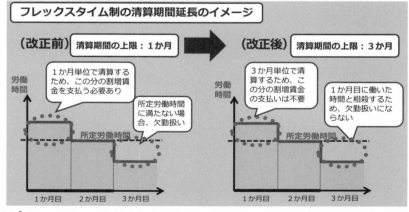

出所：「フレックスタイム制のわかりやすい解説＆導入の手引き」（厚生労働省・都道府県労働局・労働基準監督署）

Point 2 清算期間が1か月を超える場合でも、繁忙月に偏った労働時間とすることはできません。

● 清算期間が1か月を超える場合には、

（ⅰ）清算期間における総労働時間が法定労働時間の総枠（P.9参照）を超えないこと
（＝**清算期間全体の労働時間が、週平均40時間を超えないこと**）　（※1）

に加え、

（ⅱ）**1か月ごとの労働時間が、週平均50時間を超えないこと**　（※2）

を満たさなければならず、いずれかを超えた時間は時間外労働となります。

　このため、月によって繁閑差が大きい場合にも、繁忙月に過度に偏った労働時間とすることはできません。

（※1）清算期間が1か月を超える場合に、中途入社や途中退職など実際に労働した期間が清算期間よりも短い労働者については、その期間に関して清算を行います。実際に労働した期間を平均して、週40時間を超えて労働していた場合には、その超えた時間について割増賃金の支払いが必要です。　（労働基準法第32条の3の2）
　　　なお、特例措置対象事業場（P.5）については、清算期間が1か月以内の場合には週平均44時間までとすることが可能ですが、清算期間が1か月を超える場合には、特例措置対象事業場であっても、週平均40時間を超えて労働させる場合には、36協定の締結・届出と、割増賃金の支払が必要です。　（労働基準法施行規則第25条の2第4項）

（※2）清算期間が月単位ではなく最後に1か月に満たない期間が生じた場合には、その期間について週平均50時間を超えないようにする必要があります。

清算期間を3か月とした場合の時間外労働のイメージ（詳細は13ページ）

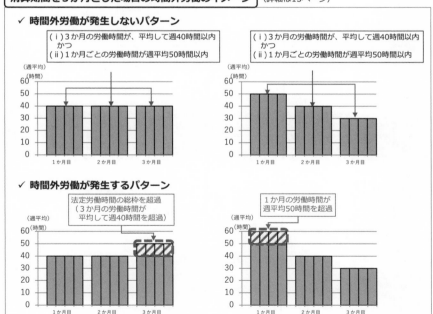

出所：「フレックスタイム制のわかりやすい解説＆導入の手引き」（厚生労働省・都道府県労働局・労働基準監督署）

245

3 清算期間が１か月を超える場合には、労使協定の届出が必要です。

（ⅰ）就業規則等への規定
（ⅱ）労使協定で所定の事項を定めること
　　　　　　　　　　　＋
（ⅲ）労使協定を所轄労働基準監督署長に届出

 清算期間が１か月を超える
フレックスタイム制の導入
には、この３点が必要です。

● 清算期間が１か月を超える場合には、労使協定を所轄の労働基準監督署長に届け出る必要があり、これに違反すると罰則（30万円以下の罰金）が科せられることがあります。清算期間が１か月以内の場合には届出は不要です。

ここも注目！　完全週休２日制の事業場におけるフレックスタイム制

● これまで、完全週休２日制の事業場でフレックスタイム制を導入した場合には、１日８時間相当の労働であっても、曜日の巡りによって、清算期間における総労働時間が、法定労働時間の総枠を超えてしまう場合がありました。

（例）土・日が休日の事業場において、標準となる１日の労働時間を７時間45分とするフレックスタイム制を導入。

日	月	火	水	木	金	土
	1	2	3	4	5	6
7	8	9	10	11	12	13
14	15	16	17	18	19	20
21	22	23	24	25	26	27
28	29	30	31			

上記のカレンダーの場合、

　　清算期間における総労働時間 ＝ ７時間45分×23日 ＝ 178時間15分 ＝ 178.25時間

に対し、

　　法定労働時間の総枠 ＝ 40時間÷７×31日 ＝ 177.1時間

となり、清算期間における総労働時間が法定労働時間の総枠を超えてしまい、完全週休２日制で残業のない働き方をしたにもかかわらず、時間外労働が発生することとなり、36協定の締結や割増賃金の支払いが必要となっていました。

● **今回の法改正では、この問題を解消するために、以下の改正も行っています。**

　✓週の所定労働日数が５日（完全週休２日）の労働者が対象

　✓労使が書面で協定（労使協定）することによって、「清算期間内の所定労働日数×８時間」を労働時間の限度とすることが可能

● これによって、労使が協定すれば、完全週休２日制の事業場において、残業のない働き方をした場合に、曜日の巡りによって想定外の時間外労働が発生するという不都合が解消されます。

上記の例の場合、
　　清算期間における総労働時間 ＝ ７時間45分×23日 ＝ 178時間15分 ＝ 178.25時間

に対し、

　　法定労働時間の総枠 ＝ ８時間×23日 ＝ 184時間

となり、清算期間における総労働時間が法定労働時間の総枠に収まります。

出所：「フレックスタイム制のわかりやすい解説＆導入の手引き」（厚生労働省・都道府県労働局・労働基準監督署）

以下、パンフレットの内容について追加して説明します。

① 244頁「Point 1」の二つ目の●には、実労働時間が総労働時間に達しない、不足している場合についての対応が示されていますが、246頁Point 3の次期への時間の繰り越し上積みで問題なく処理される例が記されていません。

② 同頁「Point 1」の下枠の「フレックスタイム制の清算期間延長のイメージ」欄は、改正の特徴的部分の説明となっています。

すなわち、改正前は

- 1か月ごとに総労働時間（＝所定労働時間）に対する賃金と総労働時間を超えた時間に対する賃金（当該時間が法定労働時間を超える場合は時間外割増賃金）とを支払う。
- 不足した時間については賃金を減額するか次期に労働時間を繰り越す。

という方法でしたが、改正後は

- 清算期間が1か月を超える場合、各月では各月の所定労働時間相当の賃金のみを支払う。
- 総労働時間を超えた時間及び不足した時間は、毎月ではなく清算期間全体を通じて清算することとし、最終月において、その月の所定労働時間相当の賃金に加え、清算期間の総労働時間を超えた時間に対する賃金（当該時間が当月の法定労働時間を超える場合は時間外割増賃金）も支払う。
- 不足した時間については、当月に賃金を減額するか次期に労働時間を繰り越す。

という方法をとることができることとなったというものです。

なお、どの月に何時間働くかは全て労働者の決定に委ねられていますので、使用者は労働時間の結果に応じて賃金を清算することしかできません。

この枠内の右側の（改正後）の清算期間3か月の例でいえば、仮に3か

月目にも所定労働時間働いた場合には、 1 か月目の所定労働時間超え
の賃金を、 3 か月目の賃金支払期に支払うことで清算するというもの
です。

③　245頁「Point 2 」の上部の枠内の「(ⅱ) 1 か月ごとの労働時間が、週平
均50時間を超えないこと」というのは、後にも出てきますが。 1 か月の
労働時間が

50時間×各月の暦日数÷ 7

の算式で計算された時間を超えないということです。

これは、超えた場合にはフレックスタイム制が認められなくなるとい
う訳ではなく、時間外労働の手続き(36協定と時間外割増賃金)が必要と
なるという意味です。

このような制度になった結果、労働者にとってみれば割増賃金の支払
いが最も長い場合は 3 か月後に先送りされるという事態は避けられま
したが、使用者にしてみれば、毎月週平均50時間を上回る時間外労働
に対する割増賃金の支払い事務は残り、さらに清算期間の最後の月の清
算事務が加わりますので、事務処理の煩雑さが増すということになるよ
うです。

(2)　フレックスタイム制での時間外労働

1.　フレックスタイム制での時間外労働

フレックスタイム制での時間外労働については厚生労働省のパンフレッ
トに以下のようにまとめられています。

2．フレックスタイム制における時間外労働

フレックスタイム制で働く労働者についても、時間外労働を行う場合には、36協定の締結・届出が必要となりますが、時間外労働のカウント方法が一般の労働時間制度とは異なる取り扱いとなります。

Point 1 フレックスタイム制のもとでは、清算期間を通じて、法定労働時間の総枠を超えて労働した時間が時間外労働としてカウントされます。

● フレックスタイム制を採用した場合には、清算期間における総労働時間の範囲内で、日ごとの労働時間については労働者自らの決定に委ねられます。したがって、フレックスタイム制においては、清算期間を単位として時間外労働を判断することになるので、36協定において「1日」の延長時間について協定する必要はなく、「1か月」「1年」の延長時間を協定します。

● 清算期間を通じて、法定労働時間の総枠を超えて労働させる場合に、36協定を締結し、所轄労働基準監督署長へ届け出る必要があります。

（※清算期間が1か月を超える場合には、フレックスタイム制に関する労使協定の届出も必要です。）

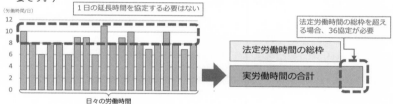

!　フレックスタイム制のもとで、休日労働（1週間に1日の法定休日に労働すること）を行った場合には、休日労働の時間は、清算期間における総労働時間や時間外労働とは別個のものとして取り扱われます（35％以上の割増賃金率で計算した賃金の支払が必要）。

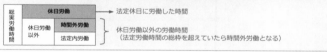

Point 2 清算期間が1か月を超える場合には、

①1か月ごとに、週平均50時間を超えた労働時間
②清算期間を通じて、法定労働時間の総枠を超えて労働した時間
（※①でカウントした労働時間を除く）
が時間外労働としてカウントされます。

● 清算期間が1か月を超える場合には、P.7のとおり1か月ごとに1週間当たり50時間を超えて労働させてはいけないこととなっているため、これを超えて労働させるには、36協定の締結・届出が必要となります。

● さらに、Point 1のとおり清算期間を通じて法定労働時間の総枠を超えて労働させる場合にも36協定の締結が必要となります。

● したがって、以下の①、②がそれぞれ時間外労働としてカウントされます。
①1か月ごとに、週平均50時間を超えた労働時間
②①でカウントした時間を除き、清算期間を通じて、法定労働時間の総枠を超えて労働した時間

出所：「フレックスタイム制のわかりやすい解説＆導入の手引き」（厚生労働省・都道府県労働局・労働基準監督署）

時間外労働時間の算定の例

ここで、具体的な数字を用いて清算期間が1か月を超える場合の時間外労働の算定方法を確認します。

以下では、清算期間を4月1日～6月30日の3か月間、実労働時間が以下のようになったケースについて、時間外労働の算定手順を見ていきます。

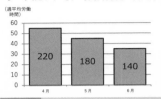

	4月	5月	6月	合計
実労働時間	220.0	180.0	140.0	540.0

Step 1

✓清算期間における法定労働時間の総枠
✓各月ごとに、週平均50時間となる月間の労働時間数
を計算して、フレックスタイム制の枠組みを把握します。

◆まずは、清算期間における法定労働時間の総枠を以下の式によって算出します。

清算期間における 法定労働時間の総枠	＝	1週間の法定労働時間 （40時間）	×	清算期間の暦日数 7日

今回は、暦日数が91日となるため、法定労働時間の総枠は、520時間となります。

◆次に、1か月ごとに、各月の週平均労働時間が50時間となる月間の労働時間数を以下の式によって算出します。

週平均50時間となる 月間の労働時間数	＝	50時間	×	各月の暦日数 7日

（参考）週平均50時間となる月間の労働時間数

		週平均50時間となる 月間の労働時間数
月の暦日数	31日	221.4時間
	30日	214.2時間
	29日	207.1時間
	28日	200.0時間

今回は、4月は214.2時間、5月は221.4時間、6月は214.2時間となります。

◆以上により、今回のフレックスタイム制の枠組みは以下のとおりとなります。

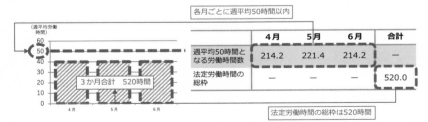

出所：「フレックスタイム制のわかりやすい解説＆導入の手引き」（厚生労働省・都道府県労働局・労働基準監督署）

Step 2　各月ごとに、週平均50時間を超えた時間を時間外労働としてカウントします。

◆清算期間を1か月ごとに区分した各期間ごとに、月間の実労働時間のうち、週平均50時間を超えた時間を時間外労働としてカウントします。
なお、清算期間の最後に1か月に満たない期間が発生する場合（清算期間1．5か月など）には、その期間を平均して、週平均50時間を超えているかどうか判断します。

◆今回のケースでは、以下のとおり、4月について週平均50時間を超える時間が発生しているので、時間外労働としてカウントし、4月の賃金支払日に割増賃金として支払います。

		4月	5月	6月		合計
実労働時間数	(a)	220.0	180.0	140.0	(A)	540.0
週平均50時間となる労働時間数	(b)	214.2	221.4	214.2		
週平均50時間を超える労働時間数	(c=a-b)	5.8	0	0	(C)	5.8

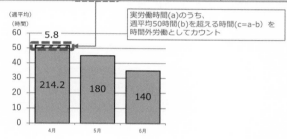

実労働時間(a)のうち、
週平均50時間(b)を超える時間(c=a-b)を
時間外労働としてカウント

Step 3　清算期間終了後に、法定労働時間の総枠を超えて労働した時間を時間外労働としてカウントします。

◆清算期間を通じて法定労働時間の総枠を超えて労働した時間については、清算期間終了後に最終月の時間外労働としてカウントします。
ただし、以下の式のとおり、Step 2で時間外労働としてカウントした時間は除きます。

清算期間を通じて、法定労働時間の総枠を超えた時間外労働	=	清算期間を通じた実労働時間	−	各月において、週平均50時間超過分として清算した時間外労働の合計	−	清算期間における法定労働時間の総枠
（今回のケース）14.2時間	=	540.0時間	−	5.8時間	−	520時間

◆今回のケースでは、実労働時間の合計（540時間）から、Step 2で4月の時間外労働としてカウントした時間（5.8時間）を除いた時間（534.2時間）のうち、法定労働時間の総枠（520時間）を超えた時間（14.2時間）を6月の時間外労働としてカウントし、6月の賃金支払日に割増賃金を支払います。

出所：「フレックスタイム制のわかりやすい解説＆導入の手引き」（厚生労働省・都道府県労働局・労働基準監督署）

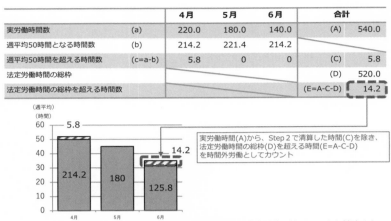

		4月	5月	6月		合計
実労働時間数	(a)	220.0	180.0	140.0	(A)	540.0
週平均50時間となる時間数	(b)	214.2	221.4	214.2		
週平均50時間を超える時間数	(c=a-b)	5.8	0	0	(C)	5.8
法定労働時間の総枠					(D)	520.0
法定労働時間の総枠を超える時間数					(E=A-C-D)	14.2

実労働時間(A)から、Step 2で清算した時間(C)を除き、法定労働時間の総枠(D)を超える時間(E=A-C-D)を時間外労働としてカウント

◆以上により、今回のケースでは、各月における時間外労働時間数は以下のとおり算定され、各月の賃金支払日に割増賃金を支払う必要があります。

	4月	5月	6月	合計
時間外労働	5.8	0	14.2	20.0

※今回のケースでは発生していませんが、時間外労働としてカウントした時間が、月60時間を超えた場合には、超えた時間については50％以上の割増賃金率で計算する必要があります。
（中小企業は2023年3月末までは25％以上。2023年4月以降は50％以上。）

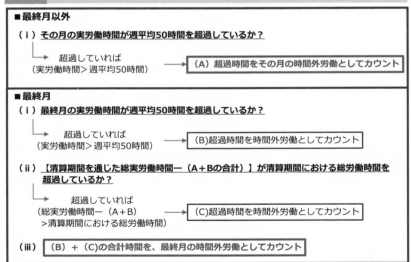

まとめ　清算期間が1か月を超えるフレックスタイム制における時間外労働の計算手順

■最終月以外

（ⅰ）その月の実労働時間が週平均50時間を超過しているか？

超過していれば
（実労働時間＞週平均50時間）

→ **（A）超過時間をその月の時間外労働としてカウント**

■最終月

（ⅰ）最終月の実労働時間が週平均50時間を超過しているか？

超過していれば
（実労働時間＞週平均50時間）

→ **（B）超過時間を時間外労働としてカウント**

（ⅱ）【清算期間を通じた総実労働時間－（A＋Bの合計）】が清算期間における総労働時間を超過しているか？

超過していれば
（総実労働時間－（A＋B）
＞清算期間における総労働時間）

→ **（C）超過時間を時間外労働としてカウント**

（ⅲ）**（B）＋（C）の合計時間を、最終月の時間外労働としてカウント**

出所：「フレックスタイム制のわかりやすい解説＆導入の手引き」（厚生労働省・都道府県労働局・労働基準監督署）

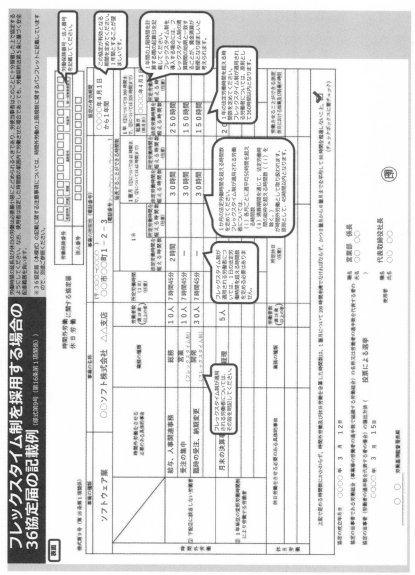

出所：「フレックスタイム制のわかりやすい解説＆導入の手引き」（厚生労働省・都道府県労働局・労働基準監督署）

253

　以下、パンフレットの内容について追加して説明します。

　249頁「Point 1 」の二つ目の●に「清算期間を通じて、法定労働時間の総枠を超えて労働させる場合に、36協定を締結し、所轄労働基準監督署長へ届け出る必要があります。」と記載されていますが、253頁の36協定届記載例でも分かりますように、「清算期間を通じて、法定労働時間の総枠を超える」時間数を記載する欄はありません。

　一般の36協定届と同様に、1月及び1年の延長することができる時間数を協定することとされています。

2.　フレックスタイム制での時間外労働の上限規制

　フレックスタイム制での時間外労働の上限規制については厚生労働省のパンフレットに以下のようにまとめられています。

3．フレックスタイム制導入時の時間外労働の上限規制の考え方

働き方改革関連法（改正労働基準法）によって、時間外労働の上限が法律に設けられました。フレックスタイム制を導入する場合には、前ページまでで確認した時間外労働の算定方法に加え、時間外労働の上限規制にも注意する必要があります。

Point 1　時間外労働に上限が設けられます。（※2019年4月施行、中小企業への適用は2020年4月）

● 働き方改革関連法によって、時間外労働の上限が法律に設けられました。（詳細はパンフレット「時間外労働の上限規制　わかりやすい解説」をご参照ください。）
そのため、以下の上限規制を遵守しなければならないこととなりました。

原則	時間外労働の上限（限度時間）	月45時間以内 年360時間以内	36協定（様式第9号）の締結・届出が必要
特別条項（※1）（限度時間を超えることができる場合）	特別条項の回数	年6回以内	特別条項付き36協定（様式第9号の2）の締結・届出が必要
	年間の時間外労働の上限	年720時間以内	
時間外労働と休日労働の合計		単月100時間未満 2～6か月平均80時間以内	

（※1）臨時的な特別の事情がある場合に限る。

（※）建設事業、自動車運転業務、医師、鹿児島県及び沖縄県における砂糖製造業については、上限規制の適用が5年間猶予されます。また、新技術・新商品等の研究開発業務については、上限規制の適用が除外されています。

Point 2　フレックスタイム制のもとでは、前ページまでに確認した手順で算出した時間外労働時間に対して、上限規制が適用されます。

● フレックスタイム制のもとでは、前ページまでに確認した手順で時間外労働時間が算出されますが、その時間数を上限規制の範囲内としなければなりません。

フレックスタイム制のもとで、休日労働（1週間に1日の法定休日に労働すること）を行った場合には、休日労働の時間は、清算期間における総労働時間や時間外労働とは別個のものとして取り扱われます。

したがって、法定休日に労働した時間は全て休日労働としてカウントし、休日労働以外の時間について、前ページまでの手順で時間外労働を算出します。

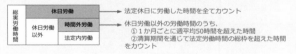

次ページで、フレックスタイム制のもとで、時間外労働の上限規制違反となるケースについて確認します。

出所：「フレックスタイム制のわかりやすい解説＆導入の手引き」（厚生労働省・都道府県労働局・労働基準監督署）

法違反（時間外労働の上限規制の違反）となるケースの例 （※時間外労働の計算方法はP.13参照）

ここでは、清算期間を4～6月、7～9月、10～12月、1～3月の各3か月とするフレックスタイム制を導入し、36協定の対象期間を4月～翌3月としたケースについて、法違反となるケースを確認します。以下のような場合に法違反となるので注意が必要です。

（ⅰ）時間外労働が月45時間を超えた回数が、年間で7回以上となった場合
月45時間を超えることができるのは6回以内であり、以下の例は法違反となります。

	4月	5月	6月	7月	8月	9月	10月	11月	12月	1月	2月	3月
実労働時間	260.0	220.0	135.0	270.0	220.0	130.0	220.0	270.0	140.0	220.0	200.0	140.0
週平均50時間となる時間	214.2	221.4	214.2	221.4	221.4	214.2	221.4	214.2	221.4	221.4	200.0	221.4
週平均50時間を超える時間	45.8			48.6			55.8					
法定労働時間の総枠	520.0			525.7			525.7			514.2		
法定労働時間の総枠を超える時間			49.2			45.7			48.5			45.8
時間外労働	**45.8**		**49.2**	**48.6**		**45.7**		**55.8**	**48.5**			**45.8**

45時間を7回超えてしまい、法違反

（ⅱ）単月で時間外労働＋休日労働の合計が100時間以上となった場合
以下の例のように、一度でも超えれば法違反となります。

	4月	5月	6月
実労働時間（休日労働除く）	210.0	220.0	185.0
法定労働時間の総枠	520.0		
時間外労働			95.0
休日労働			10.0
時間外労働＋休日労働の合計			105.0

100時間以上となり、法違反

※このケースでは、通常の労働時間制度や、清算期間が1か月であれば、各月の法定労働時間が、
　4月＝171.4時間、5月＝177.1時間、6月＝171.4時間
であるため、時間外労働はそれぞれ、
　4月＝38.6時間、5月＝42.9時間、6月＝13.6時間
となり、上限規制の範囲内となります。

（ⅲ）時間外労働＋休日労働の合計の2～6か月平均のいずれかが80時間を超えた場合
以下の例のように、3か月平均で超える場合などは法違反となります。

	4月	5月	6月	7月	8月	9月
実労働時間（休日労働除く）	210.0	220.0	179.0	271.0	295.0	150.0
週平均50時間となる時間	214.2	221.4	214.2	221.4	221.4	214.2
週平均50時間を超える時間				49.6	73.6	
法定労働時間の総枠	520.0			525.7		
法定労働時間の総枠を超える時間			89.0			67.1
時間外労働			89.0	49.6	73.6	67.1
休日労働			10.0	10.0	10.0	
時間外労働＋休日労働の合計			99.0	59.6	83.6	67.1

3か月平均が80時間を超えており、法違反

● その他、36協定で定めた時間を超えた場合にも法違反となります。

> ！ 清算期間の最終月においては、一般の労働時間制度であれば時間外労働の上限規制の枠内に収まるものの、清算期間が1か月を超えるフレックスタイム制を導入していることによって、上限規制違反となる場合もあるため注意が必要です。（上記（ⅱ）のケース）
>
> 法定労働時間の総枠の範囲内において、日々の始業・終業時刻を労働者の決定に委ねるという制度本来の趣旨に沿って、各月の繁閑差をあらかじめ見込んだ上で、清算期間や対象者を協定するようにしてください。

出所：「フレックスタイム制のわかりやすい解説＆導入の手引き」（厚生労働省・都道府県労働局・労働基準監督署）

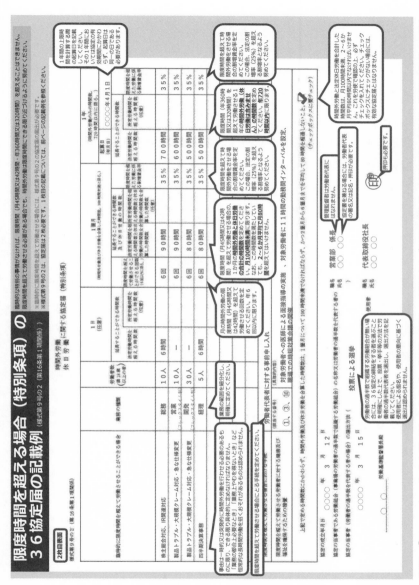

出所：「フレックスタイム制のわかりやすい解説＆導入の手引き」（厚生労働省・都道府県労働局・労働基準監督署）

注意
！

　フレックスタイム制については、前記の事項に加え、以下のような点に注意することが必要です。

① 　始業・終業時刻を労働者の決定に委ねるということから、「労働時間管理のすべてが労働者の自己責任となるものであって、時間外労働の把握・管理や時間外割増賃金の支払いが不要となる」などの誤った理解をしないことが必要。

② 　始業・終業両方の時刻を労働者の決定に委ねることが必要で、どちらか一方のみを委ねるものはフレックスタイム制にはならない。

③ 　フレキシブルタイムが所定時刻（事業場の原則の時刻またはコアタイムの開始・終了時刻）からの30分程度という場合は、フレックスタイム制にはならない。

④ 　フレキシブルタイムにおいて、その時刻を10分、15分、30分などの単位で区切り、その中から始業・終業時刻を労働者に選ばせるという方法は、労働者の決定に委ねたことにはならないため、フレックスタイム制にはならない。

⑤ 　労働時間の把握管理という面から、労使協定において目安としてフレキシブルタイムを15分や30分などの単位で区切り、その時刻を目標として始業・終業を行うように定めることはできるとされているが、強制はできないため、労働時間は労働者の実際の始業・終業時刻の分単位のものとする必要がある。

3.　フレックスタイム制での疑問点

　フレックスタイム制は、労働時間管理という点で他の制度とは異なった性質を持っていることから、前頁の「注意！」であげた点以外にも、様々な疑問点が生ずることがあります。

　さらに、改正により清算期間が3か月まで認められたことにより、新たな疑問も生ずることと思われます。

> **Q 4-1**　清算期間の途中で総労働時間に達してしまった労働者に対しては、その後の日に出勤して労働するよう指示することはできるか。

　A　労働者が労働する義務は総労働時間までであることから、清算期間の途中に総労働時間に達してしまった労働者に対してその後の日（コアタイムを設けている日を含みます）に出勤して労働することを指示することはできません。

　ただし、コアタイムを設けている日に出勤しないことについて、賞与等で査定することは、その基準が明確になっていれば、法違反となるものではないと考えられます。

> **Q 4-2**　フレキシブルタイムを設けた場合、フレキシブルタイムの開始時刻前や終了時刻後に労働しようとする労働者に対し、就業規則、労使協定に基づかない労働だとして、やめさせることができるか。

　A　労働契約上の労働ではないとして、就労を拒否することはできますが、それでも労働した場合にそれを黙認していたときは、労働時間として算定することが必要となります。

Q 4-3 労働者の労働時間が36協定で定めた延長時間を超えてしまう場合には、労働をやめさせることができるか。

A この場合、使用者は労働時間の管理を行うものとして、始業・終業時刻を指示して労働をやめさせることができますが、それでも労働した場合にそれを黙認していたときは、労働時間として算定することが必要になるとともに、労働基準法第32条違反を問われる可能性が生じることになります。

Q 4-4 年休については他の制度と異なる取扱いになるのか。

A 他の制度とは異なり、年休を取得した日は労使協定によって定められた、「標準となる1日の労働時間（＝年休を取得した際の算定基礎となる労働時間）」を、労働したものとして取り扱うことが必要となります。

　この「標準となる1日の労働時間」は、清算期間における総労働時間数を清算期間中の所定労働日数で除して得た時間を基準にして、労使協定で定めることになります。

　労働したものとして取り扱うことについて、他の制度との違いは、例えば、1週40時間、1日8時間、土・日が所定休日という原則の上で、1か月単位の変形労働時間制をとっている事業場での2月の場合をみてみます。

　2月の所定労働時間は法定労働時間と同じ160時間になります。

　この月に、ある週の平日に1日年休を取得し、同じ週の土曜日に8時間の所定休日労働をしたとします。

　その場合、当該週の実労働時間は40時間で変わりなく、また、変形期間（1か月）の実際の労働時間数も160時間に変わりはありませんので、いずれも法定労働時間以内となっており、時間外労働の手続き（36協定と時

間外割増賃金の支払い）は必要ありません。

　一方で、清算期間を1か月、その期間の総労働時間を法定どおり160時間としたフレックスタイム制の場合、年休取得日は、「標準となる1日の労働時間」を労働したものとされることから、実際の労働時間が総労働時間どおりの160時間であっても、それを「標準となる1日の労働時間」だけ上回ったものとして労働時間を算定することとなり、それが法定労働時間を超えるものである場合は、上記の時間外労働の手続きが必要になるものです。

Q 4-5 清算期間が3か月の場合、各月に支払う賃金、時間外割増賃金はそれぞれどのようになるのか。

A　1か月目、2か月目は、
① 当該月の法定労働時間に対応する賃金（月給制の場合は、固定的な1か月の所定賃金）
② 1週間当たり50時間を超える時間外労働があった場合はその時間に対応する時間外割増賃金
3か月目は、
① 上記①と同様
② 上記②と同様
③ 清算期間の実労働時間−清算期間の法定労働時間に対応する割増賃金から上記②の既払いの賃金を控除した賃金
となります。

Q 4-6 清算期間が３か月のフレックスタイム制を導入している部署で２か月働き、３か月目は初めからフレックスタイム制でない部署に異動した場合、賃金はどのようになるのか。

A ３か月の清算期間が２か月に変更になったことになり、３か月目に行う清算期間全体の実労働時間についての清算を、２か月目に繰り上げて行うことになります。

こんなことも
夜間の張り込みは居酒屋で

　長時間労働時間の規制、特に時間外労働に対する割増賃金の不払いについては、被害に遭っている多くの労働者から監督署に情報が寄せられ、対応を迫られることになる。

　とはいえ、ただ漫然と臨検監督を行っても実態解明に至らない場合も多いので、夜遅い時間に突然臨検監督し、実際に働かせている現場を抑えるという夜間臨検という手法をとることもある。

　その際、空振りを避けるため、事前に内偵を行うことがある。

＊　　＊　　＊

　あるとき、大手金融機関について、男女ともに長時間の残業が行われているが、残業手当が適切に支払われていないという情報が監督署に寄せられた。

　相手が相手だけに空振りは許されないし、何も出てこなければ、109頁の「こんなことも」で紹介したように適正な労働時間管理を行っている金融機関という、誤った評価を与えることになってしまう。

　そこで、夜間に当該金融機関の社員通用口を見張って、社員の退社時刻を記録することとなった。

　幸いなことに、目の前に居酒屋があり、その２階の座敷からは通用口を真正面から見渡すことができる。

　そこで、監督官が２人ずつ組んで、毎晩その居酒屋の２階に上がり、ちびちび飲みながら、通用口を出てくる社員の性別と時刻とを記録していった。

　もちろん居酒屋代金は本人持ちであり、みな多少の不満は抱えていたが、それでも見張り・内偵を行っているという高揚感に、その不満が爆発するようなことはなかった。

　ただ、負担が厳しいという若手は、居酒屋の前、すなわち通用口の前の電信柱の陰で、酔って同僚と馬鹿話をしている風を装ったりして、記録を続けた。

　１か月間記録を続け、毎晩夜10時以降にも何人かが通用口を出たことを確認した後のある夜。６人ほどの監督官が通用口の前に立った。

　その日も記録をしていたが、通用口を出た人数からすると、未だ社内には社員が相当数残っていることが想定されていたのである。

　ドアホンに臨検監督にきた旨を告げるとドアが開錠された。

　入るとすぐに廊下のドアが開き社員が飛び出してきて、「何ですか？こんな時間に？」と驚いた様子。

　夜遅くに仕事をしているのかどうか、確認に来た旨を告げると、確かに男女ともにここにいるが、仕事をしているのではなくて、来月の社内の文化祭の準備を行っている旨返答された。

　それぞれ担当する展示や演劇の練習や準備を行っていたのだということで、確かに日常見られる通常の事務処理を行っていることは確認できなかった。

　しばらく押し問答が続いたが、夜間に大勢で踏み込んでいること自体が異常ではあるので、一旦は引き上げることとした。

　しかし後日、あらためて昼間に臨検監督し、過去１か月にわたって通用口から帰った社員の人数とそれぞれの時刻を記録していたことを伝え、残業の実態を正確に示すように迫ったところ、記録を突き付けられた会社の担当者は、結局、日々長時間にわたって残業を行っていたこと、それに対する時間

外割増賃金を一部しか支払っていなかったことを認めたのである。

　その後、不払いであった時間外割増賃金は全額支払われることとなり、監督署としては被害が救済されたこともあって、再発防止を徹底すること、繰り返した場合は司法処分も検討する旨の文書を交付して、本事案は終了となった。

第 **5** 章

割増賃金
（月60時間を超える時間外労働）

時間外労働が１月60時間となる場合

　平成22年４月１日以降、１月に行われた時間外労働が60時間を超えた場合、その超えた時間数に対しては割増率５割以上の割増賃金を支払うことが義務づけられました。

　これは、労働基準法第37条第１項の「ただし、当該延長して労働させた時間が１箇月について60時間を超えた場合においては、その超えた時間の労働については、通常の労働時間の賃金の計算額の５割以上の率で計算した割増賃金を支払わなければならない。」という規定に基づくものです。

　平成22年４月１日から適用された時点のパンフレットでは、以下のようにその原則が示されています。

Ⅱ　法定割増賃金率の引上げ関係

月60時間を超える法定時間外労働に対して、使用者は50%以上の率で計算した割増賃金を支払わなければなりません

労働者が健康を保持しながら、労働以外の生活のための時間を確保して働くことができるよう、1か月に60時間を超える法定時間外労働について、法定割増賃金率を5割以上に引き上げます。

現行の取扱い

法定労働時間（1週40時間、1日8時間）を超える時間外労働（法定時間外労働）に対しては、使用者は25%以上の率で計算した割増賃金を支払わなければなりません。

改正のポイント

1か月60時間を超える法定時間外労働に対しては、使用者は50%以上の率で計算した割増賃金を支払わなければなりません。

中小企業は
適用が
猶予されます。
（p6参照）

※　1か月の起算日は、賃金計算期間の初日、毎月1日、36協定の期間の初日などにすることが考えられます。

深夜労働との関係

深夜（22:00～5:00）の時間帯に1か月60時間を超える法定時間外労働を行わせた場合は、深夜割増賃金率25%以上＋時間外割増賃金率50%以上＝75%以上となります。

法定休日労働との関係

1か月60時間の法定時間外労働の算定には、法定休日（例えば日曜日）に行った労働は含まれませんが、それ以外の休日（例えば土曜日）に行った法定時間外労働は含まれます。

なお、労働条件を明示する観点や割増賃金の計算を簡便にする観点から、法定休日とそれ以外の休日を明確に分けておくことが望ましいものです。

法定休日とは？

使用者は1週間に1日または4週間に4回の休日を与えなければなりません。これを「法定休日」といいます。法定休日に労働させた場合は35%以上の率で計算した割増賃金を支払わなければなりません。

（例）

平日は毎日3時間法定時間外労働をし、所定休日の11日（土曜）に4時間労働し、法定休日の12日（日曜）に2時間労働した場合

出所：「改正労働基準法のポイント」（厚生労働省・都道府県労働局・労働基準監督署）

Q 5-1 土日が休日の事業場で、法定休日を日曜日と定めている場合、土曜日には休んで労働しなかったが日曜日に労働した場合、日曜日の労働は法定休日労働として取扱い、当日の労働時間を1か月60時間の算定には含めないこととしてよいか。

A 通達では、

> 法定休日が特定されている場合は、割増賃金の計算の際には当該特定された休日を法定休日として取り扱い、法第37条第1項ただし書の「1箇月60時間」の算定に含めないこととして差支えない。
>
> （平21.10.5改正労働基準法に係る質疑応答）

とされています（前掲51頁注意！参照）。

所定休日の土曜日には休んでいることから、この週に法定休日労働は行われていないことになりますが、割増率5割の割増賃金の対象となる月60時間の時間外労働には、事業場で法定休日と定めている日の労働時間数は含めなくともよいとしているものです。

Q 5-2 通常の賃金と割増賃金の計算期間が異なる場合、1か月の起算日を賃金計算期間の初日とするときは、どちらにすべきか。

A 割増賃金の計算に関するものなので、割増賃金の計算期間の初日として差し支えありません。

269

適用が除外されている中小事業主

第1節のパンフレットの右側に「中小企業は適用が猶予されます。」との記載がありますが、これは一定の中小事業主（前掲55頁の表に該当するもの）には、労働基準法第138条により当分の間、適用しないとされているものです。

なお、対象となるのは営利事業を行う企業のみではなく、労働者を使用する事業全般ですので、企業ではなく事業主と表現することが正確です。以下、これを「中小事業主」といいます。

今回の改正により同条が廃止され、令和5年4月1日から中小事業主についても、同様に適用されることになりました。

----

(1)　中小事業主の判断

以下、中小事業主の判断について、よくある疑問を解説します。

> **Q 5-3** 一事業主が複数の業種に該当する事業活動を行っている場合、適用される業種はどのように判断するのか。

<　**A**　> 事業主の主な事業活動によって判断します。

主な事業活動は過去1年間の収入額・販売額、労働者数・設備の多寡等によって判断します。

> **Q 5-4** 事業主の資本金の額または出資の総額は何によって判断するのか。

〈　**A**　〉法人登記、定款等の記載によって判断します。

Q 5-5 資本金や出資金がない事業主の場合どのように判断すればよいか。

〈　**A**　〉個人事業主や医療法人など資本金や出資金の概念がない場合には、常時使用する労働者数のみで判断することになります。

Q 5-6 常時使用する労働者の数で、出向者や派遣労働者はどのように判断するのか。

〈　**A**　〉労働者の数は労働契約関係の有無によって判断されますので、在籍出向者の場合は、出向元と出向先双方の事業主の労働者数に算入されます。

　移籍出向者の場合は、出向先のみの労働者数に算入されます。

　派遣労働者の場合は派遣先には労働契約関係なく、派遣元のみに労働契約関係がありますので、派遣元事業主の労働者数に算入されます。

Q 5-7 出向先と出向元、派遣先と派遣元とで大企業と中小企業に分かれる場合、どのようになるのか。

〈　**A**　〉割増賃金の支払い義務のある事業主について判断することになりますので、出向の場合、出向元に賃金支払い義務があり、その出向元が大規模事業主であるときは、出向先が中小事業主であっても、１か月60時間を超える時間外労働の割増賃金率は５割以上となります。

　反対に、出向元が中小事業主であるときは出向先が大規模事業主であっても、１か月60時間を超える時間外労働の割増賃金率は２割５分以上でよいことになります。

　派遣労働者の場合は派遣元に賃金支払い義務がありますので、派遣先の状況に関わりなく、派遣元の労働者数によって判断されることになります。

Q 5-8　中小事業主に該当するか否かは企業単位で判断されるとのことだが、例えば社会保険病院において老人ホームも併設しているような場合、事業主の規模はどのように判断するのか。

A　法人格の単位で判断することになります。

（2）　施行日の対応

　令和5年4月1日の取扱いはまだ示されていませんが、平成22年4月1日から適用された時点での施行日の取扱いは、

> 　法の施行日である平成22年4月1日を含む1箇月については、施行日から時間外労働時間を累計して60時間に達した時点より後に行われた時間外労働について、5割以上の率で計算した割増賃金の支払が必要となること。
>
> （平21.5.29基発0529001）

とされました。

　すなわち、施行日の前日までに行われた時間外労働に対しては従来通りの割増率で計算した割増賃金を支払い、施行日以降に行われた時間外労働を累計し、60時間までの時間に対しては従来通りの割増率で、それ以後の時間に対しては5割以上の率で計算した割増賃金を支払うこととされたものです。

第 **3** 節

代替休暇制度

　割増賃金率の引き上げ分（2割5分以上の率と5割以上の率との差）の割増賃金を支払う代わりに、有給の休暇（労働基準法第39条の年休とは異なるもの）を付与する制度（代替休暇制度）を設けることができます。

　根拠は労働基準法第37条第3項の以下の規定によるものです。

　使用者が、当該事業場に、労働者の過半数で組織する労働組合があるときはその労働組合、労働者の過半数で組織する労働組合がないときは労働者の過半数を代表する者との書面による協定により、第1項ただし書の規定により割増賃金を支払うべき労働者に対して、当該割増賃金の支払に代えて、通常の労働時間の賃金が支払われる休暇（第39条の規定による有給休暇を除く。）を厚生労働省令で定めるところにより与えることを定めた場合において、当該労働者が当該休暇を取得したときは、当該労働者の同項ただし書に規定する時間を超えた時間の労働のうち当該取得した休暇に対応するものとして厚生労働省令で定める時間の労働については、同項ただし書の規定による割増賃金を支払うことを要しない。

　これは、長時間労働を行った労働者の健康確保のために、休養を取らせる制度とされていますが、使用者には、5割以上の率の割増賃金の支払いを避けるための制度と認識されている面もあります。

　この制度については、平成22年の施行後に作成された厚生労働省のパンフレットに以下のように説明されています。

Ⅱ　法定割増賃金率の引上げ関係

引上げ分の割増賃金の代わりに有給の休暇を付与する制度（代替休暇）を設けることができます

1か月60時間を超える法定時間外労働を行った労働者の方の健康を確保するため、引上げ分の割増賃金の代わりに有給の休暇（代替休暇）を付与することができます。

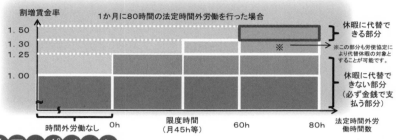

改正のポイント

代替休暇制度導入にあたっては、過半数組合、それがない場合は過半数代表者との間で労使協定を結ぶことが必要です。

労使協定で定める事項

①代替休暇の時間数の具体的な算定方法
②代替休暇の単位
③代替休暇を与えることができる期間
④代替休暇の取得日の決定方法、割増賃金の支払日
の4つがあります。具体的な内容は以下のとおりです。

※この労使協定は事業場において代替休暇の制度を設けることを可能にするものであり、個々の労働者に対して代替休暇の取得を義務づけるものではありません。

個々の労働者が実際に代替休暇を取得するか否かは、労働者の意思により決定されます。

①代替休暇の時間数の具体的な算定方法

（例）次のような算定方法になります。

代替休暇の時間数は、1か月60時間超の法定時間外労働時間に対する引上げ分の割増賃金額に対応する時間数となります。

$$\boxed{代替休暇の時間数} = \left[\boxed{1か月の法定時間外労働時間数} - 60 \right] \times \boxed{換算率}$$

$$\boxed{換算率} = \boxed{代替休暇を取得しなかった場合に支払うこととされている割増賃金率} - \boxed{代替休暇を取得した場合に支払うこととされている割増賃金率}$$

1.50 ┈┈┈┈ 代替休暇を取得しなかった場合に支払うこととされている割増賃金率
↕換算率　（1.50−1.30＝0.20）
1.30 ┈┈┈┈ 代替休暇を取得した場合に支払うこととされている割増賃金率
60h　80h

換算率を何％にするかなど、具体的な算定方法を労使協定で定めます。
例の場合、代替休暇の時間数は、(80−60)×0.20＝4時間となります。

出所：「改正労働基準法のポイント」（厚生労働省・都道府県労働局・労働基準監督署）

Ⅱ　法定割増賃金率の引上げ関係

②代替休暇の単位

まとまった単位で与えることによって労働者の休息の機会を確保する観点から1日、半日、1日または半日のいずれかによって与えることとされています。

※　半日については、原則は労働者の1日の所定労働時間の半分のことですが、厳密に所定労働時間の2分の1とせずに、例えば午前の3時間半、午後の4時間半をそれぞれ半日とすることも可能です。その場合は、労使協定でその旨を定めておきましょう。

端数の時間がある場合

労使協定で、端数として出てきた時間数に、他の有給休暇を合わせて取得することを認めていた場合は、代替休暇と他の有給休暇を合わせて半日または1日の単位として与えることができます。

他の有給休暇には、事業場で任意に創設する有給休暇のほか、既存の休暇制度や時間単位の年次有給休暇（※）が考えられます。（※　この場合は、労働者の請求が前提です。）

（例）1日の所定労働時間が8時間で、代替休暇の時間数が10時間ある場合

① 1日（8時間）の代替休暇を取得し、端数（2時間分）は割増賃金で支払う方法

② 1日（8時間）の代替休暇と、2時間の代替休暇に2時間の他の有給休暇を合わせて半日の休暇を取得する方法

③代替休暇を与えることができる期間

代替休暇は、特に長い時間外労働を行った労働者の休息の機会の確保が目的ですので、一定の近接した期間内に与えられる必要があります。

法定時間外労働が1か月60時間を超えた月の末日の翌日から2か月間以内の期間で与えることを定めてください。

※　期間内に取得されなかったとしても、使用者の割増賃金支払義務はなくなりません。当然のことながら、代替休暇として与える予定であった割増賃金分を含めたすべての割増賃金額を支払う必要があります。

※　期間が1か月を超える場合、1か月目の代替休暇と2か月目の代替休暇を合算して取得することも可能です。

（例）4月に6時間分、5月に2時間分の代替休暇に相当する法定時間外労働を行った場合
※1日の所定労働時間が8時間、代替休暇の取得期間を法定時間外労働を行った月の末日の翌日から2か月としている場合とする

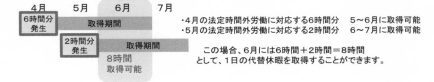

出所：「改正労働基準法のポイント」（厚生労働省・都道府県労働局・労働基準監督署）

iv）代替休暇の取得日の決定方法、割増賃金の支払日

賃金の支払額を早期に確定させ、トラブルを防止する観点から、労使で定めておくべきものです。

取得日の決定方法（意向確認の手続）

例えば、月末から5日以内に使用者が労働者に代替休暇を取得するか否かを確認し、取得の意向がある場合は取得日を決定する、というように、取得日の決定の方法について協定しておきましょう。

ただし、取得するかどうかは法律上、労働者の意思に委ねられています。これを強制してはならないことはもちろん、代替休暇の取得日も労働者の意向を踏まえたものとしなければなりません。

割増賃金支払日

代替休暇を取得した場合には、その分の支払が不要となることから、いつ支払っておけばよいのかが問題になります。労使協定ではどのように支払うかについても協定しておきましょう。

例

・賃金締切日が月末　・支払日が翌月15日　・代替休暇は2か月以内に取得
・代替休暇を取得しなかった場合の割増賃金率50%　・代替休暇を取得した場合の割増賃金率25%　の事業場

（A）労働者に代替休暇取得の意向がある場合

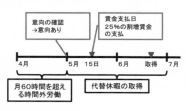

（B）労働者に代替休暇取得の意向があったが、
　　　実際には取得しなかった場合

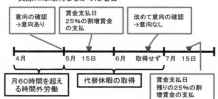

（C）労働者に代替休暇取得の意向がない場合、
　　　労働者の意向が確認できない場合等

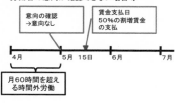

（D）労働者に代替休暇取得の意向がなかったが、
　　　やっぱり取得したいと意向を表明した場合

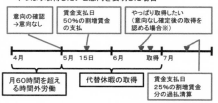

※当初の意向確認の際に取得の意向が示されず引上げ分の割増賃金
が支払われた場合は、取得を認めないこととすることも可能

出所：「改正労働基準法のあらまし」（厚生労働省・都道府県労働局・労働基準監督署）

　以下、パンフレットの内容について追加して説明します。

　労使協定は代替休暇制度の根拠となるもので、労使協定がなければ代替休暇はあり得ないため、1月60時間を超える時間外労働に対しては、5割以上の率の割増賃金の支払いが義務づけられることになります。

　そして、労使協定の定め方がどうであっても、これにより、労働者が代替休暇を取得することが義務づけられるものではなく、労働者には5割以上の率の割増賃金の支払いと代替休暇の取得とを、自分の意思で選ぶことができるものです。

　したがって、使用者は5割以上の率の割増賃金を支払わないようにするために、労働者に代替休暇の取得を強制することはできないことになります。

① 　274頁

　　下部の換算率の説明が分かりにくいものになっていますが、「代替休暇を取得しなかった場合に支払うこととされている割増賃金率」というのは、要は、5割以上の割増率のことです。

　　法定の最低限の率は5割ですが、労使間でそれ以上の率とすることとした場合はその率が適用されますので、このような表現になっているものです。

　　「代替休暇を取得した場合に支払うこととされている割増賃金率」とは、要は、5割以上の率が適用されない60時間以内の時間外労働に対して支払う割増賃金の率のことです。

　　法定の割増賃金率は2割5分以上とされていますが、前述しましたように、限度時間を超える時間外労働に対する割増賃金率は、36協定の特別条項を締結する際に定めることが労使に義務づけられており、そこで定められた率のことです。

　　36協定でこの率を定めるに当たっては、法令で定められている最低の2割5分を超える率とするよう努めることが指針で定められており、

36協定でこれを超える率が定められた場合はその率が適用されますので、このような表現になっているものです。

　もちろん36協定の締結に際してこの率を定めるに当たっては、法定の最低の２割５分の率でも差し支えありませんし、多くの事業場からその率で定めた36協定が届け出されています。

② 275頁

　代替休暇を与える場合の単位は１日か半日とされています。

　端数が出た場合、切り上げや切捨てという概念はありませんので、他の休暇と合わせて１日あるいは半日の休暇とすることが必要です。

③ 276頁

　代替休暇の取得日の決定方法、割増賃金の支払い日のパンフレットに例が４つ示されていますが、それぞれの実態に応じた的確な対応が求められます。

Q 5-9 適用が猶予されている間に増資や労働者数の増加により中小事業主に該当しなくなった場合、どの時点から５割の割増賃金率が適用されるのか。

A 中小事業主でなくなった時点から割増賃金率の引き上げが適用されます。

Q 5-10 賃金計算期間の途中に中小事業主でなくなった場合、どの時点から60時間の算定を行うのか。

A 中小事業主でなくなった時点以降の１か月60時間を超える時間外労働について、５割以上の率で計算した割増賃金の支払いが必要になります。

　つまりその時点以降当月の計算期間末日までの時間外労働の累計で、60時間を超えた部分が対象となるということです。

> **Q 5-11** 代替休暇を与えることとして、割増賃金の一部を支払わないことは、賃金の毎月払の原則や全額払いの原則に反するのではないか。

　〈　A　〉代替休暇を与えることとして、通常の賃金支払日に割増賃金の一部を支払わないことは、法律に基づく、法が予定する範囲内の行為ですので、賃金に関する原則に反するものではありません。
　ただし、取得期間内に労働者が代替休暇を取得することができない場合には、取得できないことが確定した賃金計算期間にかかる賃金支払い日に、代替休暇とする予定だった部分の割増賃金を支払わなければなりません。

> **Q 5-12** 代替休暇の取得日に使用者が時季変更権を行使することはできるか。

　〈　A　〉代替休暇は年休とは異なるものであり、年休のような時季変更権はありません。
　取得日としていた日に業務の都合で出勤する必要が生じた場合の取扱いについても、労使で話合いの上、協定で定めておくことが望まれます。

> **Q 5-13** 労働者に代替休暇取得の意向がある場合とは、具体的にどの程度の意向を確認する必要があるのか。

　〈　A　〉意向確認の程度は取得する意向があるか否か程度で良く、実際の取得日、取得の単位等は後から労働者の意向を踏まえて決めることで差し支えありません。

Q 5-14 代替休暇取得日について、労働者が希望した日を使用者が一方的に変更や拒否をすることは認められるか。

〈　A　〉 代替休暇は使用者が与えるものではありますが、実際に取得するか否は労働者の判断によるものであるため、使用者による一方的な変更等は認められません。

　取得日の決定等は当然労働者の意向を踏まえたものになり、代替休暇の取得等の具体的な方法については、労使の話合いにより労使協定で定めるものとされます。

Q 5-15 引き上げ分も含めた割増賃金支払い後に、労働者から代替休暇の意向が示された場合の取扱いを協定で定めていないときは、代替休暇の請求を拒めるか。

〈　A　〉 労使協定で定めた手続きに従って労働者から意向確認が行われている場合（当然その時点では代替休暇取得の意向はなかったはずです）には、拒むことも可能です。

Q 5-16 労働者が代替休暇をなかなか取得せず、時間外労働が60時間を超えた月の末日の翌日から期限である2か月を過ぎた時点で取得した場合はどのようになるか。

〈　A　〉 2か月を超えた時点の直後の賃金支払日に、当該代替休暇に相当する割増賃金を支払わなければなりません。

　また、2か月を超えた時点で代替休暇を取得した場合であっても、それは代替休暇には該当せず、割増賃金の支払い義務には影響しません。

　その休暇に対する有給・無給等は別途労使で話し合うことになります。

Q 5-17 前々月の代替休暇として取得できる時間数と前月の代替休暇として取得できる時間数がある場合、取得の優先順位はあるか。

A 労使協定で定めがあれば、その定めたところによります。定めがない場合は、前々月の代替休暇として取得できる時間数から代替休暇に充てられると推定されます。

Q 5-18 代替休暇取得日に緊急の必要により出勤を命ずることはできるか。

A 労働者の同意がある場合は別にして、使用者の都合によって労働者を出勤させることはできません。

　なお、労働者が同意して出勤した場合に、取得可能な代替休暇の最小単位（半日あるいは1日）を満たさない場合は、代替休暇を取得したことにはなりませんので、割増賃金の支払いが必要になります。

Q 5-19 代替休暇と年休を組み合わせて半日あるいは1日として取得しようとする場合、年休の部分にだけ時季変更権を行使することができるか。

A 事業の正常な運営が妨げられる場合、年休部分については時季変更の行使が可能ですが、その結果組合せによる半日または1日の休暇が取得できなくなる場合は、代替休暇を取得したことにはなりませんので、割増賃金の支払いが必要になります。

Q 5-20 代替休暇の単位は１日または半日となっているが、半日の定義は事業場で異なる場合もあると考えられる。具体的にはどのようなものか。

A 半日とは原則的には所定労働時間の２分の１となりますが、必ずしも厳密に１日の所定労働時間の２分の１とする必要はなく、例えば午前（９：00〜12：00）と午後（13：00〜17：00）という分け方でも差し支えありません。

この場合は労使協定において範囲日の定義を定めておく必要があります。

Q 5-21 例えば１日所定労働時間８時間で換算率25％の事業場で、１か月に85時間の時間外労働を行った場合には、25時間×0.25＝6.25時間となり、代替休暇を１日または半日単位で取得させようとしても端数が生じることとなるが、このような場合は切り上げや切り捨てなどの処理を行うのか。

A 代替休暇は実際に取得した時間数に対応して５割以上の率の割増賃金の支払いが不要になるものですので、切り上げや切り捨てといった処理ができるものではありません。

仮に１日８時間の代替休暇を取得させる場合は、不足する1.75時間については、その他の有給の休暇を充てることが必要になります。

この場合、時間単位年休の制度がある場合には、本人が希望すれば取得することが出来ますが、時間単位年休は１時間未満には分割できませんので、残りの0.75時間（＝1.75時間－時間単位年休１時間）については特別の有給の休暇の付与が必要となります。

または、換算した４時間分（＝換算率0.25なので時間外時間数としては16時間分）を半日の代替休暇として付与し、残りの時間外労働時間９時間（25時間－16時間）について、５割以上の率の割増賃金を支払うという処理方法も可能です。

Q5-22 代替休暇については「通常の労働時間の賃金」を支払うこととされているが、年休を取得したときに支払う賃金と同様に、平均賃金や標準報酬月額の30分の1の賃金でもよいか。

A 代替休暇に対しては、割増賃金の時間単価を算出する基礎となる通常の労働時間の賃金額を支払うこととされており、平均賃金等の金額で支払うことは認められません。

　パンフレットには労使協定の例及び就業規則の記載例も以下のように掲載されています。

（4）具体例

ⅰ）代替休暇の労使協定

（対象者及び期間）
第1条　代替休暇は、賃金計算期間の初日を起算日とする1か月において、60時間を超える時間外労働を行った者のうち半日以上の代替休暇を取得することが可能な者（以下「代替休暇取得可能労働者」という。）に対して、当該代替休暇取得可能労働者が取得の意向を示した場合に、当該月の末日の翌日から2か月以内に与えられる。

（付与単位）
第2条　代替休暇は、半日又は1日単位で与えられる。この場合の半日とは、午前（8:00～12:00）又は午後（13:00～17:00）の4時間のことをいう。

（代替休暇の計算方法）
第3条　代替休暇の時間数は、1か月60時間を超える時間外労働時間数に換算率を乗じた時間数とする。この場合において、換算率とは、代替休暇を取得しなかった場合に支払う割増賃金率50%から代替休暇を取得した場合に支払う割増賃金率30%を差し引いた20%とする。また、会社は、労働者が代替休暇を取得した場合、取得した時間数を換算率（20%）で除した時間数については、20%の割増賃金の支払を要しない。

（代替休暇の意向確認）
第4条　会社は、1か月に60時間を超える時間外労働を行った労働者に対して、当該月の末日の翌日から5日以内に代替休暇取得の意向を確認するものとする。この場合において、5日以内に意向の有無が不明なときは、意向がなかったものとみなす。

（賃金の支払日）
第5条　前条の意向確認の結果、代替休暇取得の意向があった場合には、支払うべき割増賃金額のうち代替休暇に代替される賃金額を除いた部分を当該時間外労働を行った月に係る賃金支払日に支払うこととする。ただし、当該月の末日の翌日から2か月以内に代替休暇が取得されなかった場合には、残りの割増賃金は代替休暇が取得されないことが確定した月に係る割増賃金支払日に支払うこととする。

第6条　会社は、第4条の意向確認の結果、取得の意向がなかった場合には、当該月に行われた時間外労働に係る割増賃金の総額を通常の賃金支払日に支払うこととする。ただし、取得の意向がなかった労働者から当該月の末日の翌日から2か月以内に改めて取得の意向が表明された場合には、会社の承認により、代替休暇を与えることができる。この場合、代替休暇の取得があった月に係る賃金支払日に過払分の賃金を精算するものとする。

ⅱ）就業規則

（代替休暇）
第○条　1か月（賃金計算期間）の時間外労働が60時間を超えた従業員に対して、労使協定に基づき、次により代替休暇を与えるものとする。
(1)　代替休暇を取得できる期間は、直前の賃金締切日の翌日から起算して翌々月の賃金締切日までの2か月とする。
(2)　代替休暇は、半日又は1日で与える。この場合の半日とは、午前（8:00～12:00）又は午後（13:00～17:00）のことをいう。
(3)　代替休暇の時間数は、1か月60時間を超える時間外労働時間数に換算率を乗じた時間とする。この場合において、換算率とは、代替休暇を取得しなかった場合に支払う割増賃金率50%から代替休暇を取得した場合に支払う割増賃金率30%を差し引いた20%とする。また、従業員が代替休暇を取得した場合は、取得した時間数を換算率（20%）で除した時間数については、20%の割増賃金の支払を要しないこととする。
(4)　代替休暇の時間数が半日又は1日に満たない端数がある場合には、その満たない部分についても有給の休暇とし、半日又は1日の休暇として与えることができる。ただし、前項の割増賃金の支払を要しないこととなる時間の計算においては、代替休暇の時間数を上回って休暇とした部分は算定せず、代替休暇の時間数のみで計算することとする。
(5)　代替休暇を取得しようとする者は、1か月に60時間を超える時間外労働を行った月の賃金締切日の翌日から5日以内に、会社に申し出ることとする。代替休暇取得日は、従業員の意向を踏まえ決定することとする。
(6)　会社は、前項の申出があった場合には、支払うべき割増賃金額のうち代替休暇に代替される賃金額を除いた部分を通常の賃金支払日に支払うこととする。ただし、当該月の末日の翌日から2か月以内に取得がなされなかった場合には、取得がなされないことが確定した月に係る割増賃金支払日に残りの20%の割増賃金を支払うこととする。
(7)　会社は、申出がなかった場合は、当該月に行われた時間外労働に係る割増賃金の総額を通常の賃金支払日に支払うこととする。ただし、取得の意向がなかった第1項の期間中に従業員から改めて取得の申出があった場合には、会社の承認により、代替休暇を与えることができる。この場合、代替休暇の取得があった月に係る賃金支払日に過払分の賃金を精算するものとする。

出所：「改正労働基準法のあらまし」（厚生労働省・都道府県労働局・労働基準監督署）

こんなことも
被疑者は塀を乗り越えてガサから逃げた

労働基準法違反の罪で司法処分する場合、労務関係の証拠類は任意提出によるものよりも、捜索差押したものの方が改ざんなどを防ぐことが期待でき、証明力が高いとされている。

したがって、より証明力の高い証拠を手に入れるためには、捜索差押許可状を裁判所に請求し、捜索差押許可状を携えて、事業場に対して捜索差押（いわゆるガサ）を行うことになる。

ガサは無用なトラブルを引き起こさないように、時間帯や場所、捜索の方法などを事前に検討して慎重に行う。

それでもガサを掛けられる事業場としては、全く何の前触れもなく大挙して押しかけられ、拒否したところでそれを排して強引に入り込んでくるのであるから、大変なことであることには間違いない。

開錠の必要があれば鍵屋を依頼して同行してもらうし、ドアにドアチェーンがあることが事前に確認されていればチェーンカッターを抱えていく。

また立会人が必要になるが、拒否された場合に備えて、地方自治体の公務員にあらかじめお願いして待機していてもらう。

あるとき、労務関係の違反について司法処分とし、小規模事業場の事務所兼経営者の自宅に対して、早朝にガサを掛けた。

突然の乱入に驚いた60代の経営者は、年上の妻と手に手を携えて庭に飛び出すと、そのまま隣家との堺にある2mほどのブロック塀を乗り越えようとしたのである。

危ないからやめるように説得しても聞かず、こちらは逮捕状を持っていないので、身柄をとることもできず、呆然と塀を乗り越える2人を見送るしかなかった。

すぐに隣家に確認したが2人の姿は見えなくなっていた。

立会人に予定していた2人がいなくなり、部屋にはぽつんと金庫が残されていた。

仕方なくお願いしていた公務員（この場合は消防署の職員だったが）の立ち会いのもと、捜索を始めた。

証拠となる書類などを押収したが、困ったのは金庫である。

カギは勿論開かないし、開けることのできる経営者は姿をくらましてしまったままであり、押収して署に持っていくには重すぎる。

そのため、金庫のダイヤル部に封緘紙を貼って開錠できないようにして、見張りを残してその場を後にせざるさえなかったのである。

結局、後日、観念して姿を現した経営者に開錠させたのだが、特に重要なものは何も入っておらず、取り越し苦労であった。

＊　　　＊　　　＊

賃金不払いなど事業場が支払うべき金銭に関する法違反の場合、事業場の経営状況を明らかにする証拠の収集が必要になる。

これは、検察庁や裁判所が最終判断をするに当たって、経営状況を踏まえて情状面についての判断を下す必要があるからである。

そのためのガサに当たっては、トラブルの発生が懸念される相手方の場合などには、警察の協力を求めることがある。

制服組の方が効果的だったり、私服で紛れ込んでもらった方がいい場合もあるので、事前に警察と打ち合わせるが、概ね好意的に協力してくれる。これは、警察にとっても「思わぬ成果」につながる場合があるからであろう。

ある建設会社にガサを掛けたとき、明らかに異常な量の工具が天井裏にしまわれているのを見つけたことがある。こちらは関心がなかったが、これを見て同行してもらっていた2人の制服警官の目の色が変わった。

というのも、最近「現場から工具類が消えた」という多くの届出が出ているとのことで、その後警察がこの建設会社にどのような対応を行ったのかは分からないが、感謝された記憶がある。

　またある先輩監督官がガサを掛けていて、経営者の寝室から拳銃を見つけてしまったということもあった。

　その筋の人の自宅だったかどうかは知らないが、先輩はその後も普通に出勤していたから、特に危険な目に遭った訳でもなさそうである。

第 **6** 章

労働条件の明示

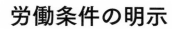
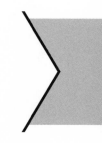

労働条件の明示

　労働者の採用時に労働条件を明示することは、採用後の円滑な労使関係のためには非常に重要な事項とされます。

　労働基準法第15条第1項には「使用者は、労働契約の締結に際し、労働者に対して賃金、労働時間その他の労働条件を明示しなければならない。この場合において、賃金及び労働時間に関する事項その他の厚生労働省令で定める事項については、厚生労働省令で定める方法により明示しなければならない。」と規定されています。

　しかしながら、全く明示されていない、示されたにしても内容が明確でない、明示された内容と実際とが異なる、明示されたが職業安定所の求人票や求人広告での内容と異なるなどにより、労働者の不信感を醸成した結果、労使間トラブルを招いた例が多数みられます。

(1)　採用に当たって明示すべき項目

　労働条件の明示は労働基準法第15条に規定され、明示すべき項目は労働基準法施行規則第5条第1項に規定されていますが、その項目は以下のようになっています。

①　労働契約の期間に関する事項

②　期間の定めのある労働契約を更新する場合の基準に関する事項

③　就業の場所及び従事すべき業務に関する事項

④　始業及び終業の時刻、所定労働時間を超える労働の有無、休憩時間、休日、休暇並びに労働者を二組以上に分けて就業させる場合における

就業時転換に関する事項

⑤　賃金(退職手当及び⑧に規定する賃金を除く)の決定、計算及び支払いの方法、賃金の締切り及び支払いの時期並びに昇給に関する事項

⑥　退職に関する事項(解雇の事由を含む)

⑦　退職手当の定めが適用される労働者の範囲、退職手当の決定、計算及び支払いの方法並びに退職手当の支払いの時期に関する事項

⑧　臨時に支払われる賃金(退職手当を除く)、賞与及び1か月を超える期間の出勤成績によって支給される精勤手当、1か月を超える一定期間の継続勤務に対して支給される勤続手当、1か月を超える期間にわたる事由によって算定される奨励加給または能率手当

⑨　労働者に負担させるべき食費、作業用品その他に関する事項

⑩　安全及び衛生に関する事項

⑪　職業訓練に関する事項

⑫　災害補償及び業務外の傷病扶助に関する事項

⑬　表彰及び制裁に関する事項

⑭　休職に関する事項

これらの事項については、以下のように通達で考え方が示されているものがあります。

①　「①労働契約の期間に関する事項」について

　期間の定めのある労働契約の場合はその期間、期間がない労働契約の場合はその旨を明示しなければならないこと。　　　　　(平11.1.29基発45)

②　「②期間の定めのある労働契約を更新する場合の基準に関する事項」について

> 　有期労働契約を締結する労働者が、契約期間満了後の自らの雇用継続の可能性について一定程度予見することが可能となるものであることを要するものであること。
> 　当該内容については、例えば、「更新の有無」として、
> a　自動的に更新する
> b　更新する場合があり得る
> c　契約の更新はしない
> 等を、また、「契約更新の判断基準」として、
> a　契約期間満了時の業務量により判断する
> b　労働者の勤務成績、態度により判断する
> c　労働者の能力により判断する
> d　会社の経営状況により判断する
> e　従事している業務の進捗状況により判断する
> 等を明示することが考えられるものであること。（平24.10.26基発1026第2）

③　「③就業の場所及び従事すべき業務に関する事項」について

> 　雇入れ直後の就業の場所及び従事すべき業務を明示すれば足りるものであるが、将来の就業場所や従事させる業務を併せ網羅的に明示することは差し支えないこと。　　　　　　　　　　　　　　　　（平11.1.29基発45）

④　「④始業及び終業の時刻、所定労働時間を超える労働の有無、休憩時間、休日、休暇並びに労働者を二組以上に分けて就業させる場合における就業時転換に関する事項」について

> 　当該労働者に適用される労働時間等に関する具体的な条件を明示しなければならないこと。
> 　なお、当該明示すべき事項の内容が膨大なものとなる場合においては、労働者の利便性をも考慮し、所定労働時間を超える労働の有無以外の事項については、勤務の種類ごとの始業及び終業の時刻、休日等に関する考え方を示した上、当該労働者に適用される就業規則上の関係条項名を網羅的に示すことで足りるものであること。　　　　　　　　　（平11.1.29基発45）

⑤　「⑤賃金の決定、計算及び支払いの方法、賃金の締切り及び支払いの時期並びに昇給に関する事項」について

> 　賃金に関する事項のうち、労働契約締結後初めて支払われる賃金の決定、計算及び支払の方法並びに賃金の締切り及び支払いの時期であること。具体的には、基本賃金の額（出来高払制による賃金にあっては、仕事の量（出来高）に対する基本単価の額及び労働時間に応じた保障給の額）、手当（労働基準法第24条第2項本文の規定が適用されるものに限る。）の額又は支給条件、時間外、休日又は深夜労働に対して支払われる割増賃金について特別の割増率を定めている場合にはその率並びに賃金の締切日及び支払日であること。　　　　　　　　　（昭51.9.28基発690、平11.3.31基発168）

⑥　「⑥退職に関する事項」について

> 退職の事由及び手続、解雇の事由等を明示しなければならないこと。
> なお、当該明示すべき事項の内容が膨大なものとなる場合においては、労働者の利便性をも考慮し、当該労働者に適用される就業規則上の関係条項名を網羅的に示すことで足りるものであること。　　　（平11.1.29基発45）

　ここで、賃金に関して、「労働基準法第24条第2項本文の規定が適用されるもの」とは、臨時に支払われる賃金や賞与等、1か月を超える期間の成績等に応じて算定されるものを除き、月々に支払われる賃金のことです。

（2）　明示の方法

　労働条件の明示の方法については、同規則に①から⑥の事項について、事項が明らかとなる書面の交付が規定されています。
　書面は一般的に労働条件通知書といわれ、そのモデル書式が厚生労働省のホームページに掲載されています。

労働条件の明示に関する改正

（1） 明示の方法の改正

　今回労働基準法施行規則第5条が改正され、書面による明示に加えて、同条第4項に、労働者が希望した場合に限られますが、以下の2つの方法によることが認められました。

① 　ファクシミリを利用してする送信の方法

② 　電子メールその他のその受信をする者を特定して情報を伝達するために用いられる電気通信（電子メール等）の送信の方法（電気通信とは電気通信事業法第2条第1号に規定する電気通信であり、当該労働者が当該電子メール等の記録を出力することにより書面を作成することができるものに限られます）

　これらの方法は、労働契約法やパートタイム・有期雇用労働法でも既に認められていたものですが、通達では、

　労働条件の明示の方法について、労働者が希望した場合には、①ファクシミリの送信、②電子メール等の送信（当該労働者が当該電子メール等の記録を出力することにより書面を作成することができるものに限る。）により明示することを可能にしたものであること。　　　　（平30.9.7基発0907第1）

とされています。

Q 6-1 労働者が希望した場合とは、口頭で希望した場合を含むのか。

A 通達では、

口頭で希望する旨を伝達した場合を含むと解されるが、法第15条の規定による労働条件の明示の趣旨は、労働条件が不明確なことによる紛争を未然に防止することであることに鑑みると、紛争の未然防止の観点からは、労使双方において、労働者が希望したか否かについて個別に、かつ、明示的に確認することが望ましい。　　　　　　　（平30.12.28基発1228第15）

とされています。

通達の趣旨が不明確ですが、要は口頭で希望した場合も含むということです。そして、労働条件の明示をめぐる労使間のトラブルは多く発生していますが、その中には事実関係が明確でないことに起因するものも多く認められることから、労働者の希望については、労使間で個別に、かつ、明示的に確認することを求めているものです。

Q 6-2 電子メール等の具体的内容はどのようなものか。

A 通達では、

「電子メール」とは、特定電子メールの送信の適正化等に関する法律第2条第1号の電子メールと同様であり、特定の者に対し通信文その他の情報をその使用する通信端末機器（入出力装置を含む。）の影像面に表示させるようにすることにより伝達するための電気通信（有線、無線その他の電磁的方式により、符号、音響又は影像を送り、伝え、又は受けることをいう（電気通信事業法第2条第1号）。）であって、①その全部若しくは一部においてSMTP（シンプル・メール・トランスファー・プロトコル）が用いられる通信方式を用いるもの、又は②携帯して使用する通信端末機器に、電話番号

を送受信のために用いて通信文その他の情報を伝達する通信方式を用いるものをいうと解される。

　①にはパソコン・携帯電話端末によるEメールのほか、Yahoo！メールやGmailといったウェブメールサービスを利用したものが含まれ、②にはRCS（リッチ・コミュニケーション・サービス。＋メッセージ（プラス・メッセージ）等、携帯電話同士で文字メッセージ等を送信できるサービスをいう。）や、SMS（ショート・メッセージ・サービス。携帯電話同士で短い文字メッセージを電話番号宛てに送信できるサービスをいう。）が含まれる。

　「その受信する者を特定して情報を伝達するために用いられる電気通信」とは、具体的には、LINEやFacebook等のSNS（ソーシャル・ネットワーク・サービス）メッセージ機能等を利用した電気通信がこれに該当する。

　なお、上記②の例えばRCSやSMSについては、PDF等の添付ファイルを送付することができないこと、送信できる文字メッセージ数に制限等があり、また、原則である書面作成が念頭に置かれていないサービスであるため、労働条件明示の手段としては例外的なものであり、原則として上記①の方法やSNSメッセージ機能等による送信の方法とすることが望ましい。労働者が開設しているブログ、ホームページ等への書き込みや、SNSの労働者のマイページにコメントを書き込む行為等、特定の個人がその入力する情報を電気通信を利用して第三者に閲覧させることに付随して、第三者が特定個人に対し情報を伝達することができる機能が提供されるものについては、「その受信する者を特定して情報を伝達するために用いられる電気通信」には含まれないことに留意する必要がある。

　上記のサービスによっては、情報の保存期間が一定期間に限られている場合があることから、労働者が内容を確認しようと考えた際に情報の閲覧ができない可能性があるため、使用者が労働者に対して、労働者自身で出力による書面の作成等により情報を保存するように伝えることが望ましい。

（平30.12.28基発1228第15）

とされています。

　通達では電子メール等による場合の問題点と対応策を示していますが、労働条件をめぐる労使間トラブルが多く発生していることから、通達に

沿った的確な対応が求められます。

◀ Q 6-3 ▶ 電子メール等の「送信」とはどのように考えるのか。

〈　**A**　〉通達では、

　電子メール等の「送信」については、労働者が受信拒否設定をしていたり、電子メール等の着信音が鳴らない設定にしたりしているなどのために、個々の電子メール等の着信の時点で、相手方である受信者がそのことを認識し得ない状態であっても、受信履歴等から電子メール等の送信が行われたことを受信者が認識しうるのであれば、「電子メール等の送信」に該当するものと解される。

　ただし、労働条件の明示を巡る紛争の未然防止の観点を踏まえると、使用者があらかじめ労働者に対し、当該労働者の端末等が上記の設定となっていないか等を確認した上で送信することが望ましい。

（平30.12.28基発1228第15）

とされています。

　通達では、電子メール等を送信した時点で相手方である受信者がそのことを認識し得ない場合でも、受信履歴等から受信者が電子メール等の送信が行われたことを認識しうるのであれば、「電子メール等の送信」に該当するとしていますが、労働条件をめぐる労使間トラブルが多く発生していることからも、確実な伝達が担保されないのであれば、トラブルを回避するために、原則通り文書の交付によることが間違いのないものと考えられます。

Q 6-4 記録を出力することにより書面を作成することができるものに限られるのか。

〈　**A**　〉通達では、

　労働条件の明示の趣旨を鑑みると、使用者が労働者に対し確実に労働条件を明示するとともに、その明示された事項を労働者がいつでも確認することができるよう、当該労働者が保管することのできる方法により明示する必要があることから、労働者が書面の交付による明示以外の方法を望んだ場合であっても、電子メール等の記録を出力することにより書面を作成することができるものに限る。

　この場合において「出力することにより書面を作成することができる」とは、当該電子メール等の本文又は当該電子メール等に添付されたファイルについて、紙による出力が可能であることを指すが、労働条件の明示を巡る紛争の未然防止及び書類管理の徹底の観点から、労働条件通知書に記入し、電子メール等に添付し送信する等、可能な限り紛争を防止しつつ、書類の管理がしやすい方法とすることが望ましい。　　　　（平30.12.28基発1228第15）

とされています。

　労使間トラブルの防止という観点から、書面を作成することができるものに限られます。

Q 6-5 電子メール等による送信の場合、文書の責任を明確にした署名等が必要になるか。

〈　**A**　〉通達では、

　電子メール等による送信の方法による明示を行う場合においても、書面による交付と同様、明示する際の様式は自由であるが、紛争の未然防止の

観点から、明示しなければならない事項に加え、明示を行った日付や、当該電子メール等を送信した担当者の個人名だけでなく労働条件を明示した主体である事業場や法人等の名称、使用者の氏名等を記入することが望ましい。

（平30. 12. 28基発1228第15）

とされています。

　電子メール等による送信の場合、労働条件を明示した事業場や法人等の名称、使用者の氏名等を記入することが望ましいとされていますが、これらの記入がなされなかった場合、労働条件の通知にならないということではありません。

（2）　労働条件を事実と異なるものとしてはならないことについて

1.　規定の新設

　今回の改正で、労働基準法施行規則第5条に第2項として以下の規定が新設されました。

　使用者は、法第15条第1項前段の規定により労働者に対して明示しなければならない労働条件を事実と異なるものとしてはならない。

　ここでいう労働条件とは、労働基準法第15条及び同規則第5条第1項に記載されている、14の項目に該当するもののことです。

　改正前まではこのような趣旨の規定はありませんでしたので、この改正は、極めて当然のことを確認的に明確にしたものと受け止められるものと思われます。

　通達も、

> 　使用者は、労働基準法第15条第1項の規定により明示しなければならないとされている労働条件について、事実と異なるものとしてはならないこととしたものであること。この場合において、「事実と異なるもの」とは、同条第2項において、労働者が即時に労働契約を解除することができるとされる場合と同様に判断されることに留意すること。
>
> 　　　　　　　　　　　　　　　　　　　　（平30.9.7基発0907第1）

としているだけです。

　労働基準法第15条第1項とは291頁のとおりですが、同条第2項は「前項の規定によって明示された労働条件が事実と相違する場合においては、労働者は、即時に労働契約を解除することができる。」というものです。

　労働条件を明示しなかった場合には同条第1項違反として、30万円以下の罰金刑が規定されていますが、労働基準法施行規則第5条第2項が新設される前は、事実と異なる内容の労働条件を明示したとしても、それは法違反となるものではなく、労働者がそれを理由に即時に退職することができるとされていただけでした。

　ところが、新設された規定に「事実と異なるものとしてはならない。」と明記されたことにより、条文をそのまま素直に読めば、事実と異なる内容の労働条件を明示した場合は、同法第15条第1項で求められる労働条件の明示にはあたらないため、同項違反になると解釈される可能性が生じたものです。

2.　新設の規定の影響

　新設された規定の実際の適用がどうなるかはまだ不明ですが、少なくともこの条文を根拠に、監督署からは法違反を指摘され、是正するよう指導される対象となる可能性は高いものと考えられます。

　明示された労働条件が事実と異なる事例は数多くみられます。

　意識的に異なる労働条件を明示したもの、面接時あるいは募集時点と実際の状況が変化したのに説明が不十分だったもの、担当者の認識不足から、口頭での説明と労働条件通知書と実際の状況が全て異なっていたものなど、様々なものが認められます。

　いずれにしても明示した労働条件と実際のそれとが異なっていることは、多くの労使間のトラブルの元になっており、この改正により、求人票や募集広告等の内容、面接時の説明内容、採用時の労働条件通知書の内容、実際の労働条件の運用などのすべてについて、厳格な整合性が求められることになりました。

こんなことも
事実と異なる労働条件を示したら、罰金刑?

- 「面接を受けたら、求人誌に書いてあった労働時間や働く場所などが全く違う説明をされた。」
- 「職業安定所に紹介してもらい面接を受けたら、求人票の内容と全く違うことを説明された。」
- 「働いてみたら、求人票に書いてあった内容と全く違っていた。」
- 「給料をもらって給与明細をみたら、仕事を紹介してくれた先輩の話と計算方法が全く違った。」

　労働条件の違いにまつわる、こういったたくさんの相談が労働者から監督署に寄せられるが、分類すると相談は主に次のように分けられる。

労働条件通知書等の書面が交付されていない場合
①　求人誌を見たり安定所の紹介があったりして面接を受けたが、説明内容が求人誌や求人票の内容と異なるので不信になるパターン

② 労働条件を全く意識しないで、確認することもないまま就業したが、自分で思っていたものと異なるので不信になるパターン

③ 求人誌を見たり職業安定所の求人票を見ただけで就業したが、実際は求人誌や求人票の内容と異なるので不信になるパターン

④ 面接で説明されただけで就業したが、実際は説明内容と異なるので不信になるパターン

労働条件通知書等の書面が交付されている場合

① 労働条件通知書等の内容が求人誌や求人票の内容と異なるので不信になるパターン

② 労働条件通知書等の内容が、事前にあった面接等での説明や先輩たちからの情報と異なるので不信になるパターン

③ 就業してみたら、実際は労働条件通知書等の内容と異なるので不信になるパターン

労働条件通知書等が交付されていない場合はもとより、交付されていた場合でも、他から得た情報と異なっている場合などは、すぐに不信感を持たれてしまうようである。

電話、来署、手紙等様々な形で相談があり、その中には「前の会社をやめて転職してきたのに！」や「転職のために引っ越してきたのに！」といった深刻なものも多い。

しかし、労働基準法施行規則第5条の改正の前の相談に対する署の回答は、以下のようなものである。

① 労働条件通知書をもらわないままの相談の場合

回答：労働条件通知書など名称は何でもいいので、労働条件を書面で出してくれるように使用者に請求してください。それを出してくれないようであれば指導します。

② 求人誌や職業安定所が関係する内容での相談の場合

回答：職業安定所に相談してみてください。

③　示されていた労働条件と実態とが異なることに疑問を抱きつつ、もう数か月勤め続けたうえでの相談の場合

回答：諦めてください。

④　勤めてすぐに、示された労働条件と実際とが異なることに気づいての相談の場合

回答：示された条件を守るように使用者に要請してください

⑤　勤めてすぐに、示された労働条件と実際とが異なることに気づき、使用者に申し入れたが聞き入れられない結果の相談の場合

回答：直ぐにやめる（退職する）ことができますよ。就業するために転居していた場合、2週間以内に帰郷するなら、旅費を使用者に請求してみてください。

③と⑤の回答に納得する労働者は少ないだろう。事実ほとんどの場合、一瞬の間をおいて、「この人何言ってるの？」「私の話聞いてるの？」「やめる気ならこんなところに相談に来る前にさっさとやめてるよ！」と言いたげな目で唖然とした表情になる。

②と④の回答にしても、自分で動かなくてはいけないのか、と署の腰の重さに腹立たしくなるに違いない。

ただ、監督署としては、①のように労働条件を通知すること、書面の交付が義務づけられている事項について、書面を交付するよう使用者を指導することしかできなかったのが実際である。

②は職業安定所では求人誌の指導や求人票と実際の労働条件の一致について事業所の指導を積極的に行っているので、そちらを紹介することとしていたもの。

③は、労働条件に疑問を抱いていたとしても、その条件下で、ある程度の期間勤務が続けられていれば、客観的にその労働条件で合意した労働契約が成立しているとみられ、そこに労働基準法上の問題は認められなくなってし

まっていると判断される。

④は、労働条件は労使間で合意するものであるので、労働条件通知書と実際の労働条件が異なる場合、労働条件通知書のとおりとすることも、そうではなく実際の労働条件のとおりとすることも、両者の合意でなんとでもなるので、まず、直接使用者と話し合ってみることを勧めたもの。

⑤は労働条件通知書と実際の労働条件が異なる場合で、労働者が労働条件通知書の労働条件にしてほしいと思った場合だが、これは、労働基準法第15条第2項の即時に労働契約を解除できるという規定の内容を紹介したもの。

退職という、労働者から労働契約を解除することについての民法上の制約（民法改正により一部軽減されたが）が適用されないという、画期的な内容だが、メール一つ入れて（ときには何の連絡もしないまま）さっさと会社を辞めてしまうことが平気な人たちには、この意味がほとんど理解されない。

このような状況だったのが、今回の改正で、「使用者は、法第15条第1項前段の規定により労働者に対して明示しなければならない労働条件を事実と異なるものとしてはならない。」という条文が加えられたことにより、労働局及び監督署の対応が大きく変わることが予想され、その影響は広範囲に及ぶものと考えられる。

もっとも、規則をどのように解釈し、労働局と監督署が統一的にどのような対応を行うことになるのか、罰則の適用がどの範囲になるのかなど、現時点では不明確な部分が多いが。

第 **7** 章

第 **7** 章

勤務間インターバル
制度

第 **1** 節

勤務間インターバル制度の概要

　労働基準法第36条第1項の協定で定める労働時間の延長及び休日の労働について留意すべき事項等に関する指針では、その第8条に、限度時間を超えて労働させる労働者に対する健康及び福祉を確保するための措置が挙げられており、その第3号に、「終業から始業までに一定時間以上の継続した休息時間を確保すること。」という措置が示されています。

　また、関係法令の改正をまとめた、働き方改革を推進するための関係法律の整備に関する法律案に対して、

　本法において努力義務化された勤務間インターバル制度について、労働者の健康の保持や仕事と生活の調和を図るために有効な制度であることに鑑み、好事例の普及や労務管理に係るコンサルティングの実施等、その導入に向けた具体的な支援策の展開を早急に実施するとともに、次回の見直しにおいて義務化を実現することも目指して、そのための具体的な実態調査及び研究等を行うこと。なお、一日当たりの休息時間を設定するに際しては、我が国における通勤時間の実態等を十分に考慮し、真に生活と仕事との両立が可能な実効性ある休息時間が確保されるよう、労使の取組を支援すること。

という附帯決議が参議院でなされました(働き方改革を推進するための関係法律の整備に関する法律案に対する附帯決議13)。

　勤務間インターバルは、勤務終了後、一定時間以上の「休息時間」を設けることで、労働者の生活時間や睡眠時間を確保するものとされています。

　今回の改正で、労働時間等の設定の改善に関する特別措置法が改正され、前日の終業時刻から翌日の始業時刻の間に一定時間の休息を確保すること

が事業主の努力義務として規定されました。

　厚生労働省は、「勤務間インターバル制度普及促進のための有識者検討会」を設置して検討を続けた上で、平成30年12月に報告書をまとめて公表しましたが、その概要は次のとおりです。

「勤務間インターバル制度普及促進のための有識者検討会報告書」概要
～勤務間インターバル制度導入に向けたポイントをとりまとめ～

▶検討に当たっての背景等

勤務間インターバル制度は、終業時刻から次の始業時刻の間に、一定時間の休息を設けるもの

・勤務間インターバルは、十分な睡眠時間や生活時間の確保に資するもの
・睡眠時間の多寡が健康や作業能力に影響を及ぼすとの研究報告
・法令等の整備（制度導入を事業主の努力義務として規定）
　→ 制度導入の企業割合は1.8%と低調（平成30年就労条件総合調査（厚生労働省））

「働き方改革実行計画」（平成29年3月28日働き方改革実現会議決定）において、勤務間インターバル制度の普及促進に向けて、労使関係者を含む有識者検討会を立ち上げることとされた。

▶普及に向けた課題

・制度の認知度が低い
・制度導入の手順が分からない
・就業規則の整備等に係る経費負担
・突発的な業務が発生した際の代替要員の確保

▶普及に向けた取組

・導入事例集を活用し、行政機関はもとより地域の関係団体等と連携して制度の周知を行う
・制度導入の手順をまとめた「導入に向けたポイント」を参考に、更なる導入促進を図る
・助成金による導入支援を引き続き行うとともに、労務管理の専門家による相談支援を実施する
・関係省庁が連携を図りながら、取組環境の改善に向けた取組を一層推進する

▶導入によるメリット

・健康維持に向けた睡眠時間の確保につながる
・生活時間の確保によりワーク・ライフ・バランスの実現に資する
・魅力ある職場づくりにより人材確保・定着につながる
・企業の利益率や生産性を高める可能性が考えられる

（例：休息時間を確保するために始業時刻を繰り下げる場合）

▶導入に向けたポイント

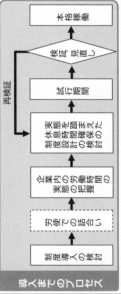

導入までのプロセス

労使での話合い → 制度導入の検討 → 企業内実態の労働時間の把握 → 制度設計休息時間を確保するための検討 → 試行期間 → 検証・見直し → 本格稼働（再検証）

制度導入に当たっては、導入事例（20の導入企業事例を掲載）等を参考にしつつ、事業場ごとの事情を踏まえて検討してみましょう。分使での話合いは検討の各ステップで重要です。

【各ステップにおける主な検討項目と留意事項】
・制度導入の検討 …… 導入の目的、労使間の話合いの機会の整備
・制度設計の検討 …… 対象者、休息時間数、休息時間が次の勤務時間に及ぶ場合の勤務時間の取扱い、適用除外、時間管理の方法
・試行期間 …… 制度の効果を検証
・検証・見直し …… 問題の洗い出し、必要な見直し
・本格稼働 …… 就業規則等の整備、定期的等の見直し

出所：「勤務間インターバル制度普及促進のための有識者検討会報告書概要」（厚生労働省）

勤務間インターバル制度導入の手順

　報告書の中では勤務時間インターバル制度導入に当たっての手順が、以下のように示されました。

　なお、本書では、手順のうちの別紙1（導入している企業の事例）及び別紙3（労働協約規定例）は省略しています。

勤務間インターバル制度導入に当たっての手順

1　勤務間インターバル制度導入までのプロセス

　勤務間インターバル制度の導入に当たっておおまかな流れを以下のとおり示しましたので、実際の導入に際し参照してください。

　また、いずれのステップにおいても、労使での話合いを行うことが重要です。

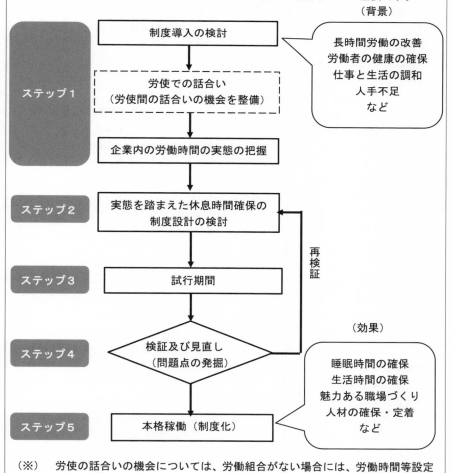

（※）　労使の話合いの機会については、労働組合がない場合には、労働時間等設定改善委員会の活用も考えられます。

出所：「勤務間インターバル制度普及促進のための有識者検討会報告書」（厚生労働省）

2　各ステップにおける検討項目と留意事項

ステップ1　制度導入の検討
（1）制度導入の検討

　勤務間インターバル制度を導入するに当たっては、目的や期待される効果を明確にすることが重要です。

　厚生労働省では、経営者自らが事業場内の勤務環境の改善を図る目的により、あるいは、労働組合からの申出などにより、勤務間インターバル制度が導入された各企業の制度内容、導入経緯等をまとめた勤務間インターバル制度導入事例集を作成しておりますので、本事例集を活用しながら、導入を検討してみましょう。

　検討の結果、長時間労働の改善を目指すものなのか、労働者の健康確保の観点からなのか、人材の確保・定着に向けた取組なのかなど、目的を明らかにすれば、どのような効果が期待できるかも自ずとはっきりしてきます。

　また、企業内の働き方改革に関する取組として、テレワークや特別休暇制度の導入などと併せて、勤務間インターバル制度の導入を検討することも考えられます。

　方向性が決まりましたら、人事部門などの労務管理を行っている部門などで、労働者や労働組合と話し合いながら制度の導入を検討してみましょう。

　さらに、実際の導入に当たって、企業活動をしっかりと維持していくためには、仕事の進め方、仕事の配分方法なども重要となることから、トップのコミットメントを明確にした上で、導入の検討を進めることが必要になります。

　トップマネジメントのコミットメントがなされたら、部長や課長などの管理職の理解はもとより、労働者や労働組合との共通理解をつくることが重要です。

（2）労使間の話合いの機会の整備

　　働き方改革の推進や、ワーク・ライフ・バランスの実現に向けて、労働時間等の見直しを図るためには、それぞれの労働者が抱える事情や企業経営の実態を踏まえ、企業内において労使が十分に話し合うことが重要です。

　　また、労働時間等設定改善法第6条では、「事業主は、事業主を代表する者及び当該事業主の雇用する労働者を代表する者を構成員とし、労働時間等の設定の改善を図るための措置その他労働時間等の設定の改善に関する事項を調査審議し、事業主に対し意見を述べることを目的とする全部の事業場を通じて一の又は事業場ごとの委員会（以下「労働時間等設定改善委員会」という。）を設置する等労働時間等の設定の改善を効果的に実施するために必要な体制の整備に努めなければならない。」とされています。

　　勤務間インターバル制度を導入するに当たっても、既にこの労働時間等設定改善委員会をはじめとする労使間の話合いの機会を整備している企業においては、労使

出所：「勤務間インターバル制度普及促進のための有識者検討会報告書」（厚生労働省）

間で十分に話合いを行ってください。

　まだそのような話合いの機会の整備がされていない企業においては、趣旨を鑑みて話合いの機会を整備しましょう。

（3）実態の把握

　企業内の理解が得られたら、具体的な検討の段階に進みます。

　まず、制度導入に向けた検討を行うに当たり、就業規則等で定められている労働時間の仕組みや、企業内の実際の労働時間がどのようになっているか労働者本人や労働組合から確認するなどにより現状を把握し、見直しが必要な問題点、課題を把握します。これらの中には、

- 　休息時間の状況
- 　時間外労働時間の状況
- 　交替制勤務時の勤務形態
- 　労働者の通勤時間
- 　労働者のニーズ
- 　取引先等との制約

などが含まれます。

出所：「勤務間インターバル制度普及促進のための有識者検討会報告書」（厚生労働省）

ステップ2　制度設計の検討

　実態把握の結果を踏まえて、休息時間確保の方法（制度のあり方）を検討します。

　勤務間インターバル制度は、労使の合意ができればすぐにでもスタートできます。

　しかし、全社的に導入する場合などには、十分な準備をしておくことをお勧めします。

　具体的には、以下の項目などを検討することが想定されますが、各項目の検討に当たっては、別紙1の勤務間インターバル制度を既に導入している企業の事例も参照してください。

　なお、全社的な導入が勤務形態の違いや仕事の内容により難しい場合などでも、インターバル時間数を柔軟に設定するなどによって、実態に応じた制度の導入が可能となります。

　（1）対象者

　　　　全社員とする場合、管理職を除く全社員とする場合、交替制勤務を行っている社員に限定する場合などがあります。

　（2）インターバル時間数（休息時間数）

　　　　インターバル時間数の設定に当たっては、労働者の睡眠時間、通勤時間及び生活時間に考慮することが重要です。

　　　　時間数の設定の方法には、8時間、9時間、10時間、11時間及び12時間など一律に時間数を設定する方法や、職種によってインターバル時間数を設定する方法、義務とする時間数と健康管理のための努力義務とする時間数を分けて設定する場合などがあります。

　　　　別紙1の勤務間インターバル制度を既に導入している企業の事例も参考に、労使での話合いにより定めましょう。

　　　※　一般的に通勤時間はインターバル時間数に含まれると考えられます。

　　　※　時間外労働等改善助成金（勤務間インターバル導入コース）の対象となる時間数は、9時間以上となっています。

　（3）休息時間が次の勤務時間に及ぶ場合の勤務時間の取扱い

　　　　休息時間と次の所定労働時間が重複する部分を働いたものとみなす方法、次の始業時刻を繰り下げる方法などがあります。

　　　※　休息時間と次の所定労働時間が重複する部分を働いたものとみなす方法では、勤務間インターバル制度導入の趣旨に鑑み、実際に勤務を行っていなくても、働いたものとみなした時間について賃金の控除を行う企業は別紙1の事例の中では見受けられません。

　　　　　また、次の始業時刻を繰り下げる方法では、①当日の終業時刻を繰り下げ

出所：「勤務間インターバル制度普及促進のための有識者検討会報告書」（厚生労働省）

る方法、②終業時刻はそのままとし、勤務時間が短くなった場合でも給与支払い対象とする方法、③フレックスタイム制が適用されている労働者においては労働時間を調整する方法などがあります。

いずれにしましても、事業場における労使の話合いにより明確に取扱いを定めることが大切です。

【 例：11時間の休息時間を確保するために働いたものとみなす場合 】

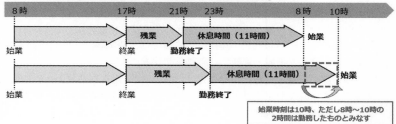

【 例：11時間の休息時間を確保するために始業時刻を後ろ倒しにする場合 】

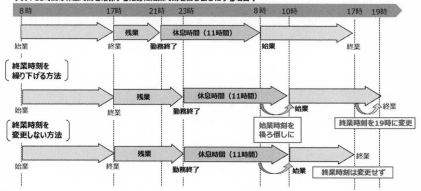

（4）適用除外

　年末年始や業務の緊急性など特別な事情が生じた場合などを適用除外として運用することも可能です。

　例えば、以下の場合等があります。

・　　重大なクレーム（品質問題・納入不良等）に対する業務

・　　納期の逼迫、取引先の事情による納期前倒しに対応する業務

出所：「勤務間インターバル制度普及促進のための有識者検討会報告書」（厚生労働省）

- 突発的な設備のトラブルに対応する業務
- 予算、決算、資金調達等の業務
- 海外事案の現地時間に対応するための電話会議、テレビ会議
- 労働基準法第33条の規定に基づき、災害その他避けることのできない事由によって臨時の必要がある場合

　また、休息時間が確保できない場合については、一定の回数制限や、適切な代替措置を取得する方法などもあります。

（5）労働時間管理の方法（出退勤時刻を含めた適正な把握方法）

　勤務間インターバル制度の運用に当たっては、始業時刻・終業時刻を含め、労働時間を適切に把握・管理する必要があります。

　労働時間の把握・管理については、「労働時間の適正な把握のために使用者が講ずべき措置に関するガイドライン」において、使用者が始業・終業時刻を確認し、記録する原則的な方法として、①使用者が自ら現認することにより確認し、適正に記録すること、②タイムカード、ICカード、パソコンの使用時間の記録等の客観的な記録を基礎として確認し、適正に記録すること、のいずれかの方法によることとされています。

※　なお、労働安全衛生法の改正により、事業者は、医師による面接指導を実施するため、労働者の労働時間の状況を把握しなければならないこととされています。

（6）勤務間インターバル制度実施当日の企業内手続

　手続は特段不要としている場合が多いですが、時間外労働の申請手続と連動する形で勤務間インターバル制度の申請手続を行う場合などもあります。

（7）制度の拘束力

　休息時間を確保できなかったとしても、特段の事後措置は設けていない場合が多いですが、事前及び事後に労使間で話し合い、対策を図るといった事例も見受けられます。

（8）その他

　突発的事情により休息が確保できなかった場合の取扱い、就業規則、労働協約などの根拠規定の整備などを話し合うことが考えられます。

ステップ3　試行期間

　試行期間を設けるかどうかは企業によって様々ですが、企業活動に支障なく、より

出所：「勤務間インターバル制度普及促進のための有識者検討会報告書」（厚生労働省）

働きやすい環境を整備するためには、試行期間を設けることをお勧めします。

　また、試行期間を設けた場合は、勤務間インターバル制度の効果を判定するためにも、対象者やインターバル時間数などの項目を設定し、実態調査を実施することや、試行期間が終了する時点で、対象者などから意見を求めるなどにより、効果の検証を行いましょう。

ステップ4　検証及び見直し

　上記ステップ3の試行期間における検証や、アンケート調査、ヒアリング調査などから解決すべき問題等を洗い出し、必要な見直しを行いましょう。

ステップ5　本格稼働（制度化）

　試行期間中の評価を経て、勤務間インターバル制度を導入する目的、効果が十分期待できるような仕組み・制度となるよう調整作業などを行った上で、本格導入を図りましょう。

　試行段階で、勤務間インターバル制度に関する社内の制度化を行っていなかった場合には、本格導入に当たって適切に運用するために、労働者が就業上遵守すべき規律及び労働条件に関する具体的細目について定めた就業規則や、労働協約（※）などの締結により根拠規定を整備するようにしましょう。

　就業規則、労働協約の規定例については、別紙2、3を参照してください。

　また、本格導入を図った後でも、一定期間ごとに実態調査を行うなどにより、制度検証を行い、必要があれば見直しを行いましょう。

※　労働協約とは、労働組合と使用者又はその団体との間の労働条件その他に関する合意で、書面に作成し、両当事者が署名し、又は記名押印したものをいいます。

出所：「勤務間インターバル制度普及促進のための有識者検討会報告書」（厚生労働省）

別紙**2**

就業規則　規定例

　勤務間インターバル制度を導入する場合には、以下のような就業規則の規定例があります。

① 　休息時間と翌所定労働時間が重複する部分を労働とみなす場合

> （勤務間インターバル）
> 第〇条　いかなる場合も、労働者ごとに１日の勤務終了後、次の勤務の開始までに少なくとも、〇時間の継続した休息時間を与える。
> 　2　前項の休息時間の満了時刻が、次の勤務の所定始業時刻以降に及ぶ場合、当該始業時刻から満了時刻までの時間は労働したものとみなす。

② 　始業時刻を繰り下げる場合

> （勤務間インターバル）
> 第〇条　いかなる場合も、労働者ごとに１日の勤務終了後、次の勤務の開始までに少なくとも、〇時間の継続した休息時間を与える。
> 　2　前項の休息時間の満了時刻が、次の勤務の所定始業時刻以降に及ぶ場合、翌日の始業時間は、前項の休息時間の満了時刻まで繰り下げる。

③ 　災害その他避けることができない場合に対応するため例外を設ける場合
　　① 又は②の第１項に次の規定を追加。

> ただし、災害その他避けることができない場合は、この限りではない。

　このほか、必要に応じて、勤務間インターバルに関する申請手続や勤務時間の取扱いなどについて、就業規則等の規定の整備を行う必要があります。

出所：「勤務間インターバル制度普及促進のための有識者検討会報告書」（厚生労働省）

こんなことも
監督署ではいろいろな方にお目にかかる

　監督署は基本的に全面開放だから、いろいろな方が訪れる。

　来署する理由は様々で、賃金がもらえない、残業手当を支払ってくれない、解雇になった、長時間労働でへとへとなのにまだ酷使される云々。

　なかにはこちらがどう返答していいものやら悩んでしまうことを相談される方も。

　いずれにしても親身になってお話を伺い、間違いなさそうな事案について詳細を聞き出そうとしても、それが何十年も前の話だったり、遠く離れた他県の事業場の話だったりすることもある。

　またそうでなくとも、対応しなければならない事案だと判断して処理を始めると、使用者の話から、監督署が所管する労働関係法令に係る事案ではないことが分かったり、やっと探し当てた事業場が数か月前に倒産してなくなっていた例もある。

　そういったときは、当署では処理不能である旨説明することになるが、それでも納得せずに再三来署しては同じ話を繰り返し、いつしか常連さんになる方もいる。

　そして、来署を繰り返すうち、常連さんにおなじみができる。その常連さんと応対する職員が自然と決まってくるのである。

　その職員でないと、荒れてきて次第に声が大きくなる、話が延々と続いて切れることがない、お前じゃだめだから上司を出せ！　と他の職員や他の来署者の耳目を集めることになるのだが、不思議とおなじみの職員の対応だと、にこやかに世間話だけしてすぐお帰りになったりするのだ。

　おなじみになる職員もいい迷惑だが、来署者を選別することもできず、対応を続けなければならない。

　いらっしゃる方の中にはヒートアップしてしまう人もいるので、署の窓口

や応対するテーブルには、凶器となりそうな危ないものは置かないようにしていたのだが、持ち込んでくる物は防ぎようがない。

　ボールペン、鉛筆などを目の前で何本折られたことか思い出せないほどであるし、壁の傷や床の汚れは当たり前になる。

　また折り畳み傘の先端を私の目の前の木製のテーブルに叩きつけ、丸い穴を開けて帰った御仁もいる。

　器物損壊の現行犯だが、自分の思う通りにならない署の対応に激高した結果でもあり、こちらの体制も万全な訳ではないので、なるべく穏便にお引き取り願った。

　「いいのか？　お前そんなことでいいのか？」と凄まれて、ご本人が持参してテーブルの上に置いてあった武骨な布袋に、おもむろに右手を入れられたこともある。

　その袋から何が引き出されるのかわからなかったが、何にしてもあまり愉快な物は出てきそうもなかったので、まあまあとなだめて落ち着かせ、結局、袋から何かが引き出される事態だけは避けられたこともあった。

　また終業時刻間際にいらして話が始まり、閉庁なのでと説明してもお帰りにならず、話の長い方も中にはいらっしゃる。

　あるときは長時間労働の訴えで、忙しくてなかなか来られなかったが、やっと時間が取れたから飛び込んできた、といわれると、定刻だからと話を切り上げるのも申し訳ないように思い、お話をお聞きしていたことがある。

　いろいろお話になるのだが、内容がどうもすっきりしなかったこともあって、途中休憩（ちょっと用事かあるからと抜け出されたりした）をはさんだりして、午後10時頃までの長話になってしまったが、最後になって、やっと相談に見えた方ご本人のことではなく、異性のお知り合いの方の職場のお話だということが分かった。

　一度ご本人においでいただくか、お電話もしくはお手紙をいただけませんかとお願いして、やっと腰を上げられたが、こちらが想定外の長時間労働を

強いられてしまった。

＊　　＊　　＊

　また監督署では、いろいろな経営者、使用者にお会いすることになる。

　労働者からの申告（労働基準法等の違反があるので、是正させて救済してほしいという訴え）による場合、基本的には署に来ていただくように通知を出す。

　多くの方はいらしていただくのだが、中には何の反応もないまま来ていただけない方も多い。

　そのままにしておく訳にもいかないので、再三通知しても来られない場合には、こちらから出向くことになる。

　その場合、にこやかにお出迎えいただけることは、まず、ない。

　申告事案は多くが労使間のトラブルになっており、経営者が連絡もなく来ない場合は、こじれにこじれた挙句に労働者が申告に及んだケースが多い。

　当然ながら使用者たる経営者も感情的になって、労働者の訴えをもとにのこのこやってきた監督官には最初からけんか腰である。

　労働者の名前を出した途端に体当たりされて廊下に転がされたこともある。

　労働者の話だけ聞いて、労働者の味方か！　肩を持つのか！　と激高され、だから、使用者の方の話も聞きに来たのだと言っても耳を貸されなかったりする。

　ある案件では、会長が当事者なのだが、お年を召していて引退同様になっているので、自宅にお邪魔したことがある。

　世間話をしているうちはいいのだが、本題の労働者とのトラブルの件に話が及ぶと突然立ち上がり、視線をさまよわせながら黙って歩き回り出し、それからは何を言っても全く会話にならなかった。

　経過をその労働者に伝えると、そうでしょうねと納得して諦められた。

　何がそうなのか、実際に話が通じないほどの状態になっているのか、あるいはいつもの演技だったのか、こちらには何が何だか分からなかった。

　また労働者が「クビだと言われた」と申告してくる事案では、多くの使用者がいかにその労働者が悪かったかを熱心に主張される。

　労働基準法では一定の場合（業務上の傷病で療養のために休業している期間、産前産後で休業している期間、及びそれぞれその後1か月間）を除き、解雇そのものは禁止されていない。

　こちらとしては、解雇された労働者が求める解雇の手続き、要するに解雇予告手当を支払うよう指導することを目的としているのだが、使用者はさんざん労働者の落ち度を主張して、そんな労働者と縁を切ったことを正当化する。

　使用者の主張を理解した形で、「酷い労働者ですね、だから解雇したんですね？」と水を向けると、ほとんどの使用者は即座に「いや、解雇はしていない」と答える。

　今までの主張に反するではないか？　と思うが、続けて、そんなひどい奴だから、「もううちでは難しいかもしれないから、ほかの会社やほかの仕事を探したらどうか」と退職を考えるように言っただけでクビにした訳ではないと主張される。

　言った言わないの水掛け論になり、真相が分からないまま解決に至らずに裁判所に持ち込まれるケースも多かった。

第 **8** 章

高度プロフェッショナル
制度

高度プロフェッショナル
制度の概要

　高度プロフェッショナル制度は、今回の改正で話題となりましたが、新設された労働基準法第41条の2により、該当する業務に就かせた労働者については、労働基準法第4章に定める、労働時間、休憩、休日及び深夜の割増賃金に関する規定が一切適用されないというものです。

　その趣旨は、厚生労働省のパンフレット(「高度プロフェッショナル制度わかりやすい解説」)では、次のように説明されています。

　高度プロフェッショナル制度は、高度の専門的知識等を有し、職務の範囲が明確で一定の年収要件を満たす労働者を対象として、労使委員会の決議及び労働者本人の同意を前提として、年間104日以上の休日確保措置や健康管理時間の状況に応じた健康・福祉確保措置等を講ずることにより、労働基準法に定められた労働時間、休憩、休日及び深夜の割増賃金に関する規定を適用しない制度です。

　この制度が今後どのように労働の現場で活用されるのか、定着していくのかは現時点では全く不透明です。

高度プロフェッショナル
制度導入の流れ

高度プロフェッショナル制度導入の流れの主な内容は以下のとおりです。

（1） 労使委員会の設置

高度プロフェッショナル制度導入には、労使委員会を設置することが必要となります。

労使委員会は、労働者を代表する委員と、使用者を代表する委員で構成されます。人数については、労働者代表委員が半数を占めていなければなりません。ただし、労使各1名の計2名からなるものは、「労使委員会」として認められません。

使用者代表委員は、使用者側の指名により選出されますが、労働者代表委員は、事業場の過半数労働組合がある場合はその労働組合、ない事業場においては過半数代表者から、任期を定めて指名を受けなければなりません。

使用者は、労働者が委員であること等を理由として不利益な取扱いをしてはなりません。

（2） 労使委員会での決議

労使委員会で決議すべき項目とその概要は以下のとおりです。

① 対象業務

対象となる業務は、以下の具体的な対象業務に限られ、このうち、対象業務に従事する時間に関し使用者から具体的な指示を受けて行うもの

は含まれない。

- 金融工学等の知識を用いて行う金融商品の開発の業務
- 資産運用（指図を含む。以下同じ）の業務または有価証券の売買その他の取引の業務のうち、投資判断に基づく資産運用の業務、投資判断に基づく資産運用として行う有価証券の売買その他の取引の業務または投資判断に基づき自己の計算において行う有価証券の売買その他の取引の業務
- 有価証券市場における相場等の動向または有価証券の価値等の分析、評価またはこれに基づく投資に関する助言の業務
- 顧客の事業の運営に関する重要な事項についての調査または分析及びこれに基づく当該事項に関する考案または助言の業務
- 新たな技術、商品または役務の研究開発の業務

② **対象労働者の範囲**

対象労働者は、使用者との間の合意に基づき職務が明確に定められていること、使用者から支払われると見込まれる賃金額が年1,075万円以上であることを満たすものであって、対象業務に常態として従事している者に限られる。

③ **健康管理時間の把握**

対象労働者の健康管理時間（対象労働者が事業場内にいた時間と事業場外において労働した時間との合計の時間）を把握する措置を使用者が実施すること及び当該事業場における健康管理時間（決議により健康管理時間から除くこととした時間を含む。）の把握方法。

④ **休日の確保**

年間104日以上、かつ、4週間を通じ4日以上の休日を与えること、及びその具体的手続き。

⑤ **選択的措置**

次のいずれかに該当する措置。

1．勤務間インターバルの確保(11時間以上)＋深夜業の回数制限（1か月に4回以内)

2．健康管理時間の上限措置（1週間当たり40時間を超えた時間について、1か月について100時間以内または3か月について240時間以内とすること)

3．1年に1回以上の連続2週間の休日を与えること(本人が請求した場合は連続1週間×2回以上)

4．臨時の健康診断（1週間当たり40時間を超えた健康管理時間が1か月当たり80時間を超えた労働者または申出があった労働者が対象)

⑥　健康管理時間の状況に応じた、健康・福祉確保措置

次のいずれかの措置。

1．上記⑤において決議で定めたもの以外

2．医師による面接指導

3．代償休日または特別な休暇の付与

4．心とからだの健康問題についての相談窓口の設置

5．適切な部署への配置転換

6．産業医等による助言指導または保健指導

⑦　同意の撤回に関する手続き

対象労働者の同意の撤回に関する手続き。

⑧　苦情処理措置

対象労働者からの苦情の処理に関する措置を使用者が実施すること及びその具体的内容。

⑨　不利益取扱いの禁止

同意しなかった労働者に対して解雇その他不利益な取扱いをしてはならないこと。

⑩　その他厚生労働省令で定める事項

• 労使委員会の開催頻度及び開催時期

• 常時50人未満の事業場である場合には、労働者の健康管理等を行う

のに必要な知識を有する医師を選任すること

- 労働者の同意及びその撤回、合意に基づき定められた職務の内容、支払われると見込まれる賃金の額、健康管理時間の状況、休日確保措置、選択的措置、健康・福祉確保措置及び苦情処理措置の実施状況に関する対象労働者ごとの記録等を決議の有効期間中及びその満了後3年間保存すること　等

（3）　決議の届出

　労使委員会の決議は、所定の様式により所轄の労働基準監督署長に届け出なければなりません。

（4）　対象労働者の書面による同意

　対象労働者から書面により同意を得なければなりません。

① 　労働者本人にあらかじめ以下の事項を書面で明示する

- 高度プロフェッショナル制度の概要
- 労使委員会の決議の内容
- 同意した場合に適用される賃金制度、評価制度
- 同意をしなかった場合の配置及び処遇並びに同意をしなかったことに対する不利益取扱いは行ってはならないこと
- 同意の撤回ができること及び同意の撤回に対する不利益取扱いは行ってはならないこと

② 　労働者本人に以下の事項を書面で明示する

- 同意した場合には労働基準法第4章の規定が適用されないこととなる旨
- 同意の対象となる期間

- 同意の対象となる期間中に支払われると見込まれる賃金の額
③　上記②の書面に労働者の署名を受ける
- 署名については、労働者が希望した場合には、署名した書面をPDF で読み込んで電子メールで送付することも可能

（5）　対象労働者の対象業務への就業について

　以下の点に留意しながら対象業務に就かせることになります。

①　対象労働者の健康管理時間を把握する（上記**(2)**決議事項の**③**）

②　対象労働者に休日を与える（上記**(2)**決議事項の**④**）

③　対象労働者の選択的措置及び健康・福祉確保措置を実施する（上記**(2)** 決議事項の**⑤**、**⑥**）

④　対象労働者の苦情処理措置を実施する（上記**(2)**決議事項の**⑧**）

⑤　同意をしなかった労働者に不利益な取扱いをしない（上記**(2)**決議事項 の**⑨**）

⑥　1週間当たりの健康管理時間が40時間を超えた場合におけるその超 えた時間が1か月当たり100時間（＝大の月277.1時間、小の月271.4時間、 2月260時間）を超える労働者に対し、医師による面接指導を実施する

（6）　労働基準監督署長への定期的な報告について

　上記**(5)**の①、②、③の状況を、決議から6か月以内ごとに定期に、労 働基準監督署長に報告しなければなりません。

施行前の先取りは？

労働基準法の改正は過去にも何回か行われている。

労働時間制度でいえば変形労働時間制や裁量労働制などがある（1か月単位の変形労働時間制は、改正前の4週48時間制が形を変えたもの、事業場外のみなし労働時間制は従来から認められていたものだが）。

あるとき専門業務型の裁量労働制が2週間後に施行されるというタイミングで、システム開発関係の事業場に監督した。

業種としては専門業務型の裁量労働制が適用される労働者がいても不思議のない事業場だったが、監督時はそのような業種ではない製造業だとの認識で、安全衛生関係の監督対象として選定した事業場だった。

安全衛生管理のほかに当然ながら、労務管理、労働時間管理についても確認することになる。

労働時間の把握管理が極めておざなりになっていた実態が明らかになったが、経営者は、「開発部門のシステムエンジニアに専門業務型の裁量労働制を適用している。みなやる気満々で頑張ってくれている。改正を先取りしてやってます。」と自信に溢れた回答をされ、こちらは言葉を失った。

裁量労働制はいろいろな制約・手続きを前提に、労働時間の管理という規制を緩めて、労働時間を労働者の裁量に任せることができる制度だが、そのときはまだ、法施行前である。

新たな法規制が始まる前に、先取りしてその規制を取り入れるというのはありだが、新たな規制緩和が始まる前に、先取りしてその規制を緩めてしまうというのは、その時点では法違反になる。

状況を説明し、違反であることを指摘して裁量労働制の的確な手続きを指導したが、改正の状況を正確に認識しないままの事業場があることを認識させられた一件であった。

■著者紹介

杉浦　純（すぎうら・じゅん）

1951年生まれ。

早稲田大学法学部卒業後、1976年労働基準監督官に任官、東京のほか長野、三重、山梨の労働局・監督署に勤務し、2012年3月上野労働基準監督署長を最後に退官。

現在複数の企業の顧問等として、労働者の安全衛生管理、労務管理等について助言指導を行っている。

著書に『安全衛生対策の立て方と是正報告への対応』（労働新聞社）がある。

こうすれば実務に落とし込める 改正労基法 Q&A

2020年4月17日　発行

著　者　　杉浦　純 ©

発行者　　小泉　定裕

発行所　　株式会社 清文社
　　　　　東京都千代田区内神田１−６−６　（MIF ビル）
　　　　　〒101-0047　電話03（6273）7946　FAX03（3518）0299
　　　　　大阪市北区天神橋２丁目北２−６　（大和南森町ビル）
　　　　　〒530-0041　電話06（6135）4050　FAX06（6135）4059
　　　　　URL http://www.skattsei.co.jp/

印刷：奥村印刷㈱

ISBN978-4-433-75370-2